위트로 읽는 위트

문예학으로서 위트 분석

위트로 읽는 위트

| 문예학으로서 위트 분석

초판 1쇄 발행 2007년 5월 31일

지은이_ 류종영
펴낸이_ 배정민
펴낸곳_ 유로서적

편집_ 심재진
디자인_ Design Identity 천현주

등록_ 2002년 8월 24일 제 10-2439호
주소_ 서울시 마포구 합정동 387-18 현화빌딩 2층
TEL _ (02)3142-1411
FAX _ (02)3142-5962
E-mail _ bookeuro@bookeuro.com

ISBN 978-89-91324-20-6

위트로 읽는 위트

문예학으로서 위트 분석

Wit

| 류종영 지음 |

유로

| 일러두기

1. 인명과 원서나 논문은 처음 인용할 때 원어를 병기하였다.

   예: 지그문트 프로이트 Sigmund Freud(1856~1939)의 『위트 그리고 위트의 무의식과의 관계 Der Witz und seine Beziehung zum Unbewußtsein』, 프란츠 요젭 하이든 Franz Joseph Haydn(1732~1809)의 「이별교향곡 Abschiedssymphonie」 등.

2. 한자(漢字)는 필요한 경우에만 괄호 안에 병기하였다.

3. 원문 중에 저자의 주석이나 해석은 [ ] 안에 묶어서 표현했다.

4. 부호 · 기호는 아래와 같다.

   • 책명(단행본) · 신문 · 잡지: 겹낫표 『 』

   • 논문, 단행본이 아닌 단편소설이나 위트의 제목: 낫표 「 」

   • 대화 · 인용: 큰따옴표 " "

   • 강조: 작은따옴표 ' '

머리말

무엇이 위트인가? 위트도 나름대로의 특성과 구조 그리고 형식이 있는가?

우리는 매일 집에서, 술집에서, 작업장에서, 사무실에서, 공장에서, 학교에서, 군대의 막사에서, 기차역 대합실에서나 사람들이 운집해 있는 곳에서는 어디에서나 위트를 듣거나 읽고 웃는다. 그러나 우리는 이것이 위트라는 것을 잘 모르고 있다. 위트는 우리나라에서 단순히 '기지'나 '해학' 또는 '재담'으로만 이해되거나, 이도 아니면 '유머'에게 자신의 이름을 양보하고 자신이 설 자리조차 찾지 못하고 있는 것이 현재 위트가 처해진 상황이다. 이제는 위트를 제대로 자리매김해야 할 때가 된 것 같다.

위트는 코믹의 특수한 한 형식이자 언어문화를 아주 세련되게 만드는 형식이기도 하다. 코믹의 지적(知的)인 형식이 위트이기 때문에, 위트는 웃음을 다루는 거의 모든 저서에서 중요한 비중을 차지하고 있다. 그리고 우리나라의 거의 모든 스포츠 신문들과 인터넷 포털 사이트에 '유머란'이 있듯이, 서양의 거의 모든 대중 신문들엔 '위트란' 이 있다. 그러면 우리나라의 '유머' 와 서양의 '위트' 가 과연 차이가 있을까?

우리나라에서 유머로 이해되는 텍스트의 거의 대부분은 위트이며, 심지어 일화(逸話)나 우스개 이야기(소화笑話)조차 유머로 분류되고 있다. 위트를 자리매김하기 위해선 무엇보다 서양에서 유래한 외래어 코믹, 유머, 위트의 개념을 밝히는 것이 우선되어야 할 것이다. 그리고 위트와 혼동되고 있는 일화와 우스개 이야기와도 비교분석해서 그 차이점을 확실하게 밝힐 필요가 있다.

이 책에서는 코믹, 유머, 위트의 개념을 간략하게 밝히는 것이 첫 번째 목표이며, 두 번째 목표는 문예학으로서 위트를 분석하는 작업이다.

이 목표를 달성하기 위해서 이 책의 제1장에서는 코믹과 웃음, 유머, 위트의 개념에 대해서 알아보았다. 그리고 제2장에서는 위트의 특성, 구성 원리, 위트의 형식에 대해서 살펴보았으며, 제3장에서는 위트와 유사 장르들인 일화와 우스개 이야기를 비교 분석했다. 그리고 제4장에서부터 제8장까지는 위트의 실제적인 예들을 코믹이론으로써 분석하고 설명했다.

위트는 문화사적으로 보아 우스개 이야기의 현대적인 장르로서 현대 산업사회에 확고하게 그 뿌리를 내리고 있으며, 스피드 시대에 생활하고 있는 현대인이 선호하는 여러 가지 특성들을 두루 갖춘 장르이기도 하다. 위트는 웃음을 목표로 하기 때문에, 웃음이 없는 위트는 위트가 아니다. 따라서 웃음을 일으킬 수 있는 모든 영역이 바로 위트의 영역이다. 위트가 활동하는 영역은 언어영역을 비롯하여 현실의 거의 모든 영역들이며,

심지어 일상생활에서 금기시 여기는 영역들도 예외로 하지 않는다. 이 책에서 저자는 언어위트들, 현실과 갈등에서 생성된 위트들, 풍속 및 윤리적 갈등에서 생성된 위트들, 신체적 정신적인 결함의 위트들, 사회적 종교적 갈등에서 생성된 위트들을 집중적으로 다루었다.

저자가 유머와 위트에 대한 책을 집필하려고 마음먹은 것은 2005년 『웃음의 미학』[유로서적, 2006년도 대한민국학술원 기초학문육성 우수학술도서]을 간행한 직후부터였다. 『웃음의 미학』에서 유머와 위트는 서양의 웃음이론들을 소개하는 사이에 체계도 없이 아주 간략하게 언급되어 있을 뿐이다. 처음에 저자는 유머와 위트의 개념규명과 이 개념들의 시대적 변천사에 대한 책을 집필하려고 했었다. 그러나 그 자료가 너무 방대하고, 시대적으로 알맞은 적절한 예문들을 찾는 것이 저자에겐 너무 힘들어서, 결국은 코믹과 유머에 대해서는 간략하게 개념만을 밝히고, 위트만을 집중적으로 다루는 이 책을 펴내게 되었다.

이 책의 부제로서 "문예학으로서 위트 분석"이란 말을 사용한 것은 위트 텍스트를 '문학작품'으로 보고, 위트를 학문적으로 연구하고 분석한다는 의미이다. 위트 연구에서 위트는 단순한 소일거리 텍스트가 아니라 학문 연구의 대상이 된다. 이 책에서 인용한 위트들은 현재 우리나라에서 각종 서적으로 발표된 위트들과 서양의 참고문헌에 기록된 위트들로서, 여기서 인용된 위트 예문들에는 독자들이 거부감을 일으킬 수 있는 무례한 내용들도 다수 있을 것이다. 그러나 현재 통용되고 있는 위트 연구를 위해선 이러한 예문들을 제외시킬 수 없었다는 것을 여기서 밝힌다. 어쨌든 이러한 위트 연구는 우리나라에서 처음으로 시도된 것이다. 처음 시도

한 만큼 보람도 느끼지만 비판도 있으리라 생각한다.

끝으로 이 책의 간행을 또 다시 흔쾌하게 승낙하신 유로서적 배정민 사장님과 심재진 편집장에게 이 기회에 진심으로 감사의 말씀을 드린다.

2007년 3월 향적산(香積山) 국사봉(國師峯)을 바라보며

락흔재(樂欣齋)에서 류종영

| 목차 |

코믹과 웃음, 유머, 위트

코믹과 웃음, 유머, 위트

위트란 대관절 무엇인가? 위트는 코믹, 유머와는 어떻게 다른가? 이 책에서 다루어야 할 주제에 대한 문제제기를 위해서 다음의 예문을 제시한다.

한 주정뱅이가 버스를 탔다. 그는 신부 옆에 앉아 술 냄새를 풍기며 신문을 읽기 시작했다. 주정뱅이가 신부에게 묻는다. "신부님, 관절염은 왜 생깁니까?" "점잖지 못한 여자들과 어울리고 술을 많이 마시는 등 문란하고 절제 없는 생활을 하면 생기는 거요!" 이렇게 대답한 신부는 미안한 생각이 들었든지 친절하게 묻는다. "관절염이 심한가요?" 그러자 이 주정뱅이는 신문의 한 기사를 보여주며 이렇게 대답한다. "내가 아니라 교황이 관절염에 걸렸다고 여기 신문에 났네요!"

이 「교황의 관절염」은 매우 재미있고 우습다. 관절염이 왜 생기는지에 대한 주정뱅이의 질문에 대해 버스에 동승한 신부의 대답은 의학적이라기보다 윤리적이다. 관절염이 윤리와 아무런 관련이 없다면, 이 대답은 올바르지 못하다. 따라서 신부의 대답은 질문을 한 사람, 즉 술 냄새를 풍기며 신문을 보고 있는 사람을 질책하는 내용일 뿐이다. 성직자로서 신부는 자신의 대답이 올바르지 않다는 것을 깨닫고 일종의 동정심에서 다시 반문한다. "관절염이 심한가요?" 주정뱅이는 이 질문에 대답하는 대신에 신문 기사를 보여주며, 관절염에 걸린 사람은 자신이 아니라 교황이라고 말한다. 이렇게 되면 신부가 설명한 관절염 발병원인인 비윤리적 행위를 한 사람은 다름 아닌 교황이 되고 만다. 모든 것이 역전되었다. 위의 예문을 읽거나 들은 사람은 마지막 문장에서 웃거나 적어도 미소를 지을 것이다.

자, 그러면 위의 예문은 코믹인가, 유머인가, 아니면 위트인가?

▌코믹과 웃음

웃음을 일으키게 하는 모든 것은 '코믹'(comic/ die Komik)이거나 '희극적인 것'이다. '누군가가 그 무엇에 대해서 웃는다면, 그 무엇이 희극적이다.' 이 말에 의하면 웃음의 원인이 코믹이나 희극적이고, 코믹이나 희극적인 것의 결과로 웃음이 유발된다.

이 정의가 올바르다면, 웃음을 일으키지 않는 것이란 코믹과 관련이 없어야 한다. 그러나 현실적으로 보아 코믹과 관련이 없을 때도 사람들은 웃는다. 우리는 즐거워서도 웃고, 누군가나 무엇을 높이 평가할 때도 웃고, 당혹하게 느낄 때도, 절망했을 때도 웃는다. 뿐만 아니라 간지럼을 느낄 때도, 히스테리 발작을 일으킬 때도 우리는 웃는다. 매우 드문 경우이지만 웃으려는 의도만으로도 웃을 수 있는 사람들도 있다. 영화배우나 연극배우 그리고 TV 탤런트들이 이러한 능력을 가지고 있다. 그렇다면 위의 정의를 수정해야 한다. 코믹은 웃음을 일으키는 것들 중에 일부분일 뿐이다.

코믹이란 말은 19세기에 생성되었으며 희극적인 것을 묘사하는 예술이라는 의미로서 '수사학 Rhetorik' 이나 '미학 Ästhetik' 의 유사 개념으로 사용되었다. '코믹' 은 일종의 예술형식이며, 오늘날에는 일반적으로 "희극적이고 흥겨운 효과"라는 의미로 사용되고 있다.

이렇게 볼 때 코믹은 모든 희극적인 장르들을 다 포괄하는 상위의 개념이다. 코믹에 속하는 문학 장르들은 유머와 위트 외에도 희극, 희비극, 풍자, 패러디, 아이러니, 우스개 이야기(소화笑話), 캐리커처, 그로테스크, 트라베스티 등이다. 그러나 비극이나 소설 또는 시 등에도 코믹이 부분적으로 삽입될 수도 있고, 회화(繪畵)나 조각, 심지어 건축과 음악에도 코믹이 개입될 수 있다. 루트비히 반 베토벤 Ludwig van Beethoven (1770~1827)의 피아노 론도(Klavierrondo)곡인 「잃어버린 한 푼에 대한 분노 Die Wut über den verlorenen Groschen」와 프란츠 요젭 하이든 Franz Joseph Haydn(1732~1809)의 「이별교향곡 Abschieds-symphonie」이 음악적인 코믹에 속한다. 하이든의 「이별교향곡」이 생성된 배경은 다음과 같다.

"교향악단을 해체시킨다는 게 사실인가?"

"참으로 애석한 일이야."

악단이 해체된다는 소문을 듣고 지휘자 하이든은 악단장의 마음을 돌리기 위한 곡을 서둘러서 작곡했는데, 그것이 바로 '이별교향곡'이다. 이 곡의 짜임새는 아주 특이하여 슬픈 곡이 연주되어 가는 도중에 악사들이 차례차례 무대에서 퇴장하는 색다른 곡이다.

이윽고 교향악단이 해체되는 날이 돌아왔다. 형제처럼 지내던 단원들이 모두 뿔뿔이 흩어져야 하는 서글픈 운명의 시간이었다. 하이든은 단장 앞에 교향악단 전원을 앉히고 마지막 인사를 겸한 고별연주회를 가졌는데, 이때의 연주곡을 '이별교향곡'으로 정하였다.

처량하고 슬픈 곡이 연주되어 가는 도중 단원들은 악보에 있는 대로 자기가 연주할 부분이 끝나는 즉시 보면대의 불을 끄고 조용히 일어나 한 사람씩 무대에서 퇴장했다. 지휘자인 하이든 역시 곡이 거의 끝나갈 무렵 지휘자가 필요 없는 단계에서 지휘봉을 보면대에 걸쳐놓고는 무대에서 나갔다. 최후에 남은 콘트라베이스 연주자 한 사람만이 끝까지 이별의 슬픈 감정을 가냘픈 선율에 실어 단장의 마음을 흠뻑 적셔두고는 그마저 사라지고, 마침내 무대의 조명이 완전히 꺼지는 참으로 애처로운 정경이었다.

끝까지 침통한 마음으로 감상하던 단장은 가슴이 뭉클해지는 슬픈 감정을 억제할 수 없어 눈시울을 적시면서 하이든을 불렀다. "하이든 씨, 내가 잘못 생각했었소. 악단을 절대로 해체하지 마시오." 이렇게 하여 마침내 '이별교향곡'은 위기에 처했던 악단의 운명을 다시 살려내는 기적을 낳았으니 단원들의 기쁨은 이루 말할 수 없었다.

이때 재치 있는 하이든은 즉시 또 한 곡의 교향곡을 서둘러서 작곡했는데, 이 곡은 먼저 번의 곡과는 정반대로 처음에 무대 위에 한 사람이 나타나 밝고 명랑한 가락으로 독주를 하다가 차례차례 한 사람씩 합류하면서 생기가 도는 화려한 곡이다.

드디어 지휘자를 포함한 악단 전원이 다 등장했을 때는 마치 찬란한 아침 태양이 떠오르는 듯 무대 전체가 환한 조명으로 바뀌면서 환희에 찬 우렁찬 합주가 되는 형태의 곡이다. 말하자면, 슬픈 '이별교향곡'에 이어서 기쁨의 '만남교향곡'이 된 셈이니, 음악의 효능을 십분 살려낸 하이든의 재치가 가득 찬 곡이다.

헬무트 플레쓰너 Helmuth Plessner(1892~1985)에 의하면, "본연의 의미에서 웃게 하는 것이 희극적인 것이며", "그것[희극적인 것]에 대답하는 것이 웃음이다." 코믹을 논하기 위해선 웃음을 빠뜨릴 수 없다. 특히 미학에서 코믹과 웃음은 바늘과 실과 같이 서로 밀접한 관련이 있다. 웃음은 인간의 만남과 세계와의 대결에서 일어나는 수많은 방법들, 그것도 인식하고, 보고, 파악하는 방법들에 속한다. 몸짓의 장소인 눈과 입, 보는 것과 말하는 영역 역시 웃음의 영역이다. 웃음은 그 자체가 소리이며, 소리로써 말의 흐름에 개입하고, 이 흐름을 중단시키기도 하고, 말들을 피하면서 개입한다. 웃음은 이와 같이 소리로서 웃는 시점(視點)을 갖고 있다. 정확하게 표현하여 이해가 시작되는 그 순간, 즉 소재가 듣는 사람이나 보는 사람의 내면에서 확정된 상상들과의 일치가 일어나는 순간에 일어난다.

우리가 일반적으로 웃음이라고 부르는 말은 다음의 세 가지로 분류될 수 있다. 첫째, 소리가 없는 미소에서 박장대소하는 홍소(哄笑)에 이르기까지의 여러 단계들을 일컫는 말이다. 단지 미소만 지었다는 이유로 희극적인 것이 아니라고 할 수는 없다. 그러나 웃을 때의 소리의 강도와 웃음의 양태는 개인적인 차이와 문화적·민(종)족적인 차이가 있을 수 있다.

> 웃음은 가냘프고, 불쾌하고, 소리가 크거나 작고, 킥킥거리고, 억눌려 있고, 냉혹하고, 간헐적이며, 기탄없고, 날카롭고, 요란하고, 부드럽고, 따뜻하고, 조용하고, 쌀쌀하고, 찌르는 듯하고, 비열하고, 피로하고, 거리낌 없이 즐겁고, 조롱조이며, 슬프고, 섬뜩하고, 느긋한 것 등이다. 웃음의 단계는 요란하게 터져 나오는 홍소에서 조용하고 내면으로 전향한 미소까지 이른다.

둘째, 우리가 '웃음'이라 일컫는 것에는 본질적인 그 무엇이 존재한다. "웃음의 감정 laughter emotion"이 바로 우리가 '웃음'이라 부르는 것의 본질적인 것이다. 어쨌든 웃음의 감정이 존재할 때 희극적인 것이 희극적이기를 거부하지 않는다. 따라서 우리는 이러한 '웃음의 감정'도 웃음의 개념에 포함시켜야 한다.

셋째, 웃음에는 '비웃음'도 포함된다. 퀸틸리안 M. F. Quintilian의 말을 인용하면, "웃음에서 비웃음까지는 그렇게 멀지 않다." 그러면 비웃음의 대상과 희극적인 것 또는 코믹과의 관련에 대해서 알아보기로 하자.

어느 고을 아전(衙前: 지방 관아의 관원 밑에서 일하는 사람)이 막 관문(官門)으로 들어가려는데, 동료를 만났기에 물었다.

"자네 어디서 오는 길인가?" "오늘이 단오라서 향청(鄕廳: 수령을 보좌하는 곳, 鄕所)에 들러 세배 드리고 오는 길일세." "세배는 추석에 하는 거야. 단오에 세배를 한다니 무슨 망령이야?"하고 핀잔을 주었다. 그리고 원님 앞에 가서 엎드리려 하는데, 그 순간 갑자기 웃음보가 터져 버렸다. 이를 본 원님이 크게 노해서, "네가 아전 놈으로서 어찌 감히 관전(官前)에서 웃음을 터뜨린단 말이냐?"하고는 "이놈을 당장 끌어내어 매를 쳤다!"하고 호통을 쳤다. 이렇게 되니, 아전은 어쩔 수 없이 사실대로 고하게 되었다. "실은 저의 동료 아무개가, 세배를 추석에만 하는 법임을 모르고서, 오늘 단오에 쳤다고 하기에 웃음을 참지 못했사옵니다. 그저 죽을죄를 지었습니다."

그러자 원님은 기가 막힌다는 듯, "너희들 둘이 다 아주 무식한 놈들이로고, 세배란 예법은 한식날에 한다는 것조차 몰랐더란 말이냐?" 하고는 손으로 책상을 치며 크게 웃었다고 한다.

이 이야기는 우스개 이야기로서 여기에 등장하는 아전의 동료와 아전 그리고 고을 원님까지 모두가 우스꽝스럽다. 단오 날 세배하고 오는 아전의 동료나 추석에 세배한다고 말하는 아전 그리고 세배는 한식날에 한다며, 이들을 "아주 무식한 놈들"이라고 욕을 하는 고을 원님 모두가 언제 세배를 하는지 모르고 있다. 이 사람들과 같이 거의 모든 사람들이 다 알고 있는 상식을 모르는 사람들에 대해 우리는 웃는다. 이러한 웃음을 '무지(無知)의 우스꽝스러움' (플라톤)에서 나온 웃음이라 한다. 이러한 우스개 이야기는 의도적으로 재미있게 만들어진 것이다. 문학작품에 표현된 희극적인 것 또는 코믹은 이와 같이 거의 대부분 의도적으로 만들어진 것이다. 이 우스개 이야기에 등장한 아전과 그의 동료 그리고 고을 원님은 비웃음의 대상이 되고, 우리는 이 비웃음의 대상을 보고 웃는다.

웃음의 원인들이 다양하듯이 코믹의 이론들이나 원리들도 고대 그리스 로마 시대부터 오늘날에 이르기까지 학자들이나 작가들, 철학자들이나 미학자들에 따라 서로 다르게 주장되어 왔었다. 이 책에서는 위트 설명 시에 간략하게 이들의 이론들이나 원리들이 설명될 것이다.

▌유머

오늘날 우리는 유머를 매우 높이 평가하고 있다. 유머러스한 사람은 어디에서나 각광을 받고 있고, 유머의 센스를 가진 사람은 최고의 결혼대상자로 꼽히고 있으며, 위대한 리더들은 유머를 통해 비즈니스에 성공했다고들 한다. 유머가 무엇이기에 이토록 각광을 받는가? 과연 우리나라에서 오늘날 통용되고 있는 '유머'라는 말이 원래적인 의미에서 유머일까?

'유머'는 경우에 따라서 희극적인 것에 명백하게 반대가 될 수도 있지만, 일반적으로 사람의 성격적인 기질이나 심리적 기분을 의미한다. 말하자면 유머는 주관적인 것이다. 이는 '유머의 센스가 있다'라는 표현에서 분명하게 알 수 있다. '유머의 센스가 있다'는 표현이 함축하고 있는 의미는 자기중심적이거나 민족중심적인 요인을 내포하고 있다. 그래서 이 표현은 한 개인이나 한 집단 또는 민족이 유머감각이 없다고 비난할 때 많이 사용되고 있다. 그리고 대화의 상대자가 화자(話者)와 같이 어떤 동일한 것에 대해서 웃을 때, 이 사람은 유머감각이 있다고 표현되기도 한다.

유머(humour or humor/ der Humor)라는 말은 오늘날 일상회화에서 웃음과 관련이 있는 모든 것에 빗대어 표현되지만, 원래 이 말은 16세기 말 영국에서 인간의 '체액(體液)' 또는 '기질(氣質)'을 뜻하는 '유머 humour'라는 말에서 유래했다. 체액학설이나 기질학에 의하면 우리 인간은 제각각 우세한 체액들을 갖고 있다. 이 체액들을 기질에 귀속시키면 다음의 네 가지 유형으로 구분된다. 즉, 피(lat. sanguis)가 우세한 '다혈질의 사람[쾌활한 사람]', 점액(gr. phlegma)이 우세한 '점액질의 사람 [둔중한 사람]', 담즙(gr. cholé)이 우세한 '담즙질의 사람[화를 잘 내는 사람]' 그리고 흑담즙(gr. melas cholé)이 우세한 '우울질의 사람[우울증의 사람]'이다.

인간의 체액들은 영구적으로 고정되어 있지 않고, 각 개인에 따라 유동적이기 때문에 이미 16세기 이래로 그 혼합에 큰 가변성이 있음을 알았다. 따라서 정서의 성향, 기분, 변덕도 가변적이다. 이러한 가변성에도 불구하고 기분이 좋은 사람을 '체액이 좋은 사람'[기분이 좋은 사람, 친절한 사람]으로 불렀다.

유머라는 말은 17세기 말에서 18세기 초 영국에서 "좋은 good"이라는 형용사를 붙여서 사용되었다. 이 당시 "좋은 유머"라는 말은 "좋은 기분"을 뜻했다. 그리고 습관적으로 늘 '좋은 기분을 가진 사람'은 "a good humoured person"으로 불리어지다가, 결국은 "좋은"이란 말이 생략되고 "유머"만으로도 "좋은 기분"을 뜻하게 되었다. 이 말은 삶에서 다른 사람에게 해를 끼치지 않고 즐겁고 유쾌하게 하는 것을 포괄하게 된다. 즐겁고 유쾌한 사람은 무엇보다 삶에서 유머적인 것을 느끼는 사람이기에, 이 사람은 유쾌하다. 이런 사람은 "유머의 센스 sense of humour"를 가진 사람이라 불리게 되었다.

유머는 무해한 웃음을 선사하기 때문에, 유머리스트는 절대적으로 무해하고 우스꽝스러운 점이 확연하게 드러나지 않는 곳, 일반적인 사람들이 거의 알아차리지 못하는 곳에서 우스꽝스러운 점을 발견하는 천부의 재능을 가진 사람이다. 일상생활에서도 역시 유머리스트는 어떤 대상들, 즉 사람들이나 상황들을 즐겁고 유쾌하게 묘사한다. 비록 일반적인 사람들에겐 이 대상들이 전혀 그렇게 보이지 않지만. 달리 표현하면 유머리스트는 삶에서 보잘 것 없거나 열등한 것에 대해 연민의 정으로 보는 센스를 가진 사람이다. 이 센스는 아주 강렬하여 자신의 열등한 것, 즉 약점과 결함조차 즐겁게 묘사할 수도 있다. 영국인들이 바로 이러한 유머의 센스를 많이 가지고 있다고 알려져 있다. 영국인들은 자기 자신을 거리감을 가지고 보는 능력, 즉 자신을 외부의 시점에서 보는 능력을 가지고 있다. 이들은 자신이 한 말에 대해 변명을 하는 대신에 자신이 한 말을 재미있게 표현하거나, 심지어 그 자신을 희생시켜 다른 사람들과 함께 웃는 능력도 가지고 있다.

스펜서는 일생동안 결혼하지 않고 혼자 살았다. 그가 고령이 되었을 때, 어떤 사람이 그에게 독신으로 지낸 것이 애석하지 않느냐고 묻자 스펜서는 이렇게 대답한다.

"천만에 말씀이오. 이 세상 어느 곳엔가 나와 결혼할 뻔했던 여성이 나와 결혼하지 않았기 때문에 행복하게 살고 있으려니 하고 상상하는 것만으로도 나는 즐거워진다오."

위 예문에 등장하는 영국인 허벗 스펜서 Herbert Spencer(1820~1903)와 같은 사람이 유머의 센스가 있는 사람이다. 일생을 독신으로 보냈지만, 독신생활의 고달픔이나 외로움을 토로하는 대신에, 그는 오히려 이 생활을 즐겁게 생각하고 있다.

이렇게 본다면 유머의 센스는 대상을 존경으로 볼 수 있는 능력이며, 문학과 관련하여 볼 때 무해하고 열등감을 드러내는 상황들과 인물들을 재미있게 표현하는 능력이다. 여기서 우리는 '유머의 센스'를 가진 사람의 예를 두 가지 더 들어보려고 한다.

오성대감(鰲城大監) 이항복(李恒福 1556~1618, 조선 선조 때의 공신)이 아직 젊었을 때, 절에서 책을 읽고 있을 때인데, 어느 날 식사에 반찬이 너무 없었다. 오성은 중을 불러 밥상 곁에 앉혔다. 그리고 밥 한 술 뜰 때마다 "게장!" 하고 부르라고 했다.

중은 오성이 시키는 대로 밥 한 술 뜰 때마다 "게장!" 하고 불렀다. 그렇게 숟가락으로 밥을 뜰 때마다 대여섯 번 "게장!"을 외치다가, 잘못해서 연거푸 빨리 "게장!", "게장!" 하고 외치자, "너무 빨리 외칠 것 없네. 게는 짠 것인데 너무 연거푸 외치면 너무 짜. 낭비할 것 없어!"

세계 4대 성인 중의 한 사람인 유명한 철학자 소크라테스의 아내 크산티페는 행패가 대단히 심해서 '악처'로서 세상에 이름이 높았다.

어느 날 크산티페는 책을 읽고 있는 소크라테스에게 심한 욕설을 한참 동안이나 퍼붓다가 물이 가득 찬 물통을 들고 들어와 "이 못난 영감쟁이야, 물벼락이나 한 번 맞아 봐라"하면서 소크라테스의 머리 위에다 물을 쏟아 부었다.

그제야 소크라테스는 책에서 눈을 떼며 털털한 웃음으로 "허허, 천둥이 요란하더니 마침내 소낙비가 쏟아지는군!"하고 심술궂은 아내와 맞싸우지 않고 웃어 넘겼다. 이때 제자들이 몰려와서 남자는 꼭 결혼을 해야 하느냐고 묻자 이렇게 설명해 주었다.

"결혼은 반드시 해야지. 좋은 아내를 얻으면 행복할 것이고, 나쁜 아내를 얻으면 철학자가 될 테니까…. 훌륭한 수부는 바다에서 사나운 파도와 싸워 보아야 하는 것이고, 또 훌륭한 기수는 성질이 사나운 말을 택하는 법이니, 사나운 말을 잘 달래가며 탈 수 있는 기수라면 다른 어떤 말이라도 다 잘 탈 수 있듯이, 나 역시 성질 나쁜 아내를 잘 달랠 수 있다면, 다른 어떤 사람이라도 훌륭하게 상대할 수가 있을 것이 아니겠나?"

첫 번째 예문에 등장하는 이항복은 유머리스트이다. 무엇보다 그는 일반 사람들이 거의 발견하지 못하는 곳에서 유머의 센스를 발견했기 때문이다. 첫째, 반찬이 없는 밥상 앞에 중을 불러 "게장!"이라고 외치게 한 점이 그러하다. 둘째, 중이 두 번 "게장!"을 외칠 때 "게는 짠 것인데 너무 연거푸 외치면 너무 짜. 낭비할 것 없어!"라고 그가 말했기 때문이다. 일반적인 사람은 반찬이 없으면 반찬투정을 하거나 화를 내기 마련인데, 이 예문에 등장하는 이항복은 그렇게 하는 대신에 이 열악한 상황을 즐겁고 유쾌하게 극복하고 있다.

　두 번째 예문에 등장하는 소크라테스 역시 악처로 소문난 그의 아내의 행동에 대처하는 방법으로 볼 때 유머리스트임이 분명하다. 그에게 있어서 열등한 것이나 약점은 바로 그의 아내다. 그는 자신의 아내로부터 물벼락을 맞고도 즐겁게 대처한다. 물벼락을 맞고 "허허, 천둥이 요란하더니 마침내 소낙비가 쏟아지는군!"이라고 그가 한 말은 이를 읽거나 듣는 사람을 즐겁게 한다. 그리고 그가 자신의 약점이라면 약점인 자신의 아내를 그의 제자들에게 연민의 정으로, 어쩌면 거리감을 가지고, 아주 객관적으로 설명한다는 점 또한 그가 유머리스트임을 증명하고 있다.

　유머 개념 형성에 많은 영향을 끼친 것은 18세기 영국에서 출발하여 거의 전 유럽에 전파된 '감상주의' 정신사조이다. 감상주의에서는 소시민적인 삶에서 자주 접하는 작고 사소한 것을 존경과 사랑으로 관찰한다. 그래서 요한 볼프강 폰 괴테 Johann Wolfgang von Goethe(1749~1832)는 유머리스트를 히포콘드리 환자 Hypochondrist라고 부르기도 했다. 리히텐베르크 Lichtenberg에 의하면, 히포콘드리 환자란 자신의 고통뿐만 아니라 그의 주위세계를 돋보기로써 확대해서 보는 사람이다. 작고도 사소한 것을 존중하는 것은 '유머' 개념 형성에 결정적인 역할을 한다. 왜냐하면 이 작고도 사소한 것을 존중하는 것이 바로 유머리스트가 갖추어야 할 태도로 생각되었기 때문이다. 이때부터 유머리스트들은 일반 사람들의 눈에 띄지 않는 작고도 사소한 것들에 몰두하게 되었고, 그의 주위세계를 동료인간으로서 연민을 가진 형제애의 감정으로써 관찰했다.

작고 사소한 것을 '돋보기'로써 확대해서 보는 유머의 한 예로서 이상 (李箱)의 「날개」의 한 장면과 고트프리트 켈러 Gottfried Keller (1819~ 1890)의 노벨레 「옷이 날개다 Kleider machen Leute」의 한 장면을 인용한다.

아내가 외출만 하면 나는 얼른 아랫방으로 와서 그 동쪽으로 난 들창을 열어 놓고 열어 놓으면 들여비치는 볕살이 아내의 화장대를 비처 가지각색 병들이 아롱이 지면서 찬란하게 빛나고 이렇게 빛나는 것을 보는 것은 다시 없는 내 오락이다. 나는 쪼끄만 「돋보기」를 꺼내 가지고 아내만이 사용하는 지리가미[일본어 '휴지']를 끄실려가면서 불장난을 하고 논다. 평행광선을 굴절시켜서 한 초점에 모아 가지고 고 초점이 따끈따끈해지다가 마지막에는 종이를 끄실르기 시작하고 가느다란 연기를 내이면서 드디어 구녕을 뚫어놓는데까지에 이르는 고 얼마 안 되는 동안의 초조한 맛이 죽고 싶을 만치 내게는 재미있었다.

이제 음악이 여러 방법으로 연주하기 시작하는 동안 개개의 재단사 무리가 광장으로 들어섰으며 그네들은 우선 값비싼 옷을 만드는 척하면서 가난하게 보이는 사람을 아주 신기하게 제왕(帝王)으로, 주교로, 혹은 공주로 변신(變身)시키면서 〈사람이 옷을 만든다〉와 〈옷이 사람을 만든다〉[옷이 날개다]를 무언극으로 표현했다. 한 무리가 가면극 춤을 끝마쳤을 때, 그네들은 그 장소를 떠나지 않고 마지막으로 커다란 환상(環狀)이 이루어질 때까지 골다하 사람들 곁으로 움직였다.

이상의 「날개」에서 주인공 '나'는 아내가 외출한 틈을 타서 아내의 방에 들어가 위의 인용문에서와 같이 '돋보기' 장난, 거울 장난, 아내의 '화장품 병들 들여다보기' 등의 장난으로 소일하는 육체적인 환자이자 멍청한 바보다. 작가 이상은 아주 절망적인 처지에 있는 주인공의 단조로운 일상생활을 위의 인용문과 같이 유머러스하게 묘사하고 있다.

켈러의 「옷이 날개다」에서는 이 노벨레의 제목과 같이 한 젊고 가난한 재단사가 귀족의 옷을 입고 귀족으로 오인을 받아 극진한 대우를 받는가 하면, 과거가 발각되어 위기에 처해지기도 하고, 결국은 해피엔딩으로 끝나는 이야기가 아주 유머러스하게 표현되어 있다.

소크라테스의 예문에서 본 것처럼, 유머의 센스가 있는 사람이 자기 자신의 약점이나 결함에 진지하게 생각하지 않고 오히려 여기에 대해서 웃는다면, 그는 자신의 약점과 결함에 대해 잘 알고 있을 뿐더러 여기에 대해 숭고하게 생각하고 있는 것이다. 자기 자신의 약점과 결함에 대해서 웃을 수 있다는 것은 자신의 약점과 결함 또는 결점을 고백해도 아무런 피해를 입지 않는다고 안심하기 때문일 것이다. 주관적인 관점에서 유머를 설명하는 헤겔 G. W. F. Hegel(1770~1830)은 희극적인 것을 다음과 같이 규정하고 있다. "희극적인 것은 자기 자신의 모순에 대해서 화를 내거나 이를 보고 불행하지 않다는 무한한 쾌활함과 확신, 주관성의 축복과 안락함이다. 이 주관성은, 주관성 자체를 확신하여, 그 목적들과 이 목적들의 현실화의 실패를 참고 견딜 수 있다."

유머에서 심리적인 안락함은 자신의 우스꽝스러움에 대해 참고 견디는 데에만 만족하지 않고, 자신의 목적들이 성취되지 못한 것, 즉 실패, 좌절,

비운 등을 참고 견디게 한다. 다시 말한다면, 이 심리적 안락함은 실패나 좌절에 직면해서도 쾌활하게 웃게 한다. 이런 의미에서 오토 율리우스 비어바움 Otto Julius Bierbaum은 유머를 이렇게 정의한다. "그럼에도 불구하고 웃는 것이 유머다!"

> 상해 임시정부 시절에 헐벗고 굶주린 채 독립운동을 하던 신익희(申翼熙) 씨는 이루 말할 수 없이 바닥이 다 해어진 양말을 신고 있었다. 그것을 본 한 동지가 말했다.
> "여보 해공(海公), 아니 그 양말이 그게 무어요? 숫제 바닥이 없지 않소?"
> 이 말에 신익희는 빙그레 웃으며 받아넘겼다.
> "하하, 이건 양말이 아니라 발 이불이오. 양말이라면 하필 왜 이런 것을 신겠소?"

위의 예문에 나오는 해공 신익희 선생은 자신의 궁핍한 생활 속에서도 쾌활하게 웃는 유머리스트이다. 바닥이 다 해어진 양말을 "발 이불"이라 표현하는 것이야 말로 유머다운 유머라 할 수 있다.

지그문트 프로이트 Sigmund Freud(1856~1939)는 『위트 그리고 위트의 무의식과의 관계 Der Witz und seine Beziehung zum Unbewußtsein』에서 유머의 최고의 승리는 '교수대 유머 Galgenhumor'라고 주장한다. 이 유머는 사형이라는 최고 단계의 좌절에 직면해서도 웃게 한다. 이 책에서 프로이트는 다음과 같이 설명한다. 어느 월요일 사형장으로 끌려가는 한 도둑이 이렇게 말했다. "아, 이번 주일도 멋지게 시작하네!" [이 '교수대 유머'에 대해서는 다시 다루어질 것이다.] 이와 같이 유머의 센스가 매력적인 점은 첫째, 현실에 대한 자유로운 창작유희에, 둘째, 프로이트의 견해에 의하면 부정적인 감정으로부터 해방된 것에 그 이유가 있다. "유머의 본질은 상황이 동기를 부여한 감정이 절약된 데에 있다."(프로이트) 이렇게 본다면, 순수한 유머의 센스는 자신의 약점과 결함 그리고 자신의 운명과의 화해를 포괄하고 있다. 그러나 일반적인 유머의 정의는 다음과 같다. 유머는 "세계에 대한 관점"(롬멜 Rommel), "세계에 대한 견해"(립스 Lipps), "세계와의 화해"(호른 A. Horn)이다.

유머리스트는 자신의 약점과 결함을 잘 알고 있기 때문에, 그는 다른 사람들의 약점과 결함에 대해서도 이해할 수 있다. 그는 이러한 약점과 결함을 보고 웃거나 미소를 짓는다. 그리고 유머리스트는 이 약점과 결함과 어느 정도 거리감을 갖고 있기 때문에, 그의 웃음과 미소에는 사랑과 인간미가 있다.

다음은 미국의 제16대 대통령이었던 아브라함 링컨 Abraham Lincoln (1809~1865)에 대한 일화이다.

> 링컨의 친구들이 모여 앉아 상원의원 선거 후보로 나온 더글러스와 링컨의 인품을 비교하고 있었다. 마침 그 자리에 링컨이 나타나자 친구들이 그에게 묻는다. "자네는 보통 사람보다는 키가 유난히 크고, 반대로 더글러스는 키가 작은데, 사람의 키는 대체로 어느 정도가 적당하다고 생각하고 있나?"

링컨은 잠시 생각을 하다가 이렇게 대답한다. "글쎄, 사람의 키는 다리의 길고 짧음에 달려 있고, 다리의 길이는 땅에서부터 몸통까지 닿을 만큼만 길면 적당하지 않을까?"

링컨은 자신의 신체적인 결함인 '큰 키'에 대해서 잘 알고 있기 때문에, 그의 정적인 더글러스의 신체적 결함인 '작은 키'에 대해서도 잘 이해하고 있다. 그 때문에 그는 친구들의 난감한 질문에 대해 멋지게 대답할 수 있었다. "글쎄, 사람의 키는 다리의 길고 짧음에 달려 있고, 다리의 길이는 땅에서부터 몸통까지 닿을 만큼만 길면 적당하지 않을까?" 이 대답은 자신과 다른 사람의 결함에 대해서 거리감을 가질 때 가능하다. 이런 의미에서 보아 링컨은 유머리스트이다.

희극적이고 우스꽝스런 것과 유머와의 관계는 거리감과 친밀감이 동시에 일어나는 것이다. 장 파울 Jean Paul(1763~1825)은 이를 다음의 공식으로 설명한다. "유머에는 개별적인 바보스러움도, 그 어떤 바보도 존재하지 않고, 오직 바보스러움과 미친 세계만이 존재할 뿐이다." 이 말은 유머에서 우스꽝스러운 것은 일개인의 것이 아니라 모든 인간의 것, 즉 인류의 것이라는 의미다. 따라서 진정한 유머는 결코 개인을 탓하지 않는 "세계에 대한 유머"이다. 슈미트-히딩 W. Schmidt-Hidding에 의하면, "유머리스트는 자신과 비슷한 바보스러움을 잘 알기 때문에, 인류와 자기 자신 외에 그 어떤 것도 비웃지 않는다."

진정한 유머리스트는 자신의 약점과 결함을 잘 알고 있기 때문에 동료 인간들의 약점과 결함에 대해서도 용서하고, 자신의 것으로 받아들이고,

자신의 운명을 기쁨으로 참고 견디기에, 그는 전체로서 이 세계와 화해한다. 유머리스트는 이 세계를 긍정하는 '운명을 사랑하는' 인간이다.

이러한 유머의 문학적인 예는 프리드리히 뒤렌마트 Friedrich Dürrenmatt(1921~1990)의 극작품 『로물루스 대제 Romulus der Große』의 주인공 로물루스 대제다. 로물루스는 로마제국의 마지막 황제인데, 그는 그의 제국이 게르만족에 의해 습격을 받았을 때 이미 자신의 운명에 순응할 준비가 되어 있었다. 그는 게르만족에 저항하는 대신에 닭을 치고 있다. 그는 그의 제국의 멸망을 받아들이며, 마지막으로 그 자신의 약점을 태연하게 참고 견딘다. 이런 의미에서 유머리스트는 인간들의 약점과 결함을 보고 용서하는 사람이다. 뒤렌마트와 같은 세계적인 유머작가들은 셰익스피어, 골도니 Goldoni, 디킨스 Dickens 등이다.

오늘날의 의미에서 보아 유머는 일반적으로 공감하는 세계에 대한 이해에서 그 출발점을 갖고 있지만, 대체적으로 세계관이나 정신자세로 보고 있다. 이 세계관이나 정신자세는 다른 사람들의 약점과 결함에 대해 사랑과 인간성을 가지고 미소를 짓게 한다. 유머는 즐겁지 않은 사건들뿐만 아니라 즐거운 사건들도 기쁘게 받아들이는 세계관이다. 유머의 가장 극단적인 현상이 바로 '교수대 유머' 이다.

유머의 센스를 가진 사람이란 위에서 논의된 유머의 특성들을 가진 사람이다. 위에서 논의된 내용들을 요약하면 다음과 같다. 유머의 센스가 있는 사람은 첫째, 삶에서 다른 사람에게 해를 끼치지 않고 즐겁고 유쾌하게 생각하는 사람이다. 둘째, 유머의 센스가 있는 사람은 삶에서 보잘 것 없거나 열등한 것에 대해 연민의 정으로 보는 사람이다. 셋째, 이 사람은 작고 사소한 것을 존경과 사랑으로 관찰한다. 넷째, 이 사람은 실패, 좌절, 비운 등에 직면해서도 쾌활하게 웃는 사람이다. 다섯째, 이 사람은 자신의 약점과 결함뿐만 아니라, 다른 사람들의 약점이나 결함에 대해서도 사랑과 인간적인 미소를 보여주는 사람이다. 이러한 사람이 유머의 센스가 있는 사람이다.

█ 교수대 유머

'교수대 유머'(gallows' humor/ der Galgenhumor)는 사형수가 교수대에서 처형을 당하기 직전에 하는 유머다. 우리나라에서는 '억지유머'로 번역되고 있지만 이는 적절한 번역이라 할 수 없다. 이 말은 19세기에 생성된 것 같다. '교수대 유머'는 사형집행인과 사형수가 죽여야만 하고 죽어야만 하는 절박한 사건이 이 양자에게 더 이상 충격을 주지 못한다는 것을 알고 있을 때 빠져드는 심리상태에서 하는 말이다. 장 파울은 유머를 "눈물을 흘리며 미소를 짓는 소년"에 비유하여 설명하고 있다. 이러한 유머의 예들은 범죄자 위트들에서 종종 발견된다. 교수대 유머의 발생 시간은 바로 사형수의 처형 직전의 장면이다. 다음의 '교수대 유머'는 프로이트가 인용한 말의 원문이다.

> 한 살인자가 사형 선고를 받았다. 참수형이 그 다음날 시행된다는 소식을 들었을 때, 그는 다음과 같이 말했다. "아, 그래도 교수형을 당하지 않아서 정말 다행이야. 난 목이 간지러운 것은 참을 수가 없기

든." 그 다음 날 그를 데리러 왔을 때, 그는 주먹으로 그의 주변을 향해 마구 휘두르고 간수에게 발길질을 했다. 그래서 형리는 신부님께 도움의 눈길을 보냈다. 신부님은 사형수의 두 손을 가슴 위에 모으고, 아주 친절하게 말했다. "여보게, 이제 호의를 베풀어 주게, 그리고 조용히 참수형을 받아들이게!" 이 사내는 말했다. "다 쓸데없는 짓이지요. 신부님의 말씀이 맞아요. 질서는 지켜져야지요. 앞으로는 이런 일이 절대 일어나지 않을 겁니다." 그가 처형장에 안내되었을 때, 그는 물었다. "오늘이 무슨 요일이지요?" "월요일." 형리가 대답했다. "아 그래요, 이번 주일도 멋지게 시작하는군요." 이때 비가 내리기 시작하자 그는 욕을 했다. "오늘 날씨 한 번 고약하군. 꼭 흉악범의 날씨 같아." 이 말이 있은 후, 형리가 말했다. "당신 말이 맞아요. 몇 걸음만 더 가면 됩니다." 이때 하늘에서 비가 억수로 쏟아지고 있었음에도 불구하고, 참수형을 구경하려는 호기심으로 사람들이 구름처럼 모여들었다. 이 불쌍한 사형수는 이 구경꾼을 향해 외쳤다. "애들아, 그렇게 빨리 달려갈 필요는 없어! 내가 가기 전엔 아무런 일도 일어나지 않아!" 그가 단두대 위로 올라갔을 때, 그는 단두대를 보고 이렇게 말했다. "제기랄, 이건 아주 심하게 흔들리잖아. 이러다간 생명이 위험할 수도 있어."

흥분하여 사형수보다 더 많이 떨고 있던 신부가 이승에서 이별의 표시로 사형수에게 손을 내밀었다. "그럼 잘 가게, 모든 것이 다 잘되길 비네." 형리도 그에게 속삭였다. "죄송해요. 약간 아플지도 몰라요. 이번이 나의 첫 번째 사형 집행이랍니다." 사형수가 대답했다. "아 그래요? 나도 처음이랍니다." 바로 이 순간에 이 사형수에게 사면이 내려졌다. 아주 감격하여 이 사형수는 이렇게 외쳤다. "내 인생에서 가장 멋진 시간을 경험할 수도 있었을 텐데."

위 예문에 나타난 사형수의 말들에는 생과 사를 초탈한 표현들이 많다. 자신이 처형되는 바로 오늘이 월요일이라는 것을 알고 "이번 주일도 멋지게 시작하는군요"라는 표현과, 처형 장면을 구경하기 위해 달려가는 사람들을 향해 "애들아, 그렇게 빨리 달려갈 필요는 없어! 내가 가기 전엔 아무 일도 일어나지 않아!"라고 말한 이 사형수는 거의 초탈의 경지에 도달했거나, 아니면 체념상태에서 한 말이다. 이 외에도 그는 흔들리는 단두대를 보고 "생명이 위험할 수도 있다"라고 말하는가 하면, 형리가 이번이 처음 행하는 사형 집행이라는 말에 대해 사형수 역시 "나도 처음이다"라는 말, 그리고 마지막으로 사면의 소식을 접한 후, "내 인생에서 가장 멋진 시간을 경험할 수도 있었을 텐데"라는 말은 우리에게 연민의 정을 일깨울 뿐만 아니라 씁쓸한 미소를 짓게 한다. 사형수의 무관심과 냉정함이 우리에게 감정적인 에너지[이 경우엔 연민의 소모를 절약하게 한 것 같다.

다음은 또 다른 교수대 유머들이다.

전쟁의 마지막 단계에 두 명이 사형을 선고받았다. 처형 직전에 이들에게 총살형이 아니라 교수형을 받을 것이라고 통보되었다. 이때 한 사형수가 다른 사형수에게 이렇게 말한다. "너 봤지? 이놈들은 더 이상 실탄조차 없어."

한 강도가 사형수 감방에서 신부로부터 처형 후를 준비하라는 말을 듣고, 이 사람은 이렇게 말한다. "신부님 감사합니다. 저를 위해 너무 애쓰지 마세요! 내일이면 전 당신의 보스와 이야기할 거랍니다!"

영국에서 한 살인자가 처형을 받게 되었다. 그에게 마지막 소원을 말하는 기회가 주어졌다. 이 살인자는 최상의 형리와 최상의 칼로 처형을 받아 저 세상에 가고 싶다는 소원을 말했다. 이 소원이 받아들여졌다. 상당수의 형리들이 이곳으로 와서 이 사형수 앞에서 그들의 능력을 보여주었다. 이 사형수는 이들 중에서 공중에 깃털을 날려서 단 한칼에 자르는 형리에게 자신을 참수하게 했다.
드디어 집행일이 되었다. 이 형리는 똑 바로 서 있는 사형수를 향해 바람을 가르며 칼을 날렸다. 그런데 처형된 사람은 그 자리에 그대로 서 있었고, 형리를 향해 이렇게 말한다. "당신의 칼이 내 몸에 닿지 않았어요." 이 말에 대한 형리의 대답. "그래요? 그러면 고개를 앞으로 숙여보세요."

위에서 인용한 세 편의 '교수대 유머'는 '유머'라는 용어로 표현되었지만 형식적인 면에서 본다면 '위트'로 분류될 수 있다. 그 이유는 다음의 위트 개념과 그 특성들에서 잘 설명되어 있다.
교수대 유머에서는 열등한 자인 사형수가 우월한 사람이 된다. 사형 선고를 받은 사람의 익살스런 태연함, 열등한 위치에 있는 사람이 오히려 정신적으로 우월한 위치에 서게 되는 것이 우리를 암울한 감정으로부터 벗어나게 한다. 생명을 위협받는 절박한 순간에 직면하여 냉정한 안정감이나 또는 생에 대한 무관심이 희극적 갈등을 작동시킨다. 이 유머를 듣고 웃는 사람은 이 유머의 사형수와 아무런 관련이 없는 사람이다.

'교수대 유머'는 유머의 극단적인 한 예에 불과하다.

▌ 위트

위트는 코믹의 특수한 한 형식이자 언어문화를 아주 세련되게 만드는 형식이기도 하다. 코믹의 지적(知的)인 형식이 위트이기 때문에, 위트는 웃음을 다루는 거의 모든 저서에서 중요한 비중을 차지하고 있다. 코믹의 다른 형식들이 관점이나 환상 또는 구체적인 인물들을 활용하는 것과는 달리, 위트는 대부분 추상적이며 언어와 결부되어 있다. 그리고 우리나라의 거의 모든 스포츠 신문들과 인터넷 포털 사이트에 '유머란'이 있듯이, 서양의 거의 모든 대중 신문들엔 '위트란'이 조그맣게 자리 잡고 있다. 저자의 견해에 의하면, 우리나라에서 '유머'와 '위트'를 구분하지 않고, 우스운 내용의 짧은 글은 거의 모두 '유머'라는 말로써 표현되고 있는 것은 아마도 다음의 몇 가지 이유로써 설명될 수 있을 것 같다. 첫째, 『한글대사전』에서 해학("익살스럽고도 품위 있는 농담")과 유머("익살스런 농담, 해학")가 거의 동의어로 설명되어 있는 것이 그 한 이유인 것 같다. 둘째, 한자 용어인 "해학(諧謔)" 대신에 영어인 '유머'로 사용하는 것이 현대의 유행이며 일종의 멋으로 생각되어 왔기 때문인 것 같다. 셋째, '유머'와 '위트'의 개념과 이 개념들의 변천사에 대한 연구가 미흡했기 때문인 것 같다. 이 책의 모두(冒頭)에서 인용한 「교황의 관절염」은 우리 한국에서는 유머로 분류되지만, 그 언어적인 구성과 여러 가지 특성들로 보아 위트로 분류되어야 한다. 이는 위트의 구조와 언어적 특성을 통해 앞으로 밝혀질 것이다.

'유머 humour/ humor'가 영어에서 유래한 말이라면, '위트 wit/ der Witz'는 독일어에서 유래했다. 위트라는 말은 '알다 wissen'라는 말의 낱말밭에 속한다. 중고독일어(中古獨逸語) '비체 witze'는 위트보다 훨씬 더 일반적인 것, 즉 오성, 지식, 총명함, 현명함 등을 의미했다. '비체로써 mit witzen'라는 말은 '사려가 있는, 지성적인'을 의미했고, '우츠 덴 비첸 콤멘 ûz den witzen kommen'은 '판단력을 잃다, 의식을 잃다'를 의미했으며, '아네 비체 âne witze'는 '어리석고 바보스런 인간'을 뜻했다. '비츠 Witz'라는 말과 결합된 복합어는 오늘날에도 여전히 옛날의 의미를 그대로 보존하고 있다. '위트 Witz'와 '난센스, 몰상식 Aberwitz'의 관계는 '신앙 Glaube'에 대한 '미신 Aberglaube'과 같다. '무터비츠 Mutterwitz'[어머니 위트]는 자연적이고 건강한 인간오성을 의미하고, '게비츠트 자인 gewitzt sein'은 아직도 여전히 '지식이 그의 경험 덕이다'라는 의미로 사용되고 있으며, '포어비츠 Vorwitz'[경박한 호기심, 주제넘음]는 경험부족에 기인하고 있다. '위트'를 언어사적으로 고찰하여 볼 때, 이 말이 '지성, 오성'이라는 낱말밭에서 생겼다는 것은 아주 흥미롭다. 그리고 오늘날의 의미에서 위트를 이해한다는 것 역시 지적인 문제다.

17세기 말에 '위트'라는 말의 의미는 프랑스어의 영향으로 축소되었으며, 오늘날에도 통용되고 있는 외래어 '기지 ésprit'를 의미했다. 당시 '위트적인 witzig'이라는 말은 '재기발랄한'과 거의 같은 의미로 사용되었으며, 특히 민첩한 생각의 연상(聯想), 지적인 결합, 정신적인 민첩함, 가볍게 관련지우는 것과 연상지우는 것을 뜻했다. 16세기 후반부터 영국인들이 라틴어의 '천부의 재능 ingenium'이란 말을 '위트 wit'로 변역한 이래로, 영어의 '위트 wit', 불어의 '기지 ésprit', 독일어의 '비츠/위트 Witz'라는 말은 점차적으로 전 유럽에서 문학이나 예술적인 창작의 기본적인 특징으로 간주되었다. 그래서 레싱 Lessing은 "미를 추구하는 학문들과 예술들은 위트의 영역을 의미한다"라고 확신했다. 오성적인 의미로서 위트는 상당히 오랜 기간 동안, 적어도 18세기까지, 유지되고 있었다.

19세기에 와서야 비로소 '위트'라는 말은 무엇보다 오늘날의 위트적인 특징을 가진 창작물들과 관련을 갖게 되었다. 1828년 괴테는 "많은 베를린의 위트들"에 대해서 말을 한 바 있으며, 특정한 장르에 대한 명칭으로서 오늘날 지배적인 이 말의 활용에 적용될 수 있는 전거(典據)들을 제시했다. 현재의 언어관용에 의하면 위트는, 하나의 정곡[die Pointe: 핵심, 요점]*에서 절정을 이루는, 웃음을 일으키는 짧은 이야기를 의미한다.

* 이 말은 원래 불어 "pointe"에서 유래했으며, 우리나라에서는 영어의 "punch line"을 번역하여 "급소 찌르기"(구현정) 또는 영어를 그대로 표기하여 "펀치 라인"(류정월)이라는 용어를 사용하는 사람들이 있다. 본 저자는 위의 두 용어들보다 "정곡"이 더 정확하다고 생각하여 이 용어를 사용한다.

위트의 특성들

구분짓기 2

위트의 특성들

▌위트의 특성

에라스무스 폰 로테르담 Erasmus von Rotterdam(1466/1469~1536)
은 1534년에 간행된 위트, 재담, 일화들의 모음집인 『경구집 Apophtheg-
mata』의 서문에서 다음과 같이 기록한 바 있다.

> 훌륭한 경구들은 적은 말로써 비일상적인 의미를 명확하기보다 오히
> 려 암시적으로 표현해야 하며, 계획적이고 억지로 꾸며냈다는 생각이
> 거의 들지 않은 착상이어야 한다. 이를 듣는 사람이나 읽는 사람이 여
> 기에 오래토록 그리고 상세하게 몰두하면 할수록, 이들은 더욱 더 흥
> 겨워할 것이다.

에라스무스가 '경구'라고 표현한 것을 '위트'로 대체하면, 위트의 특성들과 구성 원리들이 거의 대부분 위 인용문에 요약되어 있다. 간결성과 짧음, 억지로 꾸며냈다는 생각이 거의 들지 않는 착상, 언어적인 암시, 추후의 흥겨움이 에라스무스가 말하는 위트의 특성들과 구성 원리들이다. 이 위트 정의에서 아주 중요하고 결정적인 것을 후세의 사람들이 소홀히 다루고 있다고 프라이젠단츠 W. Preisendanz는 지적하고 있다. 이는 위트의 내용을 "명확하기보다 암시적으로 표현해야 한다"는 것이다. 위트가 암시적으로 표현되지 않고 직설적으로 표현되면 그 맛이 상당부분 상실되는 것은 사실이다.

위트의 가장 중요한 특성이자 구성 원리는 간결성과 짧음이다. 위트는 꼭 필요한 것만 이야기한다. 셰익스피어는 『햄릿 Hamlet』(VII, 2)에서 "간결함이 위트의 정신이다"라고 말한 바 있다. 장 파울의 정의는 다음과 같다. "짧음이 위트의 육체이자 정신이며, 위트 그 자체가 짧다. 이 짧은 것을 격리시켜 대비시키는 것으로 충분하다." 몇 가지 예문들을 보자.

마크 트웨인은 한 때 리하르트 바그너에 대해 이렇게 말한 바 있다. "바그너의 음악은 소리보단 약간 나아."

볼테르는 장 밥티스트 루소의 「후세에 붙이는 송가」에 대해 이렇게 말했다. "이 송가는 자기 주소를 찾지 못할 것 같아."

윈스턴 처칠이 정적들로부터 공격을 받아 곤경에 빠져있을 때였다.

버나드 쇼는 자신이 집필한 새 극작품 초연(初演)에 즈음하여 처칠에게 2장의 입장권을 보냈다. 다음과 같은 내용의 메모와 함께. "내 극작품 초연에 초대합니다. 친구가 있으시면, 친구와 함께 오십시오!" 처칠은 즉석에서 다음과 같이 회신을 보냈다. "저는 바빠서 초연에는 갈 수가 없습니다. 초연이 다음 날 밤에도 공연된다면, 다음 날 밤에 가겠습니다."

위의 세 편의 위트는 매우 짧고, 상당히 공격적이며, 그 착상이 매우 재미있다. 리하르트 바그너 Richard Wagner(1813~1883)의 음악이 마음에 들지 않은 마크 트웨인 Mark Twain(1835~1910)은 '바그너의 음악은 형편없다' 라는 말 대신에 "바그너의 음악은 소리보다 약간 나아"라고 말한다. 볼테르 Voltaire(1694~1778) 역시 루소 J.-B. Rousseau (1712~1778)의 「후세에 붙이는 송가」를 직접 평가하는 대신에 이 송가의 제목의 "후세"라는 말을 사용하여 암시적으로 에둘러 표현한다. '이 송가는 머지않아 사람들의 기억에서 사라질 거야!' 라는 의미로 "이 송가는 자기 주소를 찾지 못할 것 같아"라고 표현한다. 버나드 쇼 Bernard Shaw(1856~1950)와 윈스턴 처칠 Winston Churchill(1874~1965)의 위트는 약간 복잡하다. 버나드 쇼가 처칠이 그 당시 친구가 없다는 것을 빗대어 메모와 함께 두 장의 입장권을 보냈고, 처칠 역시 즉석에서 멋진 회신으로 앙갚음을 한다. 초연이란 극작품을 처음으로 무대 위에 올리는 공연이기 때문에, 그 다음 날 밤의 공연은 이미 초연이 아니다. "초연이 다음 날 밤에도 공연된다면, 다음 날 밤에 가겠습니다." 이 말로써 처칠은

쇼의 공격적인 초대에 멋지게 앙갚음한다.

위트의 특성 중에 하나는 코믹의 지적(知的)인 형식이란 점이다. 왜냐하면 위트는 '오성' [사유 능력]과 '지성' 이 활용하기 때문이다. 위트에서는 비유와 비교가 많이 활용되고 있다. 이 비유와 비교는 수많은 상이한 것들 속에 숨겨져 있는 유사성을 찾는 것이다. 이때 '날카로운 통찰력' 은 '비유사성' 을 가시적으로 나타내게 하고, '깊은 통찰력' 은 외견상으로 보아 거의 유사하지 않는 것들에서 근본적인 '유사성' 을 찾아내게 한다. 위트는 아주 조그마하고 예기치 않은 유사성을 통해 그 자체가 유사하지도 않고 예측할 수 없는 크기와 연결시키기도 한다. 날카로운 통찰력이 일련의 많은 개념들을 해명한다면, 위트는 마치 하늘에서 구름을 걷어내는 듯이 명쾌하게 한다.

> 미학적 위트는 […] 서로 다른 주례사로써 결혼식을 집전하는 변장한 사제(司祭)다.

> 어느 날 영구가 아버지에게 물었다.
> "아빠, 정치가 뭐야?"
> 뜻밖의 질문을 받은 아버지가 잠시 고민하다가 이렇게 설명했다.
> "정치라는 것은 우리 집으로 비유하자면 이렇단다. 돈을 벌어오는 아빠는 자본가, 그 돈으로 살림을 하는 엄마는 정부, 그리고 영구 너는 국민인 셈이지. 그리고 네 동생인 만득이는 앞으로 자라날 우리의 미래라고나 할까?"

"그럼, 가정부 누나는?"

"음, 가정부 누나는 자본가인 아빠의 돈을 받으니까 노동자라고 해야 하지."

그날 밤, 동생과 한방에서 자던 영구는 동생이 똥을 싸고 울어대자 엄마를 부르려고 안방으로 달려가 문을 두드렸다. 그러나 엄마는 얼마나 깊은 잠에 빠졌는지 대꾸조차 하지 않았다. 그래서 할 수 없이 가정부 누나 방으로 달려갔더니, 아빠가 가정부와 한창 그 짓을 하고 있었다.

다음 날 아침, 아버지와 식탁에 마주앉은 영구는 아빠에게 말했다.

"아빠, 어젯밤 난 진짜 정치란 게 뭔지 배웠어요."

아버지는 신통하다는 표정을 지으며,

"그래? 그럼 그 진짜 정치란 게 뭐니?"

영구가 말했다.

"진짜 정치는 국민이 도움을 요청해도 묵살해 버리는 정부, 노동자를 강간하는 자본가, 똥 위에서 뒹굴고 있는 우리의 미래예요."

위트를 '변장한 사제'로 비유한 사람은 장 파울이다. "미학적 위트"와 "결혼식을 집전하는 변장한 사제"와의 일반적인 유사점은 겉보기에만 일치할 뿐이다. 좀 더 정확하게 검토해보면 이 유사점은 그렇게 확고한 기반도 갖고 있지 않다. 이 비유는 거의 유사하지도 않고 예측할 수도 없는 것들에서 아주 조그마한 유사성을 찾아내고 있다. 결혼식에서 주례를 하는 사람은 사제이든 일반 사람이든 그 내용은 비슷하다. 미학적 위트 역시 "다른 주례사로써 결혼식을 집전하는 변장한 사제"와 비슷한 것 같다.

다만 내용에 따라 표현이 약간씩 다를 뿐이다. 그러나 실제로 그럴까? 위트에서는 그 이유나 원인이 정확할 필요는 없다. 대부분의 위트는 '스쳐가는 생각'에서 나왔기 때문이다.

「진짜 정치」는 최근의 버전이다. 여기서는 '진짜 정치'가 가정의 구성원들의 역할들에 비유되어 있다. 영구의 마지막 말, 즉 "진짜 정치는 국민이 도움을 요청해도 묵살해 버리는 정부, 노동자를 강간하는 자본가, 똥 위에서 뒹굴고 있는 우리의 미래에요"라는 말이 이 위트의 정곡이라고 할 수 있다. 다만 이 위트는 '변장한 사제'의 위트보다 암시적이라기보다 거의 직설적으로 비유되고 있다. 최근 버전들은 암시적인 비유나 비교보다 규범에서 일탈하게, 즉 금기사항들을 깨뜨리는 내용들이 대다수이다. 예를 들면 「마누라와 호프집 팝콘의 공통점」이라는 위트["1) 공짜다. 2) 달라는 대로 준다. 3) 먹어도 먹어도 질리지 않는다. 4) 자꾸만 손이 간다. 5) 진짜 안주가 나오면 쳐다보지도 않는다."]와 「초보 운전과 신혼부부의 공통점」의 위트["1) 보기만 해도 올라타고 싶어진다. 2) 기술이 부족해도 힘으로 밀어붙인다. 3) 아무리 많이 해도 싫증이 나지 않는다. 4) 남들이 이구동성으로 '저 때가 좋을 때지'라고 말한다."]에서도 비유나 비교의 수법이 활용되고 있는 것은 사실이다. 어쨌든 위트에서 암시적인 특성이 희박하거나 비교의 방법이 직접적이면, 그 깊은 맛은 사라지는 것 같다.

위트의 또 다른 특성은 경악 효과, 즉 놀라게 하는 효과이다. 우리를 놀라게 한다는 것은 기대감의 일탈이나 기대감의 환멸이라고도 할 수 있다. 경악 효과는 위트에만 적용되는 것이 아니라 코믹이나 웃음이론 전반에 다 적용되고, 웃음을 일으키게 하는 중요한 요인들 중에 하나다. 마르

쿠스 툴리우스 키케로 Marcus Tullius Cicero(기원전 106~43)는 기대감의 일탈을 추함과 결부시켜 표현하고 있으며, 르네 데카르트 René Descartes(1596~1650)는 『정념론』에서 정신이 무언가에 대해 감동을 받는 원인을 "경이로움"으로 인한 "놀람" 때문이라고 설명하고 있다. "경이로움이란 정신의 갑작스런 놀람이며, 정신에게 진기하고 비정상적으로 보이는 대상들을 주의 깊게 관찰하게 한다." 20세기 초의 심리학자인 테오도르 립스 Theodor Lipps(1851~1914)는 희극적인 대상 자체가 거대한 것[위대한 것/ 고상한 것]으로 처신하고, 그 후 아주 작은 것이나 상대적으로 아무 것도 아닌 것으로 밝혀지는 것을 모든 코믹의 공통점이라고 설명하고 있다. 립스의 이론적 토대는 임마누엘 칸트 Immanuel Kant(1724~1804)의 웃음의 정의에서 나온 것이다. 칸트는 『판단력 비판 Kritik der Urteilskraft』제54장에서 "웃음은 긴장된 기대가 무(無)로 갑작스럽게 변하는 것에서 유래한 격렬한 흥분이다"라고 정의한다.

> 영국의 처칠 수상이 전 세계를 향하여 중대한 방송을 하게 된 날 아침이었다. 그는 시내에서 흔히 볼 수 있는 택시를 타고 말했다.
> "영국방송협회까지 갑시다."
> "손님, 미안하지만 다른 차로 가 주실 수 없겠습니까? 이 차는 그렇게 멀리까지는 가지 않습니다."
> 그곳까지 가는데 한 시간이나 걸려 못 가겠다는 택시기사의 말이었다.
> "여보쇼, 기사 양반, 이건 좀 너무하지 않소? 택시라면 손님이 요구하는 대로 가는 것이 온당한 일이 아니겠소."

"손님도 참 딱하시군요. 여느 때 같으면 상관이 없겠지만, 앞으로 약한 시간 정도 지나면 처칠 수상의 방송이 있기 때문이오. 돈은 못 벌어도 그 방송은 꼭 들어야 하거든요."

기사가 말하는 것으로 보아 그는 손님이 바로 그 처칠 수상인 줄을 모르는 눈치였다. 처칠 수상은 운전기사의 말이 마음에 들어 그 당시로서는 거금인 1 파운드짜리 지폐 한 장을 주었다.

그랬더니 그는 깜짝 놀라며, "좋아요. 모셔다 드리지요. 에라, 처칠이고 뭐고 난 모르겠다. 나는 그저 돈이나 벌어보자" 하면서 차의 시동을 걸었다.

뉴욕의 한 유태인 회사의 여비서가 회사를 그만두게 되었다. 그래서 후임자를 구하기 위해 「뉴욕 타임즈」에 구인광고를 냈더니 세 명의 여성이 응모했다.

면접을 한 코온에게 그의 동료들이 면접 응시자들이 어떤지에 대해서 물었다.

"세 명 다 굉장한 처녀들이더군. 첫 번째 여자에게 물었지. 1더하기 1은 얼마이냐고 말이야. 그랬더니 11이라고 대답하지 않겠어. 얼마나 센스가 있는 답인가? 이런 여자는 여차할 때 임기응변으로 일을 처리할 수 있는 거야.

다음 여자에게도 똑같은 질문을 했더니, 생각할 여유를 달라고 하더군. 이런 여자는 조심성이 매우 깊어서 어떤 일도 소홀히 하지 않고 차분하게 일할 수 있는 소질이 있다는 증거지. 이런 여자야말로 신뢰할 수 있을 거야.

세 번째 여자에게도 똑같은 질문을 했지. 그녀는 금방 둘이라고 대답하더군. 얼마나 정확하고 솔직담백한가. 이런 여자와 일한다면 얼마나 시원시원하겠나?"

"그건 그래. 그런데 어떤 여자를 채용했나?"

"질문하길 잘했어. 그건 물론 가장 가슴이 팽팽한 여자지 누구겠나?"

「처칠 수상의 감동 방송」에서 기대감의 일탈이나 경악 효과는 택시기사의 마지막 말에 있다. 돈은 못 벌어도 처칠 수상의 연설만은 꼭 듣겠다던 그가 1 파운드짜리 지폐를 받고 "에라, 처칠이고 뭐고 난 모르겠다. 나는 그저 돈이나 벌어보자"하면서 차의 시동을 걸었다. 이 말로써 이 위트를 듣는 사람이나 읽는 사람은 아연실색할 것이다. 그리고 「여비서 면접」위트에서도 우리의 기대감은 한꺼번에 무너져 내린다. 이 위트의 앞부분에서 설명된 여비서로서 능력들과는 전혀 다른 이유가 바로 이 위트의 마지막 부분에서 밝혀지기 때문이다. "질문하길 잘했어. 그건 물론 가장 가슴이 팽팽한 여자지 누구겠나?" 위트의 마지막 부분, 우리의 기대감을 환멸시키는 이 부분을 위트의 '정곡'이라 한다.

▌ 위트의 구성 원리

위트는 대부분 서술과 '정곡(正鵠 die Pointe)'이라는 두 단락으로 이루어져 있다. 앞부분에 서술이 없는 정곡은 위트가 아니다. 위트를 이야기하는 사람은 처음부터 정곡을 염두에 두어야 한다. 이 서술 부분은 긴장감을 불러일으키며, 이 긴장감은 위트에서 꼭 필요하다. 그렇지 않으면 위트를 듣는 사람에게서 웃음을 기대할 수 없기 때문이다. 위트를 이야기하는 사람은 위트의 줄거리는 변경시킬 수 있지만, 그 정곡은 거의 일치한다. 그리고 이 정곡을 변경시킬 때는 특별한 조건들 하에서만 가능하다. 정곡이란 절정을 의미한다. 정곡이 성공하면 할수록, 더 나은 위트가 된다. 정곡은 거의 언제나 위트의 종결부분을 상당히 급박하게 끝나게 한다. 이는 우스개 이야기가 서서히 끝나는 것과는 차이가 있다.

이 책의 첫 부분에서 인용한 「교황의 관절염」 위트에서 "한 주정뱅이가 버스를 탔다. 그는 신부 옆에 앉아 술 냄새를 풍기며 신문을 읽기 시작했다. 주정뱅이가 신부에게 물었다. '신부님, 관절염은 왜 생깁니까?'"라는 부분이 서술 부분이며, "내가 아니라 교황이 관절염에 걸렸다고 여기 신문에 났네요!"라는 주정뱅이의 말이 정곡이다.

베르톨트 브레히트 Bertolt Brecht(1898~1956)의 극작품 『푼틸라 씨와 그의 하인 마티 Herr Puntila und sein Knecht Matti』에는 '위트'의 특성이 무엇인지를 설명해주는 재미있는 삽화가 들어있다.

> 판 사: 그의 외투를 커피 집에 걸어놓고 온 유태인에 대한 위트를 압
> 니까? 여기에 대해 염세주의자는 "예, 그 사람 그 외투를 다시
> 가져갈 겁니다!"라고 말했고, 낙관주의자는 "그 사람이 그 외
> 투를 가져가지 않아요!"라고 말했답니다.
>
> *(신사들 웃는다.)*
>
> 아타셰: 그러면 유태인은 그의 외투를 다시 가져갔습니까?

(신사들 웃는다.)

판사: 저의 생각엔, 당신은 정곡을 완전히 파악하지 못했어요.

푼틸라: 프레드릭!

아타셰: 저에게 설명 좀 해주세요. 제 생각엔 그 사람들 생각이 뒤바
뀐 것 같아요. 낙관주의자는 이렇게 말해야 하지요. "예, 그
사람이 그의 외투를 다시 가져갈 겁니다!"라고.

판 사: 아닙니다, 그렇게 말한 사람은 염세주의자랍니다! 당신은 이
걸 알아야 한답니다! 이 외투는 낡았고 잃어버리는 것이 더
낫다는 것이 이 위트의 본질이랍니다.

아타셰: 아 그래요? 그 외투가 낡았다고요? 그걸 말하는 것을 당신은
잊었답니다. 하하하! 이건 내가 지금껏 들었던 위트들 중에서
가장 탁월한 위트군요.

"그러면 유태인이 그의 외투를 다시 가져갔습니까?"라고 질문을 한 아
타셰에게 판사는 그가 정곡을 파악하지 못했다고 대답한다. 이 말은 아타
셰가 이 위트를 파악하지 못했다는 의미다. 전후의 문맥으로 보아, 이 위
트를 듣는 사람이 이 위트를 파악하지 못한 것은 "이 외투가 낡았다"는
결정적인 정보를 사전에 알지 못했기 때문이라고 아타셰는 변명한다. 그
렇다면 아타셰는 왜 이 위트에서 결정적으로 중요한 정보를 알지 못했을
까? 그는 단지 말로써 표현된 사실에만 정신을 집중하고, 말하지 않은 사
실에, 언어의 성찰적 관계에 대해선 소홀히 했기 때문이다. 다시 말한다
면, 아타셰는 이미 언급된 것들과 아직도 언급되지 않은 것, 앞으로 어쩌

면 말하게 될 것과의 보완적인 관계가 중요하다는 것을 알아차리지 못했다. 그렇다면 이 위트에서 정곡은 어디에 있는가? 이 위트에서 정곡이 위치해야 할 자리는 없다. 말하지 않은 부분에 정곡이 위치하고 있기 때문이다. 그렇다면 정확하게 말해서 위트에서 '정곡'이란 무엇인가? "유태인이 그의 외투를 커피 집에 걸어놓고 왔다"는 정보에 따르면, 낙관주의자는 이 외투를 다시 가져온다고 말해야 할 것이고, 염세주의자는 이 외투를 분실했다고 말할 것이다. 그러나 이 위트에서는 듣는 사람의 기대와는 반대로 낙관주의자와 염세주의자가 말을 한다. 이 위트가 패러독스나 부조리가 아니라면, 낙관주의자는 낙관주의자로서 염세주의자는 염세주의자로서 말을 해야 한다. 그러나 이 위트에서는 그 반대로 말을 한다. 그렇다면 듣는 사람에게 알려주지 않은 정보를 암시하는 것이 위트의 정곡인가? 정곡은 아주 짧은 위트에서도 아주 급작스럽게 기대감을 충족시켜 준다. 정곡은 그 때문에 기대하지 않은 것을 기대하게 하고, 이러한 방법으로 기대될 수 있는 것과 관련하여 우리에게 다른 문맥에 영향을 끼치게 한다.

위트의 특성에 속하는 것으로서는 경악시키는 것, 상상하지 못한 것, 기대하지 않은 것 등이라는 것에 대해서 이미 언급했다. 「유태인의 외투」 위트에서 판사가 이 이야기를 이미 "위트"라고 말했기 때문에, 아타셰는 기대되지 않은 것에 대한 기대감을 가져야 한다. 좀 더 정확하게 말한다면, 위트에서 우리는 이 기대되지 않은 것이 처음부터 존재하고 있다고 생각해야 한다. 따라서 정곡은 처음부터 전혀 기대하지 않은 방법으로 우리의 기대감을 충족시키는 것이라 할 수 있다.

우리의 기대감이 충돌을 일으킨 예를 하나 더 들어보자.

　　"엄마, 나 할머니와 놀아도 돼?"
　　"안 돼, 관이 닫혔어."

　여기서도 어머니의 대답은 우리가 전혀 기대하지 않은 것이다. 그렇다고 이 말이 정곡은 아니다. 오히려 아이의 질문이 우리에게 기대감을 일깨우고 있다. 왜냐하면 이건 위트이니까. 이 기대감에 부합하게 우리는 무언가 다른 것, 즉 여기서 가능한 대답을 기대해야 한다. 어머니의 "안 돼"라는 대답은 우리가 기대할 수 있는 것들 중에 하나며, 전혀 기대하지 않은 것이라고는 할 수 없다. "관이 닫혔어"라는 말은 물론 전혀 기대하지 않은 말로서 우리의 기대감과 충돌하게 한다. 그러나 이것이 위트이기 때문에, 아이의 질문에 죽은 할머니가 눈에 띄지 않지만 어딘가 내재해 있었다면, 또는 전혀 다른 상황이 설정될 수도 있다면, 어머니의 대답은 전혀 기대될 수 없는 것은 아니다. 이와 같은 위트들에서 정곡은 말하지 않은 부분에도 위치할 수 있다.

▌위트의 형식

　그러나 위트가 형식적인 면에서 보아 종결부분으로 알 수 있는 것만은 아니다. 비록 위트의 종결부분이 새롭고 경악시킨다 해도, 형식적인 면에서 위트의 특징은 서술의 첫 부분에 있는 것이 아주 많다. '사오정', '만득이', '최불암' 등과 같이 위트에 자주 등장하는 주인공의 이름이 거론되면 우리는 이 이야기가 위트라는 것을 알 수 있다.

만득이가 신검장에 신검을 받으러 갔다.
어떻게든 군대를 빠져 볼까 궁리하던 우리의 만득이.
"저 사실은요, 손가락 하나가 없어요."
"괜찮아, 안중근 의사도 손가락 하나가 없었어."
"저는 한쪽 눈이 멀었는데요."
"상관없어, 사격은 두 눈 뜨고 하는 게 아니니깐."
"저는 배에 칼 맞은 자국까지 있는데요."
"허튼소리 하지 마, 이순신 장군은 총 맞고도 잘 싸웠어."
"저는 자살충동을 종종 느낀단 말예요."
"걱정 마, 이준 열사는 자살해서 나라에 헌신했어."
이젠 더 이상 변명할 게 없어서 만득이는 마지막으로 힘을 냈다.
"사실 전 제정신이 아닙니다."
"괜찮대두, 그래도 대통령은 임무를 잘 수행하고 있잖아."

이 위트는 '정치가 위트'라 부를 수도 있으며 여기엔 풍자적인 성격이 농후하다. 신검장에서 만득이가 말하는 신체적 결함들과 신검을 하는 사람과의 대화는 서술 부분이다. 이 위트의 정곡은 바로 "괜찮대두, 그래도 대통령은 임무를 잘 수행하고 있잖아"이다. 그러나 우리는 이 위트의 첫 부분에서 "만득이"라는 이름을 들었을 때 이미 이 이야기가 위트라는 것을 알 수 있다.

그리고 많은 위트들은 질문과 대답의 형식으로 이루어져 있다. '무엇과 무엇의 차이가 무엇이냐?', '누구를 아느냐?', '무엇이냐?' 등, 특히 풀수 없는 우스꽝스런 수수께끼의 형식도 있다. 수수께끼와 위트는 많은 점에서 일치한다. 왜냐하면 이 두 형식에는 유사점이나 공통점을 발견하는 것이 문제가 되기 때문이다. 그리고 수수께끼에서도 위트에서와 동일하게 비교가 중요하다.

임금왕(王)자는 어떻게 만들었지?
양(羊)이 뿔 빠지고 꽁지 빠진 것이지.
앉으면 높고 서면 얕아지는 것은?
동네방네 집집마다 하늘 천자 천정(天井).
대가리로 처먹고 옆구리로 똥 싸는 것은?
이도령 밑에 춘향이 뱅글뱅글 맷돌.
마를수록 무거워지는 물건은 뭣고?
물 빠지고 힘 빠진 늙은 노인 다리통.
닫으면 네모 열면 여덟모 되는 건?
대원이대감 첩실문 이 집 색시 안방문.

이 인용문은 정동주의 『단야(丹冶)』에서 발췌한 것이다. 상당히 오래된 물음과 대답의 형식을 빌린 느슨한 형식의 위트다. 짧은 문장들로 이루어진 질문과 대답이 매우 코믹하다.

상당히 많은 위트들은 대화의 형식, 즉 물음과 대답의 형식으로 되어 있다. 예를 들면, 판사와 피고 사이, 웨이터와 손님 사이, 주인과 하인 사이, 아이와 어른 사이, 의사와 환자 사이, 선생과 학생 사이, 술 취한 사람과 술을 마시지 않은 사람 사이, 남편과 부인 사이, 두 친구 사이, 귀가 어두운 두 사람 사이, 결혼 중개인과 고객 사이, 염라대왕과 죽은 사람[서양에서는 성 베드로와 하늘나라로 들어가려는 불쌍한 죄인] 사이 등의 대화로 구성되어 있다.

이와는 전혀 다른 내용의 위트나 전혀 다른 인물이 등장하는 위트들도 대부분 비슷한 구조를 갖고 있다. 여기에 대한 예들은 참으로 많다.

> 나치 시대에 두 명의 유태인이 만났다.
> "뭐, 새로운 뉴스는 없는가?"라고 한 유태인이 물었다.
> "좋은 뉴스와 나쁜 뉴스가 있어"가 그 대답이었다.
> "먼저 좋은 뉴스를 말하게, 그러면 난 나쁜 뉴스를 들어도 견딜 수 있을 것 같아."
> "좋아, 그렇게 하지. 히틀러가 죽었어!"
> "그건 지금까지 들었던 뉴스들 중에서 가장 좋은 뉴스군! 이젠 모든 것이 잘될 것 같군. 정말로 이젠 어떤 뉴스도 나를 더 감동시키지는 못 할 거야. 그러면 이제 두 번째 뉴스를 나에게 이야기 해보게."
> "그렇게 하지!" 다른 유태인이 말한다. "첫 번째 뉴스가 거짓말이라네. 그것이 나쁜 뉴스야."

이 위트의 변형은 스탈린 시대에 러시아에서 「스탈린이 죽었다!」라는 위트다. 좋은 뉴스와 나쁜 뉴스의 또 다른 유형은 다음의 예에서도 보여준다.

> 부인이 아파서, 남편이 그녀를 데리고 의사에게로 갔다. 진찰을 할 동안 남편은 대기실에서 기다렸다. 얼마 후에 의사가 진찰결과를 남편에게 알려주었다. "사장님, 좋은 소식과 나쁜 소식이 있습니다. 나쁜 소식은 당신의 부인이 임질에 걸렸다는 것이랍니다. 좋은 소식은 당신의 부인이 당신으로부터 그 병에 걸리지 않았다는 것이랍니다."

정치적인 내용이든 성적인 내용이든 이런 내용이 '좋은 소식[뉴스]과 나쁜 소식[뉴스]'의 위트다. 각각의 내용이 어떤 것이든 이런 위트의 구조는 논리적 오류에 기인하고 있다. 다시 말한다면 나쁜 소식이 좋은 소식을 불합리하게 만들고 있다.

이미 언급한 바와 같이 위트의 대화는 원칙적으로 두 사람으로 구성되어 있다. 그러나 세 사람 또는 네 사람으로 구성된 위트 대화도 존재하고 있다. 이는 다름 아닌 '으뜸 패 위트'의 내기위트이다. '으뜸 패 위트'란 카드놀이에서 가장 높은 점수의 패를 가진 사람이 이기는 것처럼 위트에서도 최고 단계의 말을 하는 사람이 이기는 위트이다. 이 대화의 정곡은 마지막 세 번째 사람의 말에 있으며, 이 사람의 논증은 앞의 두 사람과 전혀 다르다.

> 70대의 남자, 80대의 남자, 90대의 남자 세 사람이 함께 앉아서 서로

자신의 건장함에 대해서 이야기하고 있다.

70대의 남자가 먼저 말한다. "최근에 난 밤새 꼬박 춤을 추었답니다. 그런데 다음 날 다리가 약간 뻐근하더군요."

80대의 남자가 말한다. "아 그런가요? 난 며칠 전에 등산을 갔었는데, 그 산의 높이가 4000m였답니다. 정상까지 오른 다음날 등이 약간 뻐근했답니다."

90대의 남자도 이 대화에 끼어든다. "난 어제 저녁에 내 애인 집에 갔었지. 그런데 그녀가 이렇게 말하지 않겠나. '당신 대관절 어떻게 된 건 아니지요? 당신 오늘 점심때도 왔었잖아요. 그것으로 충분하지 않았나요?' 그때야 난 내가 어제 점심때 다녀갔었다는 것을 알아차렸네. 내 기억력도 이젠 서서히 나빠지나봐."

세 명의 노인이 어떻게 살았는지에 대해 TV인터뷰를 한다.

첫째 노인이 말한다. "난 언제나 멋지게 살았답니다. 아침에 포도주 한 병, 점심에 포도주 한 병, 저녁에 포도주 한 병 마시면서." - "그러면 노인장께선 연세가 얼마나 되시지요?" - "내 나이, 이제 겨우 80줄에 들어섰답니다."

둘째 노인이 말한다. "나도 지금껏 멋지게 살았다오. 아침에 파이프 한 대, 점심에 파이프 한 대, 저녁에 파이프 한 대. 그런데 난 한 달 후에 90살이 된다오. 그래도 난 아직도 정정하다오."

이제 셋째 사람의 차례가 되었다. 이 사람은 거의 100살이나 되어 보였다. "저도 역시 멋지게 살았답니다. 아침에 한 여인, 점심에 한 여인, 저녁에 한 여인." - "그러시면 지금 연세가 얼마나 되시지요?" -

그는 헐떡이며 겨우 대답한다. "서른여섯."

이와 유사한 세 명의 대화는 민족들의 '으뜸 패 위트'에서도 자주 등장한다.

> 서구 정상들 모임에서 아담과 이브가 어느 나라 사람인가에 대한 논란이 있었다. 프랑스 대통령이 말한다. "이브는 틀림없이 프랑스 사람이랍니다. 프랑스 여인만이 아담을 그렇게 유혹할 수 있는 기술을 갖고 있답니다." 영국의 수상이 말한다. "적어도 아담만은 영국인이 분명하답니다. 젠틀맨만이 그의 부인을 위해 갈빗대 하나를 희생할 수 있지요." 러시아의 대통령도 가만히 있지 않는다. "아니요, 모두가 다 틀렸답니다. 아담과 이브, 이 두 사람 모두 러시아 사람이랍니다. 왜냐하면 러시아에서만 사과 하나를 놓고 그렇게 긴 토론을 하기 때문이지요. 그 외에도 또 다른 이유가 있답니다. 두 사람은 아무 것도 입지 않아도 낙원에 있다고 생각하고 있어요."

▌위트에서 재치와 기지

에라스무스 폰 로테르담이 말하는 "억지로 꾸며냈다는 생각이 거의 들지 않은 착상" 역시 위트의 중요한 특성이다. 억지로 꾸며냈다는 생각이 들지 않은 착상이란 다름 아닌 기발한 재치나 기지라고 일컫는다. 위트에는 '재치'나 '기지'가 있기 때문에 위트를 '재담'으로 번역하기도 하는데, 이는 위트에서 재치와 기지가 매우 중요하다는 의미다.

'세계의 강철왕'이라고 불리는 미국의 카네기가 세 살 때의 일이다.

어느 날 어머니를 따라 단골 과일가게에 갔을 때 그는 어머니 곁에 서서 빨간 앵두를 먹고 싶다는 눈초리로 자꾸만 바라보고 있었다. 그 것을 눈치 챈 가게주인 아저씨는 "애야, 먹고 싶니? 그럼 한 줌 집어 서 먹어라"하고 친절하게 말했다. 그런데 웬일인지 카네기는 망설이 기만 했다.

"애야, 그 앵두 한 줌 집어먹어도 괜찮다니까."

이렇게 아저씨는 또 한 번 말했지만, 카네기는 여전히 손을 내밀지 않 고 앵두만 바라본 채 주저하고 있었다. 이상하게 생각한 주인아저씨 는 "애, 그럼 내가 한 줌 집어줄 테니, 네 모자를 벗어서 받아라!"하고 앵두 한 줌을 손으로 집어서 카네기가 벗어들고 있는 모자 안에 넣어 주었다.

집으로 돌아오는 길에 어머니가 카네기에게 물었다.

"너, 아까 왜 네 손으로 앵두를 집어먹지 않고, 주인아저씨가 집어주 기를 기다렸니?"

이때 카네기의 대답은 너무도 놀라웠다.

"엄마, 내 손보다 그 아저씨의 손이 더 크잖아?"

허름한 차림의 우암 송시열 대감이 경기도 장단 고을로 가다가 갑자 기 소낙비를 만나 주막집에 들어가 있었다.

잠시 후 한 젊은 무관도 비를 피해 주막으로 들어와 한 방에 무료하 게 앉아 있는데 무관이 먼저 말했다. "영감, 심심한데 장기나 한판 두 어 봅시다."

"그렇게 합시다."

정승을 몰라보고 버릇없이 구는 무관이 괘씸하기도 했지만, 송 대감은 시치미를 떼고 그의 장기 상대가 되었다. 장기 한판을 다 두고 나자 무관이 또 먼저 입을 열었다.

"영감은 그래, 어떤 벼슬이라도 해 보았소?"

"예, 해 보았지만 뭐 벼슬이라야 대수롭겠습니까?"

"영감의 성명은 뭐요?"

"예, 저의 성은 송가이고, 이름은 시열이라 합니다."

"어?"

무관의 안색이 금방 새파래졌다. 송 정승을 몰라보고 무례하게 군 죄를 벗어날 수 없기 때문이다. 그러나 이때 그는 벌떡 일어나 대감의 뺨을 철썩 후려갈기고 나서, "이 고얀 영감! 네 어찌 덕망이 높고, 선정을 베풀어 모든 백성들의 존경을 받고 계시는 송시열 대감의 이름을 함부로 지껄이는고?"하며 문을 박차고 나가 비 속으로 도망가 버렸다.

"참으로 대장부다운 기개다. 큰일을 할 사람이야"하며, 송 대감은 후일에 그의 신분을 알아내어 평안 병사에 임명해 주었다.

위의 두 인용문들은 「어린 카네기의 속셈」과 「뺨 때리고 얻은 벼슬」이라는 제목의 일화(逸話)이다. 위트에는 이와 같이 유명 인사들이 많이 등장하고 있다. 위와 같은 이야기가 역사적인 사실에 근거하고 있다면, 이 이야기는 전기(傳記)의 성격이 농후하다. 일화에 대해선 다시 다루어질 것이다. 「어린 카네기의 속셈」이라는 일화에는 위트적인 특성이 많다. 왜냐하면 카네기의 마지막 말인 "엄마, 내 손보다 그 아저씨의 손이 더 크잖아?"는 위트의 '정곡'이라고 볼 수 있기 때문이다. 카네기의 재치나 기지와 거의 동일하게 「뺨 때리고 얻은 벼슬」에서 "젊은 무관"이 뺨을 때린 행동 역시 재치나 기지에서 나온 행동이다. 그러나 이 일화는 위트로서는 부족한 점이 많고 우스개 이야기적인 성격이 농후하다. 왜냐하면 젊은 무관이 "이 고얀 영감! 네 어찌 덕망이 높고, 선정을 베풀어 모든 백성들의 존경을 받고 계시는 송시열 대감의 이름을 함부로 지껄이는고?"라고 한 말은 어쩌면 위트의 '정곡'과 유사하지만, 그가 문을 박차고 도망간 사실에 대한 서술과 송 대감이 후일에 그를 평안 병사에 임명했다는 이야기는 위트보다 서술적인 우스개 이야기의 성격을 보여주고 있기 때문이다. 위의 두 예문들에서 알아본 것처럼 재치나 기지가 위트에 아주 중요한 역할을 하지만, 재치나 기지만으로써 또는 '재담'이기 때문에 위트가 되는 것은 아니다.

현대적인 버전의 위트에서 재치나 기지에 대해서 알아보자.

- 혹시 그쪽 아버님 직업이 도둑이세요? (아니요.)
- 그럼 어떻게 하늘의 별을 훔쳐서 당신 눈에 넣으셨죠?
- 동전 좀 빌려 주실래요? (뭐하시게요?)
- 어머니께 전화해서 꿈에 그리던 사람을 만났다고 말하게요.
- 응급처치 할 줄 아세요? (왜요?)
- 당신이 제 심장을 멎게 하거든요!
- 길 좀 알려 주시겠어요? (어디로 가는 길이지요?)

- 당신 마음으로 가는 길이요.
- 당신이 내 눈의 눈물이라면 절대로 울지 않을 거예요. 당신을 잃을까 두려우니까.
- (셔츠의 상표를 보여 달라고 한다.) 왜요? 라고 물을 때, '천사표' 인가 보게요.
- 피곤하시겠어요. 하루 종일 내 머리 속을 돌아다니니깐.
- 천국에서 인원점검을 해야겠어요. 천사가 하나 사라졌으니까.
- 만약 내가 알파벳을 다시 만든다면 당신(U)과 나(I)를 함께 놓겠어요.

이 위트는 젊은 남자가 첫 눈에 반한 젊은 여인에게 '작업'[수작]을 거는 내용이다. 한 문장 문장마다 재치와 기지가 넘쳐난다. 최근 위트들 중에 상당히 내용이 고상한 것들 중에 하나임은 분명하다. 이 위트와 같이 순수한 언어위트들은 위트의 공격성이 없기 때문에, 프로이트에 의하면, '무해(無害)한 위트'에 속한다.

위트대화의 특징은 때로는 공격과 재치 있는 응답이라는 두 개의 부분으로 구성된 것이 많다. '재치 있는 응답'이란 지금까지 듣지도 못하고 전혀 예기치 않은 성격을 지닌 공격에 대한 지적인 반응이라 할 수 있다. 재치란 진지한 질문에 대해 겉보기엔 논리적인 것 같지만 실제로는 비논리적인, 즉 사이비 논리적인 대답일 수 있다. 재치 있는 위트는 거의 대부분 언어적인 위트이다.

재치란 고통을 주는 공격을 냉정하게 막고 반격하는 것을 의미한다. 다시 말한다면, 자신을 향하는 창끝을 되돌려서 공격자에게 반격을 가하는 것을 의미한다. 재치 있는 위트는 대부분 사회적으로 동등하지 않는 사람들 사이에서 일어나는 언쟁과 관련이 있다. 사회적으로 동등하지 않는 사람들이란 통치자와 신하 사이, 상관과 부하 사이, 장교와 병사 사이, 레스토랑의 손님과 웨이터 사이, 교사와 학생 사이, 판사와 피고인 사이 등이다. 공격을 받은 사람은 능숙하게 자신에게 가해진 공격을 방어하고, 듣는 사람이나 독자의 입장에서 보아 즐겁게, 공격자에게 반격을 가한다. 재치 있는 응답은 이 응답이 날카로운 관찰뿐만 아니라 재빠르고 창의적인 사고를 요구하기 때문에 인정을 받는다. 재치 있는 대답이 공격자를 전혀 무방비 상태로 적중시키면 시킬수록, 더욱 더 효과가 있다. 여기서 공격자는 질문으로써 다른 사람을 자극시키는 사람이라면 누구라도 될 수 있다. 그럼에도 불구하고 재치 있는 위트는 특히 역사적인 인물의 일화로 가장되어 표현되는 경우가 허다하다.

> 대원군의 세도가 한창이던 시절, 웬 선비가 그 앞에서 크게 절을 올렸다. 대원군은 짐짓 못 본 척하고는 책에다 시선을 박고 있었다.
> '못 보셨나?'
> 선비는 다시 한 번 아까보다 더 크게 엎드려 절을 했다. 그때다.
> "네 이놈, 내가 송장이더냐, 웬 두 번 절이냐?"
> 옆에 있던 사람들도 다들 화들짝 놀랐다. 하지만 선비는 빙긋 웃었다. 그리고 아주 느린 말투로, "아니올시다. 처음 것은 뵙는 절이옵고 두 번째 것은 소인 물러가는 절이옵니다."

선비의 대답은 아주 재치가 있다. 세도가 대원군이 "네 이놈, 내가 송장이더냐, 웬 두 번 절이냐?"라는 공격의 말을 잘 되받아 쳤기 때문이다. 이와 비슷한 예는 프로이트의 『위트 그리고 위트의 무의식과의 관계』에서도 발견된다.

> 어떤 나라의 한 왕이 자신의 나라를 두루 여행하다가 군중 속에서 자신과 아주 닮은 한 남자를 발견한다. 왕은 그 남자를 가까이 오게 하여 다음과 같이 질문한다. "당신의 어머니가 궁정에서 일한 적이 있는가?" 여기에 대한 대답은 다음과 같았다. "아닙니다, 전하. 하지만 저의 아버지는 일한 적이 있습니다."

프로이트는 이 일화를 다음과 같이 해석하고 있다. "질문을 받은 사람은 이러한 비유로써 그의 어머니에게 치욕을 주려는 이 무례한 자를 때려눕히고 싶었을 것이다. 그러나 이 무례한 자는, 자신의 전 존재로써 대가를 치루지 않고는 복수를 생각할 수도 없고, 때려눕힐 수도 없고, 모욕을 줄 수도 없는 왕이다. 말하자면 이러한 치욕을 아무런 소리도 없이 속으로 삼켜야만 했다. 그러나 다행스럽게 위트가 이 치욕을 아무런 위험도 없이 앙갚음할 수 있는 방법을 가르쳐 준다. 왕의 암시를 받아들이면서 이 암시를 공격자인 왕에게 되돌려 줌으로써."

오늘날 재치 있는 위트는 또 다른 비유적인 형식을 취하고 있다. 이러한 위트는 학교 위트나 대학생들의 시험 위트에서 발견된다. 재미있는 것은 독일의 대학생 신문에서는 교수가 봉건적인 영주로 칭해지고 있다는 점이다.

한 의학교수는 구두시험에서 시험응시자들을 당황시키는 질문을 잘
했다. 어느 날 이 교수는 한 의과대학 학생에게 질문한다. "두뇌가 없
이 인간이 얼마나 살 수 있는지 말해 보게." - "교수님, 죄송합니다만,
그 대답에 앞서 하나의 반문을 드리고 싶습니다. 교수님께서는 지금
연세가 어떻게 되시는지요?"

"토미, 조지 워싱턴은 네 나이에 이미 전교에서 일등을 했다는 것을
알고 있나?"라고 선생님이 묻는다. "물론 알고 있습니다"라고 토미는
대답하고, 계속해서 다음과 같이 말한다. "선생님, 워싱턴은 선생님의
나이에 이미 미국의 대통령이었습니다."

대학교 구두시험은 재치 있는 위트의 좋은 소재가 되고 있다. 첫 번째
「구두시험」위트에서는 시험 응시자가 오히려 시험 출제자에게 질문을 하
고 있다. 여기서는 전통적인 희극의 한 수단인 '역할 바꿈'의 방법이 응
용되고 있다. 두 번째 「조지 워싱턴」은 약간 오래된 위트이다. 여기서도
학생인 토미는 선생님의 질문과 동일하게 조지 워싱턴을 인용하여 창끝을
선생에게 돌리고 있다.

형법을 배우는 학생들에게 구두시험에서 '사기란 무엇인가?'를 설명
하라는 문제가 주어졌다. 한 대학생이 이렇게 말한다. "교수님, 교수
님께서 저를 떨어뜨리신다면, 그것이 바로 사기입니다." "그건 한 번

도 들어본 적이 없는 뻔뻔스런 답변이구먼. 학생, 그 말이 무엇을 의미하는지 설명해 보게." 그 학생은 침착하게 설명한다. "법률적인 정의에 의하면, 사기란 누군가 다른 사람의 무지를 이용해서 그 사람에게 손해를 입히는 행위입니다."

법학도의 구두시험에서 시험 응시생의 이 정도의 답변이라면, 시험 출제자를 능가하고 있다. 비록 위트에서나마 열등한 지위에 있는 학생이 학생들을 가르치고 있는 교수에게 강의를 하고 있다.

서양의 대학에서 구두시험이 많은 것과는 달리 우리나라에서는 거의 필답고사를 치루고 있다. 다음은 우리나라 중학교의 시험과 관련된 위트이다.

문제 1. 괄호 안에 들어갈 단어는?(주관식 문제)
곤충은 머리, 가슴, (   )로 나뉘어져 있다.
정답: 배
엽기적인 답: 곤충은 머리, 가슴, (으)로 나뉘어져 있다.
문제 2. 개미를 세 등분으로 나누면 (   ), (   ), (   ).
정답: 머리, 가슴, 배
엽기적인 답: 개미를 세 등분으로 나누면 (죽), (는), (다).
문제 3. 올림픽의 운동 종목에는 (   ), (   ), (   ), (   )가 있다.
정답: 육상, 수영, 권투, 유도, 체조, 역도 등 ….
엽기적인 답: 올림픽의 운동 종목에는 (여), (러), (가), (지)가 있다.

우리는 때로는 공격을 전혀 예기치 않은 칭찬으로 변하게 하는 것도 재치가 있는 것으로 생각하기도 한다.

한 신사가 레스토랑에 와서 스프를 주문했다. 웨이터가 스프를 가져 왔다. 그런데 그 스프에는 커다란 파리가 한 마리 빠져있었다. 손님이 웨이터에게 큰 소리로 외친다. "이건 좀 지나치군. 당장 사장님을 불 러와요!" 얼마 후 웨이터가 혼자 돌아온다. "사장님께서 당신에게 축 하의 말씀을 전해드리라고 합니다. 손님, 사장님께선 오전 내내 이 파 리를 잡으려고 했었지만 잡지 못했어요. 그런데 손님께선 단 한 번에 잡으셨으니."

"주의해요. 당신의 엄지손가락이 스프 안에 담겨 있잖아요." 레스토 랑 주인이 웨이터를 꾸짖는다. "사장님, 걱정해 주서서 고맙습니다. 이 스프는 손가락에 화상을 입힐 만큼 뜨겁지는 않습니다."

위트의 의미에서 보아 뻔뻔스럽고 파렴치한 모든 대답이 다 재치가 있 는 것은 아니다. 전혀 예기치 못한 대답과 무엇보다 질문을 한 바로 그 자 료로써 반격하는 대답이 재치가 있다. 다음은 종파적인 위트의 한 예이다.

유태교 율법학자와 목사가 그들의 종교에 대해서 논쟁을 하고 있다. 목사가 유태교 율법학자에게 묻는다. "당신네 유태인들은, 모든 사람 이 다 아는 바와 같이, 이 세상의 주인이신 하나님에 대한 굳건한 믿 음을 갖고 있어요. 그런데도 당신네들은 왜 하나님의 아들은 믿지 않지요? 부자의 아들이 아버지의 계좌를 담보로 외상 거래를 하는 것이 일반적이지 않습니까?" "맞습니다." 율법학자가 대답한다. "그러나 당신 자신이 한 번 말해보세요. 어떤 부자 아버지가 죽지도 않는 아들에게 외상 거래를 하도록 허락하겠습니까?"

이 위트의 재미있는 점은 목사와 율법학자가 서로 상대방의 논거들을 사용하고 있다는 데에 있다. 즉, 기독교 목사는 유태인의 돈과 크레디트의 존재로써, 유태인 율법학자는 기독교적인 교조(敎條)로써 논박하고 있다. 다른 사람의 무기로써 그 사람을 치는 것이 바로 재치 있는 위트다. 이러한 재치 있는 위트는 법정 위트에서도 종종 나타나기도 한다.

검사가 증인에게 말한다. "당신의 교육정도에 비해서 당신은 매우 훌륭한 이해력과 지성을 겸비하고 있습니다." 증인이 대답한다. "저는 이 겉치레의 말씀을 되돌려드리고 싶습니다. 저는 다만 선서를 함으로써 진실을 말할 의무가 있을 뿐입니다."

위트의 재치 있는 응답은 공격의 말을 부메랑처럼 공격자에게 되돌아가게도 한다.

독일의 속담: '마지막으로 웃는 사람이 가장 잘 웃는 사람이다.'
인도의 속담: '인간이 웃는다면, 이는 다른 사람에 대한 웃음이고, 인간이 운다면, 이는 자신에 대한 울음이다.'

이러한 민족적인 슬기에도 우월과 열등의 구조가 이미 존재하고 있음은 사실이다. 그러나 이러한 논쟁은 결코 새로운 인식에 도달할 수는 없다. 앙리 베르그송 Heni Bergson(1859~1941)은 그의 저서인 『웃음 Le Rire』에서 웃음의 체벌적인 특성에 대해서 쓰고 있다. "웃음은 교정(矯正)이며 누군가에게 굴욕감을 주기 위해 존재한다. 따라서 웃음의 대상이 된 사람의 내면에서 웃음은 고통스런 감정을 불러일으켜야만 한다." 이러한 관점은 이미 17세기 영국인 토머스 홉스 Thomas Hobbes(1588~1679)의 '웃음의 우월이론'에도 잘 나타나 있다. "웃음의 열정은 갑작스런 영광에 다름 아니다. 이는 다른 사람들의 결함이나 우리 자신의 이전의 결함과 비교하여, 우리 자신 내에서 그 어떤 우월함에 대한 그 어떤 갑작스런 착상에 의해서 일어난다." 프로이트의 제자 테오도르 레익 Theodor Reik은 이를 상당히 과격한 표현으로 설명하고 있다. "매일 매일의 정신적인 살인은 우리를 의사로부터 멀어지게 한다." 이러한 의미에서 보아 위트는 전승되어 온 가치와 현재 통용되고 있는 규범들을 문제 삼는다. 물론 이는 규범의 어긋남이 우리의 소망과 일치할 때만 그러하다. 공격성이 열등의식에서 유래하고, 위트 역시 불안을 극복하는 것과 관련이 있다는 것은 공격과 응답이라는 구조에서 잘 나타나 있다.

희극에서와 같이 위트에서도 하녀가 주인마님보다 더 현명하고, 하인이 주인보다 더 재치가 있다. 농부가 도시인을, 피고가 판사를 이겨서 승리의 개가를 구가한다. 이러한 공격은 사회적으로 우월한 자인 상관이나 정치적인 적대자 등이 죽었으면 좋겠다는 소망에서 그 정점에 다다르게 된다.

회사원이 사장에게 말한다. "저는 오늘 정오에 장례식에 가려고 합니다만."

사장: "누구의 장례식에?"

회사원: "당신의 장례식에."

위트의 공격성은 억압을 받는 사람과 지배를 받는 사람의 관점에서 유래한 것이 대부분이지만, 그 반대의 경우도 전혀 없지는 않다. 전자가 밑으로부터의 사회비판이라면, 후자는 위로부터의 사회비판이다. 공격은 늘 역공을 불러오기 마련이다.

시 외곽에 있는 한 의사가 어느 날 오후에 기록을 정리하고 있었다. 그는 등을 문 쪽으로 향하게 앉아 있었다. 그때 문에서 노크소리가 들렸다. "어서 오십시오"라고 의사가 말한다. 문이 열렸을 때 그는 뒤도 돌아보지 않고 말한다. "잠깐만 의자에 앉아서 기다리세요." "예, 그렇게 하지요." 문을 열고 들어온 부인이 말한다. "저는 시장 부인 아무개입니다." 의사가 말한다. "아 예. 그러면 두 개의 의자 위에 앉아서 기다리세요."

질책의 위트나 폭로 위트는 높은 직위의 인물을 연단에서 끌어내린다. 이러한 위트에서는 직위가 높은 인물 역시 다른 사람과 별로 차이가 없음을 보여준다.

위트는 한편으론 이러한 공격성을 생각하고 표현하고 있는 것은 사실이지만, 바로 이 공격적인 위트가 긴장을 해소시키기도 한다. 이를 달리 표현하면 위트는 통풍기능을 가지고 있다. 왜냐하면 위트는 사회적 신분 관계에 대해서 말로써 공격하여 통풍[배출]시키기 때문에, 위트는 사회적 신분관계의 긴장해소에도 기여한다. 따라서 우리는 이러한 웃음이 우리를 해방시켜준다고 말할 수도 한다.

한 사회에서 웃음은 언제나 사회비판적인 기능을 갖고 있다. 희극적 효과로써 청중이나 독자와 군건하게 결속되어 있는 사회적인 규범체계들이 허구적으로나마 침해를 받는다. 위트는 사회사적인 기록물이다. 물론 위트는 사회의 실제적인 모사(模寫)는 아니다. 웃음은 오히려 비규범적인 것, 즉 결함에서 불이 붙여진다. 그 때문에 위트의 사회적 이해를 위해서는 바로 사회적 경제적인 관련이 아주 중요하다. 우리가 사회경제적인 위트의 생성 상황을 알지 못한다면, 우리는 아주 강렬한 웃음의 효과가 있는 위트들을 이해하지 못할 것이다. 어떤 특정한 사회적 상황 하에서 폭발적으로 웃게 한 바로 그 위트도 일 년 후에는 아마도 청중들을 더 이상 웃게 하지 못할 수도 있다. 당시 사회지배적인 신분의 사람을 비웃었기 때문에 우리 자신도 함께 웃었던 바로 그 위트도 사회적 신분관계가 변하게 되면 그 웃음의 효과를 잃어버린다. 위트라는 꽃은 번개처럼 빨리 피었다가 번개처럼 빨리 시든다.

다음은 『김삿갓』에서 범어(스님)와 김삿갓의 한자(漢字)를 이용한 일종의 언어위트이다.

범어: "두 성씨가 짝을 짓는 데는 기유(己酉)일이 가장 좋소."

兩性作配己酉日最吉

'양성작배(兩性作配)'의 '배(配)'자는 '짝을 짓는다'는 글자다. 그 '배(配)'자를 둘로 나누면 '기유(己酉)'가 되므로, 범어(스님)는 익살 맞게도 "결혼하는 날은 기유일이 가장 좋을 것"이라고 말한다.

김삿갓: "한밤중에 애기를 낳으니, 해시인지 자시인지 분간하기 어렵 도다."

半夜生孩亥子時難分

범어가 '배(配)'자를 둘로 나눠 '기유(己酉)'라고 했기에, 김삿갓은 똑같은 방식으로 '해(孩)'자를 둘로 나눠 '해시(亥時)'와 '자시(子 時)'라고 했다.

요사이 한자를 잘 모르는 젊은 사람들에게 이 위트를 들려주면 웃기는 커녕 이상한 눈빛으로 볼 것이다.

위트와 유사장르들

위트와 유사장르들

위트와 일화(逸話)

위트와 일화(episode/ die Anekdote)는 많은 공통점이 있다. 이 장르들은 대부분 대화체로 씌어져 있고, 단 하나의 장면과 한 명이나 두 명의 유명 인사를 등장시킨 짧고 삽화적인 이야기들이다. 이 두 장르들은 유명 인사들을 중심으로 한 시리즈로 된 것도 있다. 원래의 내용을 변형시킨 위트가 있듯이 변형된 일화도 존재한다. 위트와 마찬가지로 일화도 원래는 구전되었다. 그러나 일화는 위트보다 지적인 면에서 보아 더욱 고양되고, 교양적인 면이 상당히 강조되어 있다. 예술 작품으로 집필된 일화들을 제외하면, 위트와 같이 일화의 저자는 알려져 있지 않다. 일화는 민속 전승의 장르이지만, 민속학에서 별로 다루어지지는 않았다. 비록 신빙성은 없지만, 현장 조사에서 수집된 일화들도 존재하고 있다. 지금까지 일화들은 역사적인 저명인사들을 다루고 있지만, 이들을 유형적으로나 이념에 따라 집필한 것은 거의 없다.

위트와 일화는 하나의 정곡에서 절정을 이룬다. 이 장르들은 모두 '재치가 있다'는 점에서 공통점을 갖고 있다. 말하자면 일화 주인공의 진술은 능동적인 행동에 대한 것이 아니라 반응에 대한 것이 빈번하다. 대부분 일화의 정곡은 주인공의 위트적인 발언이나 또는 주인공이 처하게 된 희극적인 상황에 존재하고 있다. 이런 점에서 보아 일화도 위트와 마찬가지로 말과 관련되어 있거나 사실과 관련되어 있다. 위트는 어떤 경우에서든지 웃음을 목표로 하지만, 일화는 그렇지 않다. 일화는 한 인물에 대한 무언가 특징적인 것에 대해서 진술하려고 한다. 그러나 이것이 무조건적으로 희극적일 수는 없다. 그럼에도 불구하고 일화의 정곡도 코믹한 것이 아주 많다.

위트와 일화는 이론적으로는 쉽게 구분되지만, 실제로 이를 구분하는 것은 매우 어렵다. 위트와 달리 일화는 형식적으로 엄격하게 규정되어 있지는 않다. 일화에 적절한 특별한 서술 양식도 없고, 서술을 시작하는 형식도 없다. 물론 일화는 대부분 이야기하려는 유명 인사를 첫 문장에서 언급하지만. 무엇보다 일화는 유명한 역사적 인물이나 동시대의 저명인사와 결부되어 있다. 그러나 바로 이 점이 절대적으로 신빙성이 있는 것은 아니다. 동시대의 저명인사에 대한 이야기들은 위트와 일화 두 장르에 다 해당된다. 예컨대 역대 대통령에 대한 일화는 이들에 대한 위트가 되기도 한다. 이때 역사적으로 신빙성이 있는 것과 인용된 말이 사실에 근거하는 것일 때는 일화에 속한다. 일화는 실제적인 사건을 재현하거나 적어도 역사적으로 신빙성이 있는 것처럼 보이려고 노력하며, 이야기적인 전기의 특성을 갖고 있기도 하다. 그러나 일화의 전기적(傳記的)인 특성은 물론 사람들이 생각하는 것만큼 많지는 않다. 이와는 반대로 위트는 역사적인 성격을 가지려고 하지 않는다. 그래도 위트는, 특히 정치가 위트에서, 역사적인 인물과 결부된 것이 드물지 않다. 이 인물들이 생존해 있지 않으면 위트의 성격이 사라진다. 그러나 일화는 역사적인 가치를 보존하고 있다. 무엇보다 이 일화가 현재를 넘어서도 관심을 끌만한 유명 인사를 다룰 때 그러하다. 예컨대 고대 그리스의 철학자 디오게네스, 아인슈타인, 슈바이처, 링컨 등에 대한 일화가 그러하다. 그리고 실명으로 거론된 어떤 위트는 일화가 되기도 한다. 예컨대 정신이 산만한 교수에 대한 위트들은, 이 위트들이 저명한 교수들과 연관되어 있다면, 아주 빨리 일화가 될 수도 있다. 그 반대로 이 일화에 묘사된 사건이 익명에 의한 것이라면, 이 일화는 위트가 된다.

일화들은 매우 많이 발견된다. 여기서는 디오게네스, 아인슈타인, 슈바이처, 링컨의 일화와 조선 광해군 때 김효성이라는 사람의 일화를 소개한다.

> 그리스의 거지 철학자 디오게네스는 정직한 사람을 찾는다고 대낮에 초롱불을 켜 들고 거리를 헤매는 등 때때로 이상한 행동을 하며 세상 사람들을 놀라게 하였다.
> 그는 또 드럼통만한 나무통 하나를 유일한 자기 집으로 삼아 이리저리 굴려 마음대로 이사 다니면서 그 속에서 먹고 자는 것에 만족하고,

오히려 큰 집을 짓고 자랑하는 사람들을 비웃었다.

어느 날 알렉산더 대왕이 그 지방에 왔을 때 주요 인사들이 모두 그를 환영하기 위해 찾아갔지만 디오게네스만은 가지 않았다. 오히려 대왕이 그를 만나보려고 찾아왔다.

그때 나무통 앞에 앉아 있는 디오게네스에게 대왕이 "나는 그대의 현명한 지혜를 많이 듣고 배우고 있소. 그대를 위해서 내가 뭔가 도와줄 수 있는 일은 없겠소?" 하고 물었다.

그러자 디오게네스는 "제가 대왕께 바라는 것이 하나 있기는 있소만, ……" 하고 말했다.

"그것이 무엇이오? 내가 힘껏 도와주겠소."

"나는 지금 따뜻한 햇볕이 필요합니다. 대왕께서는 햇볕을 가리지 말고 조금만 옆으로 비켜주시지 않겠소?"

이러한 디오게네스의 대답에 탄복한 알렉산더 대왕은 그만 할 말을 잊고 돌아가면서 신하들에게 말했다. "내가 알렉산더가 아니었다면, 나는 디오게네스가 되고 싶다."

상대성 원리로 유명한 아인슈타인 박사는 미국 내의 여러 대학으로부터 강연 초청을 받아 쉬는 날이 거의 없었다. 그 때마다 그의 운전기사도 뒷좌석에 앉아 박사의 강연을 끝까지 듣곤 하였다.

하루는 시카고대학의 초청을 받아 가는 도중 운전기사가 장난삼아 박사에게 제의를 했다. "박사님, 전 벌써 30번 이상 박사님의 강연을 들었기 때문에 모두 암송할 수 있을 정도입니다. 박사님은 피곤하실 테니 오늘은 박사님 대신 제가 강연을 해보면 어떨까요?"

박사는 잠시 무슨 생각을 하는 듯 골몰하다가 그 제안을 받아들였다. 잠시 차를 세우고 차안에서 박사와 운전기사가 겉옷을 바꿔 입었다. 그뿐 아니라 박사가 운전을 하고 운전기사는 뒷자리에 앉은 채 학교에 도착했다.

곧바로 강당으로 안내를 받은 가짜 아인슈타인 박사는 무사히 강연을 마치고 열렬한 박수를 받았다. 그런데 이때 문제가 생겼다. 뜻밖에도 그 대학 교수인 듯한 분의 어려운 질문이 나왔기 때문이다.

그때 가짜 아인슈타인보다도 강당 뒷좌석에 앉아 있던 진짜 아인슈타인이 더 당황한 것은 물론이다. 그러나 운전기사의 복장을 하고 있으니 주책없이 나가서 대답할 수는 없잖은가?

이때 단상의 가짜 아인슈타인이 발휘한 놀라운 임기 응변술!

"아, 그런 정도의 질문이라면, 저의 운전기사도 답변할 수 있습니다. 어이 여보게, 자네가 올라와서 설명해드리게나."

가슴을 졸이던 진짜 아인슈타인 박사는 식은땀을 흘리며 얼른 연단으로 올라가 완벽한 답변을 해 주어 위기를 무사히 넘길 수 있었다.

아프리카 오지에서 죽어가는 생명들을 구하기 위해 일생을 바친 슈바이처 박사가 모금운동을 하기 위해 오랜만에 고향에 들렀다. 수많은 사람들이 이 위대한 성자를 마중하기 위해 기차역으로 몰려들었다. 그런데 1등 칸이나 2등 칸에서 나오리라 생각했던 마중을 나온 사람들의 예상과는 달리 슈바이처 박사는 허름한 3등 칸에서 모습을 나타내는 것이었다. 사람들은 왜 편안한 자리를 마다하고 굳이 비좁고 지저분한 3등 칸을 이용했느냐고 물었다. 그때 박사는 빙그레 웃으며 이렇게 대답했다고 한다.

"이 열차에는 4등 칸이 없더군요."

상원의원 선거 합동유세장에서 먼저 연단에 올라간 더글러스가 링컨에게 인신공격을 하기 시작하였다.

"유권자 여러분, 상원의원이 되려면 누구보다도 법을 잘 지킬 줄 알아야 하는데 링컨 후보는 자기가 경영하던 식료품 상점에서 술을 팔수 없는 규정을 어기고 몰래 술을 팔았습니다. 이렇게 준법정신이 없는 사람이 어떻게 상원의원이 되겠다는 것입니까?"

이렇게 준법정신을 따지며 치명적인 폭탄발언을 했다.

그런데 이에 대응하는 링컨은 조금도 당황하는 기색이 없이 여유 있는 태도로 연단에 올라갔다.

"존경하는 유권자 여러분, 지금 더글러스 씨가 한 말은 틀림없는 사실입니다. 그러나 여러분! 식품점에서 술을 파는 것이 위법이라면 그 술을 사가는 사람도 당연히 위법이 아니겠습니까? 그런데 그때 우리 상점에서 가장 많은 술을 사간 사람이 바로 여기 계시는 더글러스 씨였다는 것도 사실입니다."

이렇게 응수하자 청중석에서는 폭소와 함께 우뢰와 같은 박수가 터져 나왔다. 참으로 통쾌하기 짝이 없는 시원한 반박이었다.

이에 흥분한 더글러스는 얼굴이 벌겋게 달며 약삭빠르게 다른 곳으로 말꼬리를 돌려 "링컨 후보는 아주 교활하고 부도덕하여 두 얼굴을 가진 이중인격자입니다"하고 비아냥거리면서 이번에는 도덕성을 들먹거리며 또다시 맹렬한 공격을 해 왔다.

이에 대해 링컨은 차분한 음성으로 다시 대응을 하였다.

"지금 더글러스 후보께서는 저에게 두 얼굴을 가진 이중인격자라고 하셨습니다. 그러나 그 말도 역시 격에 맞지 않는 틀린 말입니다. 왜냐하면 유권자 여러분, 생각해 보십시오. 만일 제가 또 다른 하나의 얼굴을 가졌다면 오늘 같이 여러 유권자들 앞에 나오는 중요한 날에 잘 생긴 얼굴로 나올 것이지 왜 하필이면 이렇게 못생긴 얼굴을 가지고 이 자리에 나왔겠습니까? 여러분!"

이 말이 떨어지자 청중들은 또 한 번 박장대소를 하면서 "링컨! 링컨!" 하고 외치며 한참 동안이나 아우성이 그치지 않았다.

선거 결과는 예상대로 링컨에게 절대 다수의 표가 몰려 링컨이 무난히 당선되었다.

"아니, 깨끗한 모시에다가 왜 먹물을 들였소?"

광해군 때의 김효성은 며칠 동안 기생집에서 실컷 놀다가 집에 돌아와 먹물 들인 모시 한 필을 보고 부인에게 물었다.

"당신이 나를 아내로 여기지 않고 당신 멋대로 밖에 나가서 계집질만하고 있으니까 나도 이제는 당신을 남편으로 여기지 않고 내 멋대로 살려고 해요."

"그래요? 미안하게 됐구려. 그런데 부인 멋대로 산다면서 왜 하필이면 하얀 모시에다가 먹물을 들였소?"

"이것으로 승복을 해 입고 절간으로 가려고요."

"절간으로 가다니! 그럼 부인이 여승이 되겠다는 말이요?"

"당신과 나는 내외간이 아니고 원수지간이니까 나는 당신과 헤어져 절로 들어가 스님이 되겠어요."

'이렇게 말하면 남편이 잘못을 반성하고 외도를 하지 않겠지' 하고 연극을 꾸민 부인은 남편의 표정을 유심히 살펴보았다. 그러나 김효성은 그만한 연극에 넘어갈 사람이 아니었다. 그는 한바탕 너털웃음을 웃고 나서 이렇게 말했다.

"여보 부인, 그것 참 잘 됐구려. 나는 원래 타고난 성품이 여자를 좋아해서 기생은 물론이고 무당과 유부녀, 심지어는 천한 종년하고도 같이 자 보았소. 그런데 딱 한 가지 여승하고는 아직 관계하지 못했었는데 이제 여승하고도 같이 잠을 자보게 되었으니 나야말로 운수 대통한 남자가 아니겠소."

위에서 인용한 다섯 편의 일화들의 첫 번째 문장엔 어김없이 일화 주인공의 이름이 소개되어 있다. 첫째 일화에는 고대 "그리스 거지 철학자 디오게네스"가 소개되어 있는 것으로 보아, 이 일화는 유명한 「디오게네스 일화」이다. 알렉산더 대왕이 "그대를 위해서 내가 뭔가 도와줄 수 있는 일은 없겠소?"라는 물음에 디오게네스는 '나는 지금 따뜻한 햇볕이 필요합니다. 대왕께서는 햇볕을 가리지 말고 조금만 옆으로 비켜주시지 않겠소?' 이 말은 매우 철학적이며 이 일화의 정곡이기도 하다.

두 번째의 「아인슈타인 일화」에서 주인공인 아인슈타인은 수동적으로 반응할 뿐이다. 운전기사와의 역할 바꾸기는 전통적인 코믹 모티브인 '역할 바꾸기'의 형식을 취하고 있다. 이 일화에서 정곡은 운전기사가 "아, 그런 정도의 질문이라면, 저의 운전기사도 답변할 수 있습니다. 어이 여보게, 자네가 올라와서 설명해 드리게나"라는 말에 있다.

세 번째 「슈바이처 일화」에서 정곡은 "이 열차에는 4등 칸이 없더군요"라는 슈바이처의 말이다. 이 말로써 아프리카 오지에서 죽어가는 생명을 구하기 위해 일생을 바친 슈바이처의 숭고한 정신과 그의 겸허한 생활의 일면을 강조하여 무언가 교훈을 주고 있다.

네 번째 「링컨 일화」에서는 더글러스가 링컨을 "두 얼굴을 가진 이중 인격자"라는 인신공격을 링컨이 아주 재치 있게 "두 얼굴을 가진 남자"만을 강조하여 반격하고 있다. 이 점에서 보아 이 일화는 약간의 언어위트적인 성격도 가미되어 있다. 링컨의 다음과 같은 대응이 이 일화의 정곡이다. "만일 제가 또 다른 하나의 얼굴을 가졌다면 오늘 같이 여러 유권자들 앞에 나오는 중요한 날에 잘 생긴 얼굴로 나올 것이지 왜 하필이면 이렇게 못생긴 얼굴을 가지고 이 자리에 나왔겠습니까? 여러분!"

마지막으로 다섯 번째는 우리나라의 한 일화이다. 광해군 때 김효성이라는 사람은 위의 일화들에 등장하는 사람들과 같이 유명 인사는 아니다. 그리고 이 일화는 섹스소재의 우스개 이야기의 성격을 많이 갖고 있다. 역시 그의 마지막 말이 정곡이다.

▌위트와 우스개 이야기

위트와 '우스개 이야기'(소화笑話 der Schwank)는 짧은 형식의 서사 작품이다. 쉽게 감명을 줄 수 있는 이 짧은 형식들은 희극적인 장르들 중에서 많은 사람들로부터 애호를 받는 형식들이다. 그러나 우스개 이야기는 원칙적으로 보아 위트보다 약간 더 분량이 길다. 현재와 같은 스피드 시대엔 우스개 이야기보다 짧은 형식의 위트가 더 인기 있다.

위트와 우스개 이야기 사이에는 형식적, 역사적 그리고 사회학적인 차이점이 있다. 우스개 이야기는 오늘날 일반적인 언어관용에서 사라진 옛날의 개념이다. 이와는 반대로 위트는 문화사적으로 보아 우스개 이야기만큼 오래된 장르가 아니다. 우리나라에선 조선시대에, 서양에서는 중세 말기에 우스개 이야기가 널리 애호되었다면, 위트는 서양에선 19세기에 와서야, 우리나라에선 아마도 해방 후에, 비로소 널리 활용되었다. 이렇게 본다면 위트는 역사적으로 아주 젊은 형식이다. 오래된 우스개 이야기의 목적은 대부분 교육적인 목표를 갖고 있었고, 단순히 즐기는 것만을 목표로 하지 않았다. 바로 이 점에서 우스개 이야기와 위트의 차이점이 있다. 현대인은 웃음을 통해서 무언가를 배우려고 하지 않는다. 왜냐하면 현대인은 도덕적인 설교에 대해 알레르기 반응을 보이고 있기 때문이다.

우스개 이야기는 사건들과 사회적 환경을 묘사하며, 종종 서사적 폭과 쾌적함을 갖고 있다. 우스개 이야기에는 상황 코믹, 바보스러움과 졸렬함 등이 많다. 이와는 달리 위트는 정신적인 소재(素材)와 언어적인 소재에 집중되어 있다. 이미 살펴본 것처럼 위트는 정곡에서 절정을 이루고 있다. 우스개 이야기에서는 소재가 중요하나, 위트에서는 언어가 중요하다. 우스개 이야기는 대부분 사실에서 유래하지만, 위트는 대부분 창작된 것이다. 이미 설명한 것처럼 위트에서는 정곡이 가장 마지막에 제시되고 있는 것이 대부분이다. 이와는 달리 우스개 이야기에서는 - 특히 인쇄된 문학적인 우스개 이야기에서는 - 독자나 청자의 만족감을 약화시키지 않는 범

위에서 정곡이 앞부분에 제시되는 것도 드물지 않다. 우스개 이야기가 몇 가지 에피소드들과 장면들을 나열하는 형식이라면, 위트는 한 순간에 대한 이야기로 구성되어 있는 것이 많다. 위트는 사건진행을 꼭 필요로 하지는 않는다. 그리고 우스개 이야기들은 대부분 과거의 시제로 씌어져 있는 데 반해, 위트는 원칙적으로 현재의 시제로 씌어진다.

오늘날의 독자나 청자에 대한 우스개 이야기와 위트의 효과도 차이가 난다. 위트의 대답은 웃음이다. 웃음이 없는 위트는 위트가 아니다. 이와는 달리 우스개 이야기는 싱긋 웃게 하거나 미소를 짓게는 하지만, 큰 소리로 웃게 하지는 않는다. 적어도 오늘날에는 그러하다. 어쩌면 15세기나 16세기 대도시에서 살았던 사람들은 우스개 이야기를 듣고 큰 소리로 웃었을지도 모른다. 마치 우리가 위트를 듣고 웃는 것처럼. 이런 의미에서 본다면 우스개 이야기는 코믹의 역사적인 형식이고 과거의 형식이며, 위트는 본질적으로 현재의 형식이다. 우스개 이야기가 농부들이나 소시민들의 공동체에서 발견된다면, 그것도 구두로 전수된 이야기체로서, 위트는 대도시의 산물이다. 우리 한국에서는 스포츠 신문이나 잡지 또는 요사인 인터넷의 포털 사이트의 '유머란'[여기서 '유머'는 위트를 의미함]에 인쇄된 형식으로 전수되거나 창작된다. 그리고 사람들이 모이는 장소에서는 어디에서나 위트가 입에서 입으로 전수되기도 한다. 모든 사회 계층의 사람들의 집에서나 술집에서, 작업장에서, 사무실에서, 공장에서, 학교에서, 군대의 막사에서, 기차역 대합실에서, 사람들이 운집해 있는 곳에선 어디에서나 위트가 살아 움직인다. 위트는 현대적인 산업사회에 확고한 위치를 점하고 있으며, 보수적인 우스개 이야기에 비해 훨씬 더 일과성의 현상이다. '오늘의 유머'[위트]가 여러 대중매체에 인쇄되지만, 쉽게 잊혀지고 사라지기도 한다. 그리고 유행하는 위트는 늘 다시 생성되었다간 사라지기도 한다.

여기서는 우리나라의 우스개 이야기 두 편을 소개한다.

어떤 양반이 한 사람 있었는데 글도 잘 하고 마음씨도 착했지만 세상 물정을 통 몰랐다. 하루는 부인이 애써 모시 한 필을 짜서 내주면서 좀 팔아 오라고 했다. 이 양반은 옷감을 들고 장에 나갔는데 어떤 사람이 와서 물었다.

"나리, 그게 무엇입니까?"

"모시일세."

"무엇하러 가지고 나오셨습니까?"

"팔러 나왔지."

"참, 점잖은 체면에 그래서야 되겠습니까? 제가 팔아다 드리지요."

이 양반은 제 체면을 생각해서 귀찮은 일을 대신 해준다니 그저 고마울 뿐이었다.

"그런다면 고마운 일일세마는 공연한 수고를 끼치는구먼."

그 사람은 모시를 얼른 나꿔채면서 이렇게 일렀다.

"여기에서 저녁때까지 기다리세요."

그런데 해가 져도 온다는 그 사람은 통 오지 않았다. 하는 수 없이 집에 돌아온 양반은 그 다음 장에도, 또 그 다음 장에도 바로 그 자리에서 하염없이 그 사람이 오기만을 기다렸다. 마침 동네 사람 하나가 그 광경을 보고는 다가와서 자초지종을 다 들었다. 이렇게 착한 사람을 어떤 놈이 속였을까 곰곰 생각해보니 마음에 짚이는 사람이 하나 있었다. 그는 그 사람에게 가서 좋게 타일렀다.

"내가 지지난 장에 자네가 모시를 팔던 것을 보았는데 그때는 바빠서 대수롭지 않게 지났는데, 그러면 못쓰는 법이야. 그 어른이 누군가? 법 없이도 사실 분을 그렇게 욕보여서야 쓰겠어? 당장에 모시 값을 갖다 드리라구."

이리하여 이웃 사람의 도움으로 간신히 모시 값을 돌려받을 수 있었다.

또 한 번은 이런 일도 있었다.

마침 봄이 되어서 농사지을 준비가 한창이었는데, 동네 사람이 황급히 뛰어 들어와서 이렇게 일러주는 것이었다.

"나리, 저 아래 나리 댁 논에 자꾸 물이 샙니다. 잘 살펴보시고 구멍을 꼭 막으셔야겠습니다."

"오냐, 고맙다."

이 양반이 삽을 들고 논에 나간 것까지는 좋았는데 아무리 봐도 구멍이 보이지를 않았다. 위 논에서 보면 물 내려가는 곳이 안 보였지만, 그래도 다행히 아래 논에서 보면 제 논에 물새는 틈이 조금 보였다. 그런데 그 물 나오는 틈에 흙을 붙여 놓으면 조금 있다가 또 새고, 또 붙여 놓으면 얼마 안 있어 또 새고 하는 것이었다. 구멍은 자꾸 커져가고 한나절 내내 그 짓만 반복하고 있는데 점심때가 되어서 일꾼 하나가 다가왔다.

"아니 왜 그러십니까?"

"이게 아무래도 우리 논에서 내려가는 물인데 통 막을 수가 없단 말이야."

일꾼은 아무 말 없이 안쪽으로 들어가더니 꾹꾹 밟아댔다. 그랬더니
신기하게도 더 이상 물이 새지 않았다. 그제서야 이 양반은 무슨 대단
한 이치라도 알았다는 듯이 중얼거렸다.

"아하, 방기원(防其源)이라, 그 근원을 막는 것이로구만."

삼복더위 무더운 어느 날, 어떤 양반집에서 마침 그 집 주인영감이 높
은 대청 위에 앉아서 『맹자』를 읽고 있었다. 행전을 치고, 도포를 입
고, 버선을 신고, '맹자왈' 어쩌고 하는 것이 참 멋있어 보였다. 마침
문 밖에서 소를 몰고 지나가던 그 집 하인이 힐끗 보니 신선놀음이
따로 없지 않은가.

"내 참, 똑같이 사람으로 태어나서 어떤 놈은 팔자가 좋아서 저렇게
시원한 데 앉아서 글이나 읽고, 어떤 놈은 이 더위에 쇠꼴 잠뱅이 차
림으로 밭이나 갈아야 하다니, 세상 참 불공평하구만."

이런 불만이 저도 모르게 터져 나왔다. 그런데 일이 어떻게 되려고 그
랬던지 주인 서방님이 대청에서 그 이야기를 죄다 듣고 말았다. 그는
즉시 하인을 불러들였다.

"얘, 너 이리 좀 올라와라. 소 몰고 나가다가 하는 소리를 내 다 들었
느니라. 네 말마따나 이 세상이 불공평해서야 쓰겠느냐? 그러니 오늘
부터는 그저 눈 딱 감고 너랑 나랑 처지를 바꾸어 버리자꾸나. 내가
밭에 나가서 소를 몰 테니까 너는 여기서 내 옷을 입고 『맹자』나 좀
읽으려무나."

이리하여 그 하인은 제 옷은 벗어서 주인에게 주고 저는 주인 행전이

며 버선이며 도포까지 한 벌로 멋지게 차려 입고 대청에 꿇어앉게 되었다. 하인은 절로 신바람이 났다. 평생소원이 이제서야 이루어지다니 하늘도 무심하지 않다는 생각이 들어서 감사, 또 감사할 뿐이었다. 그러나 그런 즐거움도 잠시, 견딜 수 없는 고통이 뒤따랐다.

머리를 멋대로 풀어헤치고 지내다가 갑자기 상투를 제대로 틀어 올리고 망건을 썼으니 여간 답답한 게 아니고, 맨발에는 버선을 신고 게다가 행전까지 동여맸으니 그 또한 못할 노릇이었다. 더욱이 그 불편한 도포를 입고 딱딱한 마룻바닥에 앉아서 가만히 있자니 좀이 쑤셔서 견디기 어려웠다. 글자 한 자 모르니 『맹자』 한 대목 제대로 못 읽고 땀만 줄줄 흘러내렸다. 그는 주인에게 호소했다.

"나리, 소인이 잘못했습니다요. 저는 그저 소나 몰면서 밖에 나가서 일하는 것이 낫지 이 짓만은 정말 못하겠습니다."

그는 다시 제 옷으로 갈아입고 걸음아 날 살려라 하면서 소를 몰고 내뺐다. 그런데 밭에 나가서 소를 몰아가며 일을 하는데 웬일인지 소가 통 말을 듣지 않는 것이었다. 이리로 가라고 하면 저리로 가고 저리로 가라고 하면 이리로 가고 힘을 쓸 때는 멈춰서 버리기 일쑤였다. 하인은 못 참겠다는 듯이 화를 벌컥 냈다.

"야, 이놈의 소야, 이렇게 말 안 듣고 네 멋대로라면 나도 다 생각이 있어. 그냥 대청마루에 앉혀놓고, 확 『맹자』를 읽혀 버릴라."

「아하, 방기원(防其源)이라」에서는 시골에 사는 순박한 양반의 바보스런 행동이 소재가 되고 있다. 이 우스개 이야기엔 두 가지 에피소드가 나열되어 있다. 첫 번째 에피소드에선 이 어리석은 바보 양반이 장에 모시를 팔러 갔다가 사기를 당한 이야기이고, 두 번째 에피소드는 물이 새는 논에 구멍을 막는 이야기이다. 마지막 문장에서 이 사람이 하는 말은 정곡이라기보다 교육적인 내용이다. "아하, 방기원(防其源)이라, 그 근원을 막는 것이로구만." 이 말은 문제가 생겼을 때 미봉책(彌縫策)보다 그 근원을 찾아 막아야 한다는 교육적인 내용이다.

「확 『맹자』를 읽혀 버릴라」에서는 어느 양반집 어리석은 하인이 주인공이다. 이 우스개 이야기의 목적도 교육적이다. 겉으로 보기에 멋있는 양반의 글 읽기가 논밭에서 일하는 것보다 더 어렵다. 이 이야기에서 우스운 점은 하인이 역할 바꾸기를 통해 체득한 교훈을 소에게 응용하는 데에 있다. "야, 이놈의 소야, 이렇게 말 안 듣고 네 멋대로라면 나도 다 생각이 있어. 그냥 대청마루에 앉혀놓고, 확 『맹자』를 읽혀 버릴라." 우이독경(牛耳讀經)이다!

위트 속으로 1

언어위트

언어위트

플레쓰너는 「웃음과 울음 Lachen und Weinen」에서 "희극적 갈등은 [⋯] 규범이, 그럼에도 불구하고 이 규범을 따르는 현상에 의해, 손상되는 곳에서는 어디에서나 표출된다"라고 주장한다. 이 말을 쉽게 표현하면 '규범이 손상되거나 위배된 곳에서는 어디에서나 코믹이 발생한다'는 의미다. 그러면 '규범 Norm' 이란 무엇인가? 『철학의 역사 사전 Historisches Wörterbuch der Philosophie』에 의하면, 아직까지 '규범'의 개념이 명확하게 확정되어 있지 않다. 그러나 이 개념 규정을 위한 학자들의 논의들의 핵심이 되는 키워드들은 "마땅히 따라야 할 당위성의 내용들 Sollensinhalte"과 "행동의 원칙들이나 가치기준들 Handlungsmaximen oder Wertstandards" 등이다. 클룩슨 W. Kluxen에 의하면, "현재의 규범 담론은 한 사회의 구체적인 삶에서 마땅히 따라야 할 관행적인 기본 원칙들이라는 전제하에서 논의되고 있다."

플레쓰너의 코믹의 정의와 규범의 개념을 언어위트에 적용시키면, '언어가 관행적으로 마땅히 따라야 할 기준이나 원칙에 위배되는 곳에서는 어디에서나 코믹이 발생한다.' 언어가 관행적으로 마땅히 따라야 할 기준이나 원칙이 다름 아닌 '의사소통의 원칙'이라면, 의사소통 원칙에 위배되는 모든 것이 언어위트의 대상이 될 수 있다.

언어위트는 일종의 '말장난'이거나 '언어유희'이다. 거의 대부분의 위트들과 마찬가지로 언어위트 역시 누군가가 의도적으로 만든 것이다. 언어위트에서는 두 가지의 의미를 가진 말인 '중의어(重義語)'나 그 이상의 의미를 가진 '다의어(多義語)'를 의도적으로 활용한 말장난이 아주 많다. 이러한 말들은 그 의미가 애매모호하여 의사소통 과정에서 대화상대자가 이 말을 듣고 당혹하게 느끼게 된다. 위트를 만드는 사람은 바로 이러한 점을 중요하게 생각하여 웃음을 유발시킨다. 말의 의미를 의도적으로 틀리게 만드는 외국어 오류의 위트, 이미 다른 사람이 사용한 말이나 문장을 의도적으로 뒤틀어서 조롱하여 비꼬는 패러디, 패러디의 반대 개념인 '비자의적인 유메[위트]', '어린이의 위트', 논리적 오류의 위트 등이 언어위트에 속한다.

▌말장난과 언어유희의 위트

언어위트에서 가장 많이 사용되는 것은 말장난이나 언어유희이다. 말장난의 수단으로 많이 활용되는 것은 말의 애매모호함이다. 즉, 동음이의어(同音異義語)와 발음이 비슷한 말을 이용한 위트는 듣는 사람을 당혹하게 만들어서 웃음을 유발시킨다. 이러한 언어위트들은 언어 자체가 가지고 있는 고유한 특성들 때문에 외국어로 번역이 거의 불가능하거나, 번역을 하더라도 위트적인 성격이 상실된다. 그 예를 하나 들어보면 다음과 같다.

> 독일의 어느 작은 술집에 다음과 같은 문장이 새겨져 있다.
> "친구여, 그대는 무엇을 더 좋아하는가?
> 여인인가 포도주인가? 하나의 질문이야!
> 처음에는 연배[몇 연도 산 포도주]가 중요하고,
> 그 다음엔 체위[특정 입지조건에서 재배된 포도]가 중요하지."

위의 인용문에서는 독일어의 두 낱말 "야르강 Jahrgang"과 "라게 Lage"가 두 가지 의미를 갖고 있기 때문에 웃음을 유발한다. "야르강"은 '나이'와 '연배'라는 의미도 있지만, '포도주가 몇 연도 산'이라는 의미도 있다. 일반적으로 여인은 젊을수록 좋고 포도주는 오래될수록 좋다고들 한다. 그리고 "라게"는 '위치, 성행위의 체위'라는 뜻도 있지만 '특정한 입지조건[양지바른 곳, 남향이냐, 북향이냐 등]에서 재배된 포도'라는 뜻도 있다. 외국어로 된 언어 위트는 이와 같이 설명할 수는 있지만, 이 위트를 읽거나 듣는 즉시 웃음으로 대답할 수는 없다.

우리말에서 한 말이 두 가지 의미를 가진 중의어의 위트, 즉 '동음이의어' 위트는 참으로 많다. 우선 시대적·유형적인 특성에 대해 알아보기로 하자.

> 오동나무 열매는 동실동실(桐實桐實)
> 보리 뿌리는 맥근맥근(麥根麥根).
> 오리(鴨)는 십 리를 가도 오리, 백 리를 가도 오리.
> 할미새는 어제 낳아도 할미새, 오늘 낳아도 할미새.
> 새장귀장구의 사투리는 새 것도 새장구, 낡은 것도 새장구
> 북(鼓)은 동쪽에 있어도 북, 서쪽에 있어도 북.
> 창(槍)으로 창(窓)을 찌르니, 그 구멍을 창(槍)구멍이라고 할까요,
> 창(窓)구멍이라고 할까요?
> 눈(雪)이 눈(眼)에 들어가 눈물이 나오니, 그 눈물을 눈(雪)물이라 할
> 까, 눈(眼)물이라 할까?

> 안동 부사(府使)가 좌수(座首: 鄕廳의 우두머리)의 지혜를 시험하느
> 라고 물었다.
> "저 담은 돌담인데 왜 돌지 않지?"
> '돌'은 돌(石)맹이의 뜻도 있지만, '빙빙 돌다'는 뜻도 있어 이렇게
> 물어본 것이다. 그러자 좌수는 서슴없이 대답한다.
> "맨 돌담이니 돌지 못합니다."
> '맨'은 '모두'라는 뜻과 '매어놓은'이라는 뜻도 되므로, '매어놓았으
> 니 돌지 않을 수밖에 없다'는 의미이다. 일품의 재치 문답이다.

위에 인용한 언어 위트는 우리말만이 가진 멋진 동음이의어들이다.

"오리는 십 리를 가도 오리, 백 리를 가도 오리"라는 말을 영어나 독일어로 번역한다면 어떨까? 이 문장의 번역문을 읽고 웃는 사람은 아마도 없을 것이다. 위의 두 위트에 대한 설명은 생략한다. 어쨌든 위의 두 언어위트들은 상당히 오래된 버전이다. 동음이의어의 또 다른 고전적인 버전을 소개한다.

옛날에 미인 처녀 사공이 있었다. 어느 날 사내 손님 하나를 태웠다.

배가 강 중간쯤에 갔을 때, 사내가 너스레를 떨었다.

"내 마누라, 잘도 젓네."

처녀가 발끈했다.

"댁이 언제 내게 장가들었소?"

"내가 당신 배에 올라타지 않았소!"

처녀는 더 할 말이 없었다. 배가 드디어 물가에 닿았다.

"마누라, 당신 배에서 내리네."

사내가 저만큼 가고 배는 물 가운데 떠 있었다. 그때 처녀가 소리쳤다.

"이봐 내 새끼 놈, 잘 가라!"

사내가 돌아섰다.

"저 찢어 죽일 년이."

"왜, 내 배에서 나가 놓고."

이 위트는 너무나 잘 알려져 있다. 여기서는 "배"라는 말이 두 가지의 의미, 즉 "배(船) = 물 위의 교통수단으로서 배"와 "배(腹) = 사람의 신체부위로서 배"가 빚어낸 위트이다. 처녀의 배를 탄 사내는 처녀를 보고 "마누라"라 부르고, 처녀 사공은 자신의 배에서 나온 사내를 보고 "내 새끼놈"이라 부른다.

최근의 버전은 매우 다양하기 때문에 유형별로 인용해 보기로 한다. 우선 언어위트가 섹스와 관련된 위트 두 편을 소개한다.

1. 무인도에 한 쌍의 말이 살고 있었는데 어느 날 그만 암말이 죽고 말았다.
   이를 비관한 수말이 하는 말, "씨, 할 말이 없네."
2. 그 옆 섬에도 한 쌍의 말이 살았는데 이번에는 수말이 죽었다.
   이를 비관한 암말이 하는 말, "씨, 해줄 말이 없네."
3. 수말 혼자 놀고 있는데 별안간 암말이 떼를 지어 몰려들었다.
   이에 수말이 비명을 내지르며 하는 말, "도대체 무슨 말부터 해야 할지 모르겠네."
4. 수말은 하나뿐인데 이번에는 엄마 말과 딸 말이 나란히 나타났다.
   이에 수말이 생각에 잠기며 하는 말, "할 말 안할 말 가려서 해야겠네."
5. 말 한 쌍이 다정한 한때를 보내고 있었는데 암말이 그만 바람이 나고 말았다.
   이에 수말이 비관하여 하는 말, "씨, 내가 할 말을 딴 놈이 하고 있네."

한 청년이 들길을 걸어가고 있었다.
한참 가다가 보니 요술 램프가 떨어져 있었다.
요술 램프를 막 문지르니까 요정이 뛰어나왔다.

청년에게 요정이 말했다.

"당신에게 소원이 있으면 딱 하나만 말하시오. 그러면 내가 들어 주겠소!"

청년은 욕심이 나서 자기가 가지고 싶었던 세 가지를 다 말했다. "돈, 여자, 결혼!"

이 욕심 많은 청년은 자신이 원하던 것을 다 갖게 되었다.

청년은 … 돈 여자와 결혼을 했다.

위의 「말 이야기」에서는 "말"의 다의성이 문제가 된다. 즉, 이 이야기에서는 '말' = 동물 말(馬), '말' = 언어(言語)라는 동음이의어를 활용한 말장난이다. 그리고 「돈 여자 결혼」에서는 '돈(金錢)', '여자', '결혼'이라는 세 가지의 말이 동음이의어의 말인 '돈'이라는 말로 인하여 '[정신이] 돈 여자와 결혼'이라는 하나의 개념으로 변하고 만다. 동음이의어를 이용한 위트는 이를 듣는 사람에게 그 의미파악을 헷갈리게 함으로써 웃음을 유발한다. 또 다른 예를 보자.

A. 너 이 세상에서 가장 차갑고 외로운 바다가 뭔지 알아?

B. 그게 뭔데?

A. 썰렁해. 그럼 이 세상에서 가장 따뜻하고 열이 나는 바다는 뭔지 알아?

B. 아니, 몰라.

A. 그건 사랑해야. 그런데 이 이야기를 들은 경상도 아내가 남편한테 물었대. "자기야, 이 세상에서 가장 차갑고 외로운 바다가 뭐꼬?"

그러자 남편이 "썰렁해" 하고 맞추더라는 거야. 그래서 "그럼, 이 세상에서 가장 따뜻하고 열이 나는 바다는?" 그러자 남편이 뭐라고 했게?

B. 사랑해?

A. 아니, "열바다."

이 위트는 말 그대로 말장난이다. 이 말장난은 질문과 대답이라는 전형적인 위트형식을 활용하고 있지만, 전혀 의미가 다른 두 말을 약간은 억지로 동음이의어로 변형시켜 만든 것이다. 그 과정을 알아보면, "차고 외로운 바다는?" → "썰렁하다" → 준말 "썰렁해", 이 "썰렁해"의 "해"자는 물론 '바다 해海'이다. "가장 따뜻하고 열이 나는 바다는?"의 대답이 "열바다"가 되는 과정도 비슷하다. 언어위트에서 최근 유행하는 버전들에는 이러한 동음이의어의 변형들이 아주 많다. 「야한 이야기」라는 제목의 위트는 위에서 인용한 「열바다」보다 그 정도가 더 심하다. 그 내용은 이렇다. "일요일에 관악산에 올라가니 산꼭대기에 도착한 사람들이 모두들 '야호!' 하는 게 아닌가. 그래서 그런지 평소에 말도 잘하지 않던 영구 역시 덩달아 '야!' 하지 않았겠는가." 이것이 「야한 이야기」의 내용이다. 여기서는 "영구가 '야!' 하다"가 "야! 한" 이야기로 변형되어 → "야한 이야기"로 바뀐다. 「DJ는 야한 여자를 좋아해」라는 제목의 위트 역시 거의 같다. "DJ: 나는야 한 여자를 좋아해!"가 "DJ는 야한 여자를 좋아해!"로 변한다.

언어위트 「열바다」와 비슷한 최근 버전의 언어위트 역시 억지스런 동음이의어를 활용하고 있다.

- 절 좋아하세요? …… 저는 성당을 좋아해요.
- 헉…헉…헉~ 나 흥분돼. …… 놀부는 어딨죠?
- 너 남자랑 해봤어? …… 난 여자랑밖에 안 해!
- 오늘 너하고 해보고 싶어. …… 정동진에서!
- 니가 정말 원한다면. …… 난 네모할 게.
- 나 묻고 싶은 거 있는데. …… 삽 줘?
- 넌 정말 재수 없어. …… 한 번에 대학 가야 돼!
- 우리 앞으로 만나지 말자. …… 뒤로 만나자.
- 어떻게 너 못생겼다고 소문 다 났어. …… 나는 망치 생겼는데.
- 그게 무슨 말이야? …… 얼룩말.
- 저 아기 가졌어요. …… 그럼 저 엄마가 이겼네.
- 실은 말이야 사랑했어. …… 바늘을!
- 이젠 말할 게. …… 넌 소 해.
- 날 생각하지 마. …… 날개도 없으면서.
- 너 죽을 준비해. …… 난 밥을 준비할 테니.
- 너무해! 진짜 너무해! …… 난 배추할 게!

이러한 억지의 동음이의어들은 우리의 정신을 아주 혼란스럽게 한다. 바로 이러한 언어규범의 위배에 코믹이 있다. 위의 위트 몇 행만 설명하면 다음과 같다. "절 좋아하세요?"에서 "절"이라는 말은 "저를"의 준말도 되고, "절(寺)"을 의미하기도 한다. 그래서 '당신을 좋아해요'라는 말 대신에 "저는 성당을 좋아해요"라는 답이 나온다. '나 흥분돼'는 '나는 흥분이 된다'라는 일반적인 의미가 아니라 '나 흥부인데'의 준말을 의미하고, 마지막 행의 "진짜 너무해!"라는 말에서 띄어쓰기를 무시하면 "진짜 너 무[역할을] 해!"가 되어, 그 대답으로서 "난 배추[역할을] 할 게!"라는 말이 나온다. 이런 위트들은 언어규범의 위배, 즉 의사소통의 원칙을 어김으로써 만들어진 것이다.

동음이의어의 또 다른 변형은 '유사한 발음'을 이용하는 위트이다. 여기서는 두 편의 위트를 제시한다.

> 최불암이 피라미드 앞을 지나는데 스핑크스가 노깡을 쳤다. 스핑크스는 수수께끼를 맞혀야만 피라미드를 통과할 수 있다고 개겼다. "오전에는 네 발, 점심때는 두 발, 저녁에는 세 발인 것은?" 최불암은 귀찮다는 듯 "사람"하고 간단하게 해결했다. 스핑크스는 최불암의 박식함에 몸을 떨며 길을 열어주었다. 그러자 최불암이 피라미드를 지나며 큰 소리로 외친다. "고맙다, 스컹크야!"

> 어느 날 자옥이 할머니가 양로원에 가는데, 아까부터 웬 청년이 생선 트럭을 타고 따라오며, 무어라 외친다. "같이 가 처녀!" '내가 아니겠지' 하고 계속 하는데 잘 생긴 청년이 또 부른다. "같이 가 처녀!" '드디어 걸려들었구나' 하고 생각한 자옥이 할머니, 보청기를 꺼내 귀에 꽂으니 부르는 소리가 또렷하게 들린다. "갈치가 천 원!"

위의 「피라미드」 위트는 고전 중에 고전인 '수수께끼 위트'를 패러디한 것이다. 이 위트에서 최불암이 '스핑크스'라는 말을 잘 모르기 때문에 코믹이 생겼다면, 이 위트는 '무지의 우스꽝스러움'을 이용한 것이다. 그러나 여기서 우리를 웃게 하는 것은 최불암이 "스핑크스"를 "스컹크"로 발음했기 때문에 생긴 것이다. 이 점이 바로 발음의 유사성을 활용한 언어 위트라 할 수 있다. 그 다음의 위트에서 "갈치가 천 원"이란 말과 "같이 가 처녀"는 전혀 다른 말이지만, 적당하게 헷갈리게 발음을 하면 비슷하게 들릴 수도 있을 것이다. 이러한 유형의 고전적인 버전으로서는 「새우 젓하고, 쌀보리 바꿔!」가 있다. 한여름 새우젓 장수가 "새우젓하고, 쌀보리 바꿔!"를 아무리 외쳐도 새우젓을 사려는 사람이 없었다. 심심하기도 하고 정확하게 듣는 사람도 없고 하여, 그는 장난 끼가 발동하여 혀를 꼬부려 "사우 좆하고, 딸보지 바꿔!"로 외치면서 다녔다는 이야기.

어떤 말은 그 유사한 발음으로 인해 전혀 다른 사물을 연상시키는 위트도 있다.

> "짙푸른 하늘, 빙청(氷靑)의 설 하늘에 연을 날립니다.
> 한 연이 오릅니다. 두 연이 오릅니다. 세 연이 오릅니다.
> 아! 드디어 무수한 연, 뭇 잡연이 납니다.
> 가오리 연, 방패 연, 흰 연, 붉은 연, 무수한 잡연이 날립니다.
> 아! 한 연의 가랑이가 펄럭입니다. 창공에서 사정없이 그 연 가랑이가 펄럭입니다."

설날 연날리기를 중계 방송하는 형식을 빌린 이 위트에서는 하늘을 나는 "연"이라는 말이 여자를 비하하는 "년"을 연상시켜서 웃게 한다. 특히 "아! 드디어 무수한 연, 뭇 잡연이 납니다"라는 표현과 "한 연의 가랑이가 펄럭입니다. 창공에서 사정없이 그 연 가랑이가 펄럭입니다"라는 표현이 그러하다.

언어적인 오해나 외국어를 잘못 사용한 위트도 언어위트에 속한다. 영어의 구사능력이 전 국민의 관심사가 된 요즈음 영어의 의미를 모르는 것 자체가 위트의 영역으로 넘어온 것이다.

> APEC 정상회담을 위해 비행기를 탄 YS는 비서관으로부터 클린턴을 만나면 첫인사로 'How are you?'라고 인사를 하라는 얘기를 들었다. 그 다음 클린턴이 좋다고 하면서 '너는 어떠냐?'고 하면 '나도 좋다(Me too)'라고 답하라 하여, 그 두 마디를 열심히 외웠다. 그러나 클린턴을 만난 YS는 깜빡 잊고 "Who are you?(당신은 누구냐?)"라고 했다. 그러자 클린턴은 약간 놀라면서 "I'm Clinton"이라고 말하고, 힐러리의 남편이라고 말하자, YS는 연습한대로 "Me too!"라고 했다. 결국 미국 대통령의 영부인이 한국 대통령의 영부인이 되어 미국이 한국의 것이 되고 말았으니, YS는 말 한 마디로 미국을 먹은 것이다.

영어의 "Me too!"를 "Me two!"로 혼동하는 위트들도 상당수 있다. 위의 위트에서 전직 대통령인 김영삼의 무식함을 강조한다면, '무지의 위트'가 된다. 이 무식함이 언어와 관련이 있다는 점에서 본다면, 이는 언어위트라고도 할 수 있을 것이다. 외국어와 관련된 언어위트 중에서 특히 본래의 말의 의미가 분변(糞便)적이거나 섹스와 관련된 의미영역으로 옮겨질 때 그 효과는 배가된다. 언어위트가 섹스와 관련된 고전적인 버전의 한 예를 제시한다.

> 춘식이가 미국에 있는 친척을 방문하고 귀국하기 위해 LA공항에서 비행기를 타게 되었다.
> 비행기를 타기 전에 영어로 탑승수속을 밟아야만 했다. 이름(Name), 주소(Address)까지는 쉽게 적었다. 그런데 느닷없이 섹스(Sex)를 쓰라는 칸이 있지 않은가.
> 아무리 근본이 없는 나라라고는 하지만 해도 너무한다는 생각에, 춘식은 달아오른 얼굴을 식히며 슬쩍 옆 사람이 적는 것을 훔쳐보았다. 다행히 한국 사람으로 보이는 그 남자는 서류에 매일(Male)이라고 쓰고 있었다. 생각보다는 어렵지 않다고 생각한 춘식이, 그도 자신 있게 빈칸을 채워 넣었다. - Haru Gun Neo(하루 건너).

이 위트에서는 비행기 탑승수속 시에 기재하는 서식에 "Sex"라는 말에 대한 오해와 "Male"이라는 영어를 모르기 때문에 일어난 일종의 '오해의 위트'이기도 하다. 이와 같은 유형의 위트로서는 「더치페이」위트도 있다. "어느 날 친구 둘이 점심을 먹으러 갔다. '뭘 먹을까?' '오늘은 더치페이로 하지?' '그럴까? 여기 더치페이 둘 주세요.'"

외국어, 특히 영어를 모르는 것을 다루는 위트의 또 다른 변형은 영어의 번역을 의식적으로 왜곡시킨 것이다.

> Sit down, please. 앉아라, 플리즈야.
> Yes, I can. 그래, 나 깡통이야.
> May I help you. 5월 달에 도와드리겠습니다.
> I understand. 나 물구나무섰다.
> Who are you? 누가 너냐?
> See you later. 두고 보자!

영어를 한글로 잘못 번역하여 웃게 하는 위트와는 반대로 한글을 영어로 잘못 번역하여 웃음을 유발하게 하는 또 다른 유형의 콩글리쉬 위트도 있다.

> 1. 육갑 떨고 있네. - 식스 식스 바르르.
> 2. 신 한국 창조: - 뉴 코리아 만지작 만지작
> 3. 바늘 도둑이 소도둑 된다. - 바늘 슬쩍맨 비컴 음매 슬쩍맨.
> 4. 장인, 장모: - 롱 맨, 롱 마더
> 5. 돌고 도는 세상: - 트위스트 트위스트 월드
> 6. 학교종이 땡땡땡: - 스쿨 벨 띠용띠용띠용
> 7. 토함산: - 오바이트 마운틴
> 8. 국제적인 노랭이: - 인터내셔널 옐로
> 9. 서당개 3년이면 풍월을 읊는다. - 스쿨 도그 스리 이어 풍월 멍멍.

10. 귀신 씨나락 까먹는 소리: - 고스트 씨나락 오픈 짭짭 사운드

11. 철마는 달리고 싶다. - 아이언 호스 원츠 다가닥 다가닥.

12. 개천에서 용 났다. - 도그 스카이에서 드래곤 응애.

13. 계란 값 주세요. - 기브 미 에그머니.

14. 3.1운동: - 쓰리 원 스포츠

이러한 유형의 위트들은 저급한 위트들에 속한다. 왜냐하면 이러한 위트들에서는 '암시'가 거의 활용되지도 않았을 뿐만 아니라, 위트를 만드는 기교의 바탕이 되는 '날카로운 통찰력'이나 '깊은 통찰력'도 없이 만들어진 위트이기 때문이다. 어쩌면 중등학교의 학생들 사이에 유행을 한 위트인지도 모른다.

또 다른 언어위트의 유형은 사투리를 사용한 위트이다.

- '누구를 위하여 종을 울리나?'
  [경상도 사투리] 좋아 니 와 우노?
- '통행에 불편을 드려서 죄송합니다.'
  [전라도 사투리] 댕기기 옹색혀서 어쩌야 쓰것 쓰라우.
- '빨간 벽돌집 아가씨는 정말 예뻐요.'
  [경상도 사투리] 뻘건 보루코 집 가시나 직인다 지기.
- '이 콩깍지가 깐 콩깍지냐, 안 깐 콩깍지냐?'
  [충청도 사투리] 깐거 안깐거?
- '너희들이 그렇게 버릇없이 굴어서야 되겠니?'
  [전라도 사투리] 너그들 그러케롬 싸가지가 없어 어따 쓰겠냐?

사투리가 언어규범에 위배되기 때문에 코믹하다면, 긴 말을 축소하여 그 뜻을 의도적으로 파악하지 못하게 하는 것도 우리를 웃게 한다. 다음은 술을 마실 때 다양한 축소형 '건배의 말'이다.

> 보통 다 같이 하는 말 "위하여!", 옛날 선비들은 "주거니 받거니 권커니 자커니 일배일배 부일배", 최근에는 "당나발!"(당신과 나의 발전을 위하여!), "개나발!"(개인과 나라의 발전을 위하여!), "진달래!"(진정하고 달콤한 내일을 위하여!), "개나발 조통세평!"(개인과 나라의 발전 및 조국통일과 세계의 평화를 위하여!)

▐ 패러디

희극적 효과를 목적으로 언어적인 자료를 의도적으로 변경시키는 것을 패러디라 한다. 패러디(parody/ die Parodie)란 조롱적인 모방이다. 패러디는 그 자체로는 존재할 수 없고, 원본에 의존되어 있다. 패러디란 듣는 사람이 패러디의 내용을 이해할 때만 재치 있고 코믹한 진술이 된다. 즉, 듣는 사람이 원본과 패러디된 것, 변형된 것, 개악된 것 사이에서 코믹을 깨닫게 될 때 패러디는 위트로 이해된다. 이때 희극적 효과는, 듣는 사람의 입장에서 본다면, 변장된 옷을 입은 패러디에서 이미 잘 알려진 내용을 재인식하고 여기서 기쁨을 느끼는 데 기인하고 있다. 패러디는 성경이나 종교적인 내용도 예외로 삼지 않는다. 다음은 '훈민정음의 서문'과 '주기도문'을 패러디한 것들이다.

「훈민정음 패러디」

시방 나라말쌈지가 떼놈들 말하고 솔찬히 거시기혀서 글씨로는 이녁들끼리 통할 수가 없응께로 요로코롬 허갖고서는 느그 거시기들이 씨부리고 싶은 것이 있어도잉 그 뜻을 거시기헐 수 없는께 허벌나게 깝깝허지 않것어? 그렇고롬혀서 나가 새로 스물여덟자를 거시기했응께 느그들은 수월허게 거시기혀부러갖고 날마동 쏨시롱 편하게 살어부러라.

「고스톱기도문」

고스톱 사이트에 계신 우리 아버지여,
유저들의 이름이 거룩히 여김을 받으시오며,
싹쓸이의 나라가 임하옵시며,
뜻이 쓰리고에 있는 것 같이
흔들고 피박도 이루어지이다.
오늘날 우리에게 일용할 쌍피를 주옵시고,
우리가 우리의 설사를 사하여 준 것 같이
우리의 낙장을 사하여 주옵시고,
우리를 사사구통의 시험에 들게 하지 마옵시고,
다만 피박과 광박에서 구하옵소서.
대개 쓰리고와 싹쓸이의 영광이
아버지께 영원히 있사옵나이다. -스톱-

위에 인용한 첫 번째 예문은 세종대왕이 지으신 '훈민정음의 서문'을 전라도 사투리로 패러디한 것이며, 두 번째 예문은 "하늘에 계신 우리 아버지 이름이 거룩히 여김을 받으시오며"로 시작하는 '주기도문'의 패러디이다. 이와 비슷한 패러디로서 '사도신경'을 패러디한 「라면 사도신경」도 있다. "구수하사 배고픈 자의 배를 부르게 하시는 라면님을 내가 믿사오며 그의 자매품 컵라면을 믿사오니 이는 공장에서 탄생하시어 상인들에게 고난을 받으사 끓는 물에 죽으시고 죽은 지 3분 만에 밥상 위에 환생하사 쫄깃한 면으로서 배고픈 자의 허기진 배를 부르게 하심이라. 이는 입을 통하여 들어가는 것과 배가 부른 것과 항문으로 나오는 것을 영원히 믿사옵나이다."

'주기도문'이나 '사도신경'과 같은 성경의 말씀을 패러디한 것을 비기독교인이나 성경을 경멸하는 사람의 말로서 이해해서는 안 된다. 왜냐하면 성경의 패러디는 성경의 내용을 잘 알고 있다는 것을 전제로 하기 때문이다. 중세에 수도원 안에서 이미 성경의 패러디가 생성되었다는 사실이 이를 증명하고 있다. 중세 '성스러운 패러디 parodia sacra'로서는 「술꾼들을 위한 미사」의 패러디, 「노름꾼들을 위한 미사」의 패러디, '주기도문'의 패러디 등이 있었다.

패러디의 대상은 문학작품을 비롯해서, 철학자나 정치가의 말들도 포함된다. 데카르트의 유명한 말의 패러디부터 알아보자.

> cogito ergo sum. "나는 생각한다. 그러므로 존재한다."
> coito ergo sum. "나는 교접[성교]한다. 그러므로 존재한다."

이 패러디에서는 라틴어 "코기토 cogito"를 "코이토 coito"로 단 하나의 철자만을 바꾸어 전혀 다른 의미를 갖게 한다. 그러면 우리에게 잘 알려진 유명 인사들의 말들을 패러디한 예들에 대해 알아보자.

「애처가 유형」

1. 링컨 형: 아내의 아내에 의한 오로지 아내를 위한 …….

2. 케네디 형: 아내가 나에게 무엇을 해 줄 것인가를 바라지 말고, 내가 아내에게 무엇을 해 줄 것인가를 생각하라.

3. 박정희 형: 난 아내를 행복하게 해 줄 역사적 사명을 띠고 이 땅에 태어났다.

4. 햄릿 형: 이웃의 아내를 탐하느냐 마느냐 그것이 문제로다.

5. 예수 형: 안방에 계신 우리 마나님 그 이름을 거룩하게 하옵시고…….

6. 소크라테스 형: 네 아내만을 알라.

7. 데카르트 형: 나는 아내만을 생각한다. 그러므로 존재한다.

8. 제퍼슨 형: 아내가 아니면 죽음을 달라.

「뛰는 놈 위에 나는 놈」

아인슈타인: 뛰는 놈의 시계보다 나는 놈의 시계가 더 느리게 간다.

칼 융: 뛰는 놈은 주행 콤플렉스, 나는 놈은 비행 콤플렉스에 사로잡혀 있다.

스티븐 호킹: 뛰는 놈이 블랙홀에 빨려들 때, 나는 놈은 이미 사라지고 없다.

아담 스미스: 뛰는 놈과 나는 놈은 서로 분업한 것이 틀림없다.

위상 수학자: 뛰는 놈은 2차원에 속하고, 나는 놈은 3차원에 속한다.

프로이트: 뛰는 놈은 발기의 상징이고, 나는 놈은 절정의 상징이다.

마르크스: 뛰는 놈은 나는 놈에게 평생 착취당한다.

물리학자: 뛰는 놈보다 나는 놈의 엔트로피가 아무래도 더 높다.

맹자 엄마: 뛰는 놈이 세 번 이사 가는 동안, 나는 놈은 열 번도 더 갈
수 있다.

공자: 뛰는 놈은 나는 놈에게 예(禮)로 대해야 하고, 나는 놈은 뛰는
놈에게 덕(德)으로 대해야 한다.

최불암: 뛰는 놈이 있으니 나는 놈도 있구려. 파 ~ !

「애처가 유형」 위트에는 유명 인사의 핵심적인 말을 "아내"로 바꾸어
서 패러디했다. 예를 들면 케네디 형에서는 "국가"라는 말 대신에 "아내"
로, 제퍼슨 형에서는 "자유" 대신에 "아내"로 바꾸어서 패러디가 만들어
진 것이다. 그리고 「뛰는 놈 위에 나는 놈」에서는 인용된 유명 인사들의
대표업적이나 이 사람들의 특성을 "뛰는 놈 위에 나는 놈"으로 표현하여
패러디했다. 예를 들면, 아인슈타인의 '상대성 원리', 프로이트의 '리비
도', 공자의 '예(禮)'와 '덕(德)' 등이 패러디되었다. 이 위트의 정곡은 최
불암의 말에 있다. "뛰는 놈이 있으니 나는 놈도 있구려. 파 ~!"

격언이나 속담에는 한 민족이나 국민의 지혜가 담겨있다. 이러한 격언
이나 속담의 패러디는 대부분 본래의 의미와 반대가 되게 하거나 왜곡시
켜서 만든다. 이런 패러디를 통하여 옛날의 격언이나 속담에 담겨있는 지

혜가 오늘날에는 더 이상 통용될 수 없음을 보여주고 있다. 격언이나 속담의 패러디를 만드는 방법도 아주 간단하다. 왜냐하면 격언이나 속담의 한 문구만 바꾸면 되기 때문이다.

다음은 우리말 속담과 격언의 패러디이다.

1. 작은 고추는 맵지만 수입 고추는 더 맵다.
2. 버스 지나간 뒤 손 흔들면 백미러로 보고 선다.
3. 젊어서 고생 늙어서 신경통이다.
4. 서당 개 삼년이면 보신탕감이다.
5. 호랑이한테 물려가도 죽지만 않으면 산다.
6. 윗물이 맑으면 세수하기 좋다.
7. 고생 끝에 병이 든다.
8. 아는 길은 곧장 가라.
9. 예술은 지루하고 인생은 아쉽다.
10. 가다가 중지하면 간만큼 이득이다.

격언의 패러디는 지적인 유희이다. 민중들의 입을 통해 만들어진 격언의 패러디 자체에서도 역시 본래의 격언을 불합리하게 만드는 기교가 잘 활용되어 있다. 격언의 패러디와 거의 동일한 것이 바로 '4자성어'의 패러디이다. 4자성어에도 선조들의 지혜가 담겨 있기는 마찬가지이다.

• 고진감래: 고생을 진탕하고 나면 감기몸살 온다.

- 발본색원: 발기는 본래 섹스의 근원이다.
- 이심전심: 이순자의 마음이 전두환의 마음.
- 침소봉대: 잠자리에서는 봉이 대접을 받는다.
- 사형선고: 사정과 형편에 따라 선택하고 고른다.
- 전라남도: 홀딱 벗은 남자의 그림.
- 좌불안석: 좌우지간에 불고기는 안심을 석쇠에 구워야.
- 죽마고우: 죽치고 마주앉아 고스톱을 치는 친구.
- 삼고초려: 쓰리고를 할 때는 초단을 조심하라.
- 개인지도: 개가 사람을 가르친다.
- 구사일생: 구차하게 사는 한 평생.
- 조족지혈: 조기축구회 나가 족구하고 지랄하다 피 본다.
- 편집위원: 편식과 집착은 위암의 원인 된다.
- 군계일학: 군대에선 계급이 일단 학력보다 우선이다.

　　옛날부터 잘 알고 있는 격언이나 속담 또는 4자성어 같은 언어적인 자료들로써 만들어진 패러디는 본연의 언어적인 자료들을 찢고 비틀었다는 의미에서 부정적이라 할 수도 있다. 그러나 이러한 패러디는 동시에 언어를 개조하고 창조적으로 새롭게 형성하는 과정들을 보여주고 있다. 무엇보다 이러한 패러디는 민중들의 코믹의 좋은 예들이라고도 할 수 있다. 이러한 패러디에는 태어날 때부터 갖고 있는 인간의 언어적인 유희욕구가 잘 나타나 있으며, 이러한 언어유희로써 삶을 지나치게 진지하게 사는 것을 조롱하고, 나아가 전통적인 사고나 관습을 무조건적으로 따르는 것이 과연 올바른지 생각할 계기를 마련해주며, 아울러 전래의 질서체계들로부터 해방되려는 인간의 용기를 보여주고 있다.

이러한 과정의 예를 우리는 동화의 패러디에서도 볼 수 있다. 요사이는 이러한 동화들도 소멸단계에 있는 것도 사실이다. 동화패러디에는 거의 대부분 어릴 때부터 잘 알고 있는 마법모티브가 등장한다. 이 마법모티브는 전혀 예기치 않은 방법으로 변하고, 이렇게 함으로써 본연의 동화는 현재의 합리적인 생각과 희극적인 갈등관계에 처하게 된다.

> 흥부와 그의 아내가 산 속에 연못으로 놀러 갔다. 그런데 부인이 발을 헛디디는 바람에 그만 연못에 빠지고 말았다.
> 흥부가 슬피 울고 있는데 연못 속에서 짙은 안개가 솟구치더니 산신령이 '마릴린 먼로'를 데리고 나왔다. 그리고는 흥부에게 묻는다.
> "이 사람이 네 부인이냐?"
> "아닙니다. 제 부인은 못생겼습니다."
> 그러자 잠시 물속으로 들어갔던 산신령이 이번에는 '오드리 헵번'을 데리고 나와 흥부에게 묻는다.
> "이 사람이 네 부인이냐?"
> "아닙니다."
> 그러자 세 번째로 나타난 산신령이 이번에는 진짜 부인을 데리고 나왔다. 흥부가 말한다.
> "이 사람이 제 마누라입니다."
> 그 말을 들은 산신령은 흥부의 마음씨에 감동하여 그들 셋을 모두 데리고 살게 해주었다. 이 소식을 들은 놀부는 그렇게 배가 아플 수가 없었다. 그래서 일부러 자기 부인을 그 연못으로 데리고 가서 떠밀어

버렸다.

놀부가 연못가에서 울고 있는데 산신령이 놀부마누라를 데리고 나타나 묻는다.

"이 사람이 네 마누라냐?" "아닙니다."

그러자 산신령은 연못 속으로 들어가서 삼십 분쯤 지나 바지를 추스르며 나타나서는,

"네 마누라 아직 쓸 만하더라. 고맙다, 데려가거라."

한 소녀가 호수 옆 언덕으로 산보를 하고 있었다. 이때 소녀는 물결에 밀려나온 물고기 한 마리를 발견했다. 소녀는 물고기가 불쌍해서 다시 물에 넣어주었다. 그러자 물고기는 인간의 목소리로 "저를 살려주신 것에 보답하기 위해 당신에게 세 가지 소원을 들어주겠습니다"라고 소녀에게 말한다. 소녀는 기뻐서 세 가지 소원을 말한다. "나는 이 세상에서 가장 예쁜 소녀가 되고 싶어." 그러자 물고기가 말한다. "당신은 이미 이 세상에서 가장 예쁜 소녀입니다. 그러면 두 번째 소원을 말씀하세요." 소녀가 말한다. "응, 난 말이야 상당히 가난하단다. 그래서 내가 살고 있는 집이 황금의 집으로 변했으면 좋겠어." "이 소원도 이미 이루어졌습니다." 이렇게 하여 소녀는 아름다움과 부유함을 갖게 되었다. 이제 부족한 것은 사랑밖에 없었다. 그래서 소녀는 말한다. "셋째로, 우리 집에 조그마한 검은 고양이가 한 마리 있는데, 이 고양이가 멋진 젊은 사내로 변해서 나를 사랑해주면 좋겠어." 그러자 물고기가 이렇게 말한다. "당장 집으로 가 보세요. 그러면 당신이 소망한 모든 것이 있을 겁니다."

그래서 소녀는 당장 집으로 달려갔다. 그녀는 멀리서 자기의 집이 황금의 집으로 변해 있는 것을 보았다. 그리고 창문 옆을 지날 때, 소녀는 자신의 모습이 아주 예쁜 미인으로 변했다는 것을 알게 되었다. 그리고 소녀가 집 안으로 들어서자, 정말로 멋진 젊은 사내가 그녀를 향해 다가오고 있었다. 그런데 이 젊은이는 슬픈 목소리로 이렇게 말하는 것이 아닌가. "저는 2년 전에 당신에 의해서 거세를 당했습니다. 아마 이것이 당신에겐 유감일 것입니다."

▌비자의적인 유머(위트)

패러디는 이미 존재하는 텍스트를 의도적으로 바꾼 것이다. 이와는 반대로 비의도적으로 언어의 자료가 바뀌어서 코믹의 효과를 내는 것은 '비자의적인 유머'로 불린다. 이 표현은 앞에서 살펴본 본연의 의미에서 '유머'와는 관련이 없다. 이는 의도적으로나 능동적인 오성으로 만들어진 것이 아니고, 우연의 산물이거나 무지의 산물이다. 비자의적인 유머의 본질은 철저하게 진지하다는 점이다. 비자의적인 유머 역시 거의 언제나 언어위트에 속한다. 지금까지 전혀 본 적도 없고 아무런 노력도 없이 생성된 비자의적인 유머는 아주 큰 희극적 효과를 갖고 있다. 그 때문에 희극적인 효과를 많이 내려는 사람들은 비자의적인 유머처럼 비자의적이라는 인상과 즉흥적인 인상을 주려고 많이 노력한다. 예를 들면 우스운 이야기를 하는 사람이 냉정하고 감정을 전혀 표현하지 않고 이야기하면 할수록, 이 이야기는 더욱 더 재미있다. 이야기꾼이 진지한 얼굴로써 우스운 이야기를 할 때 그 효과는 배가된다.

비자의적인 유머는 그 동기와 기능에 따라 구분된다. 가장 간단하고 우리 가까이서 볼 수 있는 예는 인쇄의 잘못, 즉 오식(誤植), 오자(誤字)의 코믹이다. 현재는 거의 모든 출판이 컴퓨터 작업으로 이루어지지만, 얼마 전까지만 해도 식자공(植字工)이 자판을 만들어서 인쇄했다. 오식에 의한 오자가 발견되면 인쇄공들은 '오자의 귀신'이 나타났다고 한다. 그러나 모든 인쇄의 오자가 다 코믹하지는 않다. 다만 이 오자를 통해 본래의 의미가 희극적으로 될 때, 이 오자는 코믹의 효과를 발휘한다. 어떤 텍스트를 잘못 읽거나 잘못 들을 때도 인쇄의 오자와 동일한 효과를 낸다. 코믹의 효과를 발휘하도록 하는 수단이 적으면 적을수록, 더욱 더 코믹의 효과가 크다. 단 하나의 철자만 바뀜으로써 새로운 희극적인 의미가 생긴다면, 이것이 가장 큰 코믹의 효과라고 할 수 있다.

"용감한 소방대원은 **짙은** 연기에도 불구하고 좁은 부엌창문을 통해서 집안으로 들어갔다." 이 문장은 독일어를 우리말로 옮긴 것이다. 이 문장에서 "연기 Rauch"라는 낱말의 "R"자가 "B"자로 잘못 인쇄되어 "연기" 대신에 "배(腹) Bauch"로 표기되면 다음과 같은 희극적인 내용으로 변한다. "용감한 소방대원은 **뚱뚱한** 배에도 불구하고 좁은 부엌창문을 통해서 집안으로 들어갔다." 그러면 이와 유사한 몇 가지 예들을 보기로 하자.

본래의 문장: "그녀는 다정스럽게 그녀의 **머리(*Kopf*)**를 그 남자의 가슴에 기대었다."
오자의 문장: "그녀는 다정스럽게 그녀의 **갑상선 종양(*Kropf*)**을 그

남자의 가슴에 기대었다."

본래의 문장: "북아메리카 합중국"

(Vereinigte Staaten von Nordamerika)

오자의 문장: "살인아메리카 합중국"

(Vereinigte Staaten von Mordamerika)

위의 첫 번째 예문에서는 "머리 Kopf"라는 독일어 낱말에서 "r"자가 실수로 첨가되어 "갑상선 종양 Kropf"으로 인쇄됨으로써, 그리고 두 번째 예문에서는 "N"이라는 철자가 "M"자로 잘못 인쇄됨으로써 "북아메리카"가 "살인아메리카"로 둔갑하게 되었다. 신문이나 책의 오자 인쇄로 인한 코믹이나 '속기록'이나 '연설문의 잘못 낭독', '전보의 오타'나 인터넷 채팅 시의 오타 등이 '비자의적 유머'의 예들이 될 수 있다.

다음은 전보에서 오타로 인한 '비자의적 유머'의 한 예와 인터넷 채팅 시에 오타로 인한 '비자의적 유머'의 한 예이다.

목사님이 결혼 주례를 했습니다. 이 신혼부부가 신혼여행을 갔는데 목사님은 신혼 여행지가 어디인지를 알고 있었습니다. 그래서 신혼여행을 가있는 젊은이들에게 밤에 자기 전에 성경 한 구절을 읽고 잠을 자라고 성경 한 구절을 전보로 쳤습니다. 그런데 아무 내용도 없이 오로지 '요한일서 4장 18절'이라고 쓰고 그 다음에 목사님 이름만 썼습니다. 그 말씀은 "사랑 안에 두려움이 없고 온전한 사랑은 두려움을 내어 쫓나니"였습니다. 그런데 전보치는 사람이 실수를 해서 '요한일서'에서 "일"자를 빼버렸습니다. 즉, 요한일서 4장 18절이 요한복음

4장 18절이 되었습니다.

그래서 이 두 사람이 성경 요한복음 4장 18절을 읽어보았습니다. 거기에는 이런 말씀이 있었습니다. "네가 남편 다섯이 있었으나 지금 있는 자는 네 남편이 아니니 네 말이 참되도다".

난 항상 채팅도중 꼭 오타가 나온다. 오늘도 채팅을 하기 위해 채팅방을 찾아 들어갔다. 그 방에는 남자 1명과 여자 1명이 얘기를 하고 있었다. 나의 입장으로 분위기가 썰렁해졌다.

그래서 난 분위기를 바꾸기 위해 저녁 인사를 했다. 그러나 저녁 인사를 하기가 무섭게 난 욕을 많이 먹고는 강제퇴장을 당했다. 내가 쓴 저녁 인사는 …….

"저년 먹었어요?"

이 외에도 우스꽝스런 표현들은 초등학교 학생들의 쓰기숙제에서 많이 발견된다. 잘못된 쓰기로 인한 코믹은 원칙적으로 비의도적으로 어린이가 알지 못하고 쓴 내용이며, 그것도 성애와 관련하여 우스꽝스런 효과를 내는 경우도 있다.

동화의 독후감: "그때 늙은 왕은 화를 내며 말을 타고 떠나갔다. 왕은 다시는 돌아오지 않았다. 그러나 젊고 아름다운 왕비는 왕에게 정절을 지켰으며, 매년마다 그에게 작은 왕자를 한 명씩 낳아주었다."

"회교와 기독교 사이에 차이는 아주 크다. 회교도들은 많은 부인을 가져도 되지만, 기독교인들은 단 한 명의 부인만을 가져야 한다. 이것을 사람들은 '단조로움 Monotonie' ['일부일처제 Monogamie']이라 부른다."

첫 번째 예문에서 코믹한 점은 이 독후감을 쓴 어린이가 "정절을 지키는 것"과 "작은 왕자를 한 명씩 낳는다"는 것과의 상관관계를 모르기 때문에 생긴 것이며, 두 번째 예문에서는 "일부일처제 Monogamie"라는 낱말 대신에 전혀 다른 의미의 낱말인 "단조로움 Monotonie"을 사용하여 코믹이 생겼다. 이러한 코믹을 '비자의적인 유머' [위트]라 부른다.

▌어린이의 위트

어린이의 위트는 두 가지가 있다. 첫째는 어린이들이 직접 만들어서 어린이들에게 이야기하는 위트이다. 둘째는 어린이 입을 빌려서 표현된 위트가 있다. 이 위트는 실제로 어린이들이 하는 말과 같이 유치하고 우스꽝스런 표현일 수도 있고, 외견상으로 보아 어린들의 표현이지만 실제로는 어른들이 만든 코믹한 위트들일 수도 있다. 이 두 가지 형식은 실제에 있어서는 구분하기가 싶지 않다. 어린이의 위트는 어른들의 위트와는 기교적으로나 내용적으로 완전히 다르지만, 이러한 코믹한 표현들이 어른들을 웃게 만든다. 어린들 자신이 직접 만든 위트에는 종종 정곡이 없는 것도 있다. 이러한 위트는 어른들의 위트에서는 거의 다루어지지 않는 주제가 다루어지기도 하며, 이 위트에는 주의력이 산만한 내용들이 많은 것도 사실이다. 이 위트의 또 다른 특징은 거의 공격성이 없다는 점이다. 어린이의 위트가 실제의 사실인가의 여부는 어린이 자신이 직접 만든 것이냐 아니면 어른들이 의도적으로 어린이의 입을 빌려 표현한 것이냐에 달려있다. 어린이 자신은 이러한 위트에 대해서 웃지 않는다. 어린이들은 다만 이러한 위트의 원인제공자일 뿐이기 때문이다. 어린이들에게 우스운 표현들이 항상 어른들에게도 우스울 수는 없다. 여기서는 기교적인 면에서 보아 대부분 이중적인 의미를 갖고 있는 '중의어(重義語)'가 사용되고 있다. 어린이들의 유치한 표현들은 그 표현의 이중적인 의미를 알고 있는 어른들에게만 코믹하다. 이 이중적인 표현들 중에서 단 하나의, 즉 무해한 의미만을 알고 있는 어린이들에게는 코믹하지 않다. 어린이들은 아무것도 모른 채 희극적으로 표현한다. 어린이는 순진하기 때문에 어른들의 세계에서 엄격하게 금지하고 있는 금기사항들도 거리낌 없이 표현한다. 금기사항을 깨뜨리고 심리적 압박을 제거하는 것이 바로 즐겁게 하는 요인이다. 겉보기에 어린이의 위트는 대부분 어른들이 생각한 것이거나 기록한 것이다. 이러한 표현들은 순진한 어린이의 역할을 가장한 것들이다.

> 아버지 머리에 드문드문 흰머리가 나는 것을 보고 어린 아들이 이상하게 생각했다.
>
> 아들: "아빠, 아빠 머리에는 왜 흰머리가 나오는 거예요?"
>
> 아비: "이놈아, 네가 애비 속을 자꾸 썩이니까 속상해서 이렇게 흰머리가 나오는 거지."
>
> 아들: "그럼, 아빠는 할머니 속을 얼마나 많이 썩혀드려서 할머니 머

리가 저렇게 하얗게 됐어요?"

아비: "……."

초등학교 1학년에서 일어난 일이다. 아침에 처녀 선생님이 교실에 들어와서 칠판을 보니 조그맣게 '자지' 라는 글자가 씌어있었다. 선생님은 얼굴을 붉히며 얼른 낙서를 지웠다. 그 다음날 칠판에는 좀 더 큰 글자로 '자지' 가 씌어있었다. 선생님은 이번에도 얼굴을 붉히며 이 낙서도 지웠다. 선생님이 셋째 날 교실에 들어와 보니 더욱 더 큰 글자로 '자지' 가 씌어있었다. 선생님은 이번에도 얼굴을 붉히며 이 낙서를 지우려고 하는데, 학생들이 말한다. "선생님, 그건 건드리면 건드릴수록 커져요."

어린이의 입을 통한 비자의적인 위트는 무엇보다 언어적인 것이 많다. 어린이는 아주 천천히 모국어를 습득하며, 말이나 그 의미들에 대한 인식은 점차적으로 발달하게 된다. 위트에 대한 어린이의 관심은 청소년기로 접어들 때 우연적으로 깨닫는 것은 아니다. 거칠게 표현하면 이미 일곱 살에서 열두 살 때 어휘들을 구분하게 되고, 이때 언어위트에 대한 기쁨도 나타난다. 요사이 우리나라에선 초등학교 학생들도 영어를 배운다. 이때 어린이가 우리말과 영어를 구분하는 것은 결코 쉽지 않다.

영어시간에 선생님이 돌구에게 손가락을 펴 보이며 물었다. "이걸 뭐라고 하지?"

돌구가 "핑거"라고 대답했다. 선생님이 놀라움을 감추며 이번에는 주먹을 쥐면서 물었다. "이건 뭐지?" 그러자 돌구 왈, "오무링거!"

어린이의 위트에는 부모와 아이의 관계에서 권위에 대한 갈등이 나타나고 있다. 많은 어린이의 위트에는 부모나 어른들의 권위에 대해 욕을 하고 있다. 부모의 권위가 현대의 가정에서 점차로 사라져가고 있는 현상은 바로 이러한 위트의 표현들에서 나타나고 있다.

> 아버지와 아들이 함께 목욕탕에 갔다. 먼저 욕탕에 첨벙 들어간 아버지가 말했다.
> "어이, 시원하다! 애, 너도 어서 들어오려무나."
> 아버지를 따라 욕탕으로 뛰어 들어간 아들은 물이 너무 뜨거워서 기겁을 하고 뛰쳐나오며 말한다. "세상에 믿을 놈 하나도 없네."
> '놈'이란 말에 화가 난 아버지가 아들을 마구 때리자 아들이 말한다.
> "때려라 때려! 네 새끼 죽지, 내 새끼 죽나!"
> 목욕을 마치고 나온 아버지가 붕어빵을 다섯 개 사서 아들에게 두 개를 주고 나머지 세 개는 자기가 먹었다. "배부르냐"는 아버지의 말에 아들이 대답한다.
> "두 개 먹고 배부르면, 세 개 먹은 놈은 배 터져 죽겠네."

상당히 오래 전에 유행했던 「목욕탕에 간 아버지와 아들」 위트다. 이 위트는 버전에 따라 몇 가지 상황이 더 설정되기도 한다. 가령 이런 거다. 아들이 오랜만에 착하게 굴자 아버지가 감동해서 용돈을 주려 한다. 이때 아들은, "짜식, 보기보다 순진하네!"로 표현된 것도 있다.

나이가 어리면 어릴수록 더욱 더 비 권위주의적이다. 부모가 아이들에게 회초리로 벌을 주는 것을 반항하는 일도 드물지 않다.

> 아버지가 회초리로 아들을 때리고, 그 이유에 대해서 묻는다. "야 이놈아, 네가 왜 매를 맞았는지 알고 있느냐?" 큰 소리로 울면서 아들이 대꾸한다. "뭐라고요? 아빠는 나를 때리고 그 이유도 모른다니, 말이나 됩니까?"

어린이의 위트에서는 어린이가 부모나 조부모보다 우월한 위치에 있다. 어린이는 가족이라는 제도에 대한 비판가이며, 심지어 아버지나 어머니 또는 친척들이 수행하는 기능들에 대해서도 비판가의 역할을 하고 있다. 이는 어쩌면 어른들이 생각한 것을 어린이의 입을 통해서 표현된 것일 수도 있다.

이와 동일한 것이 학교나 선생님의 권위에 대한 비판에서도 나타난다. 학교위트에서는 수업과 학교와 관련된 거의 모든 것들이 다루어진다.

> 초등학생인 돌쇠가 아픈 담임선생님의 집으로 병문안을 했다. 병문안을 마친 후 돌쇠가 선생님 집을 나오다가 같은 반 학생들을 만났다. 학생들이 선생님의 병환이 어떤지 돌쇠에게 물었다. 돌쇠는 슬픈 표정으로 이렇게 대답한다. "전혀 가망이 없어. 글쎄, 선생님은 내일 다시 학교에 나오신데."

아들: "아빠, 선생님들도 돈을 받는다는 것이 맞아요?"

아빠: "아 그럼, 돈을 받지."

아들: "그건 말도 안 돼요. 고생은 우리가 하고, 그 대가로 선생님이 돈을 받다니."

어린이의 위트에 자주 등장하는 또 다른 소재영역들이 있는데, 이는 다음과 같다. 가) 성적(性的)인 오해 및 성적이거나 분변(糞便)적인 이중의미, 나) 종교적인 오해, 다) 잘못된 결론에서 나온 오류와 논리적인 오류다. 때로는 위의 몇 가지나 모든 영역들이 혼합되어 나타나기도 한다. 그래도 성적인 오해가 가장 많다. 어린이들이 이중적인 의미에서 활용되는 성인언어의 메타포를 비자의적으로 사용함으로써 코믹의 효과가 나타난다. 어린이들은 어른들의 어휘를 천진난만하게 사용하고 있다. 왜냐하면 어린이들은 특정한 말들이 성적으로 사용되고 있다는 것을 모르기 때문이다. 프로이트에 의하면, 천진난만함의 코믹은 심리억제로부터 완전히 벗어나 있을 때 생긴다. 왜냐하면 이러한 심리억제가 존재하지 않기 때문에 천진난만하다. 어떤 사람의 심리가 억제되어 있다면 우리는 이 사람을 천진난만하다고 하지 않고, 뻔뻔스럽다고 말할 것이다. 이런 뻔뻔스런 사람에 대해서 우리는 웃지 않고, 화를 낼 것이다. 프로이트가 제시한 천진난만한 코믹의 예를 요약하여 소개하면 다음과 같다.

12살짜리 계집애와 10살짜리 사내아이 남매가 자신들이 짜 맞춘 극작품을 아저씨들과 아주머니들 앞에서 공연한다. 무대는 해변 가에 있는 한 오두막. 제1막. 가난한 어부[사내아이]와 행실이 좋은 그의 아내[계집애]가 삶의 고달픔과 시원찮은 벌이에 대해 하소연한다. 남편은 자신의 배를 타고 해외로 나가 다른 곳에서 돈을 벌기로 결심한다. 제2막. 몇 년 후, 어부가 큰 돈 보따리를 들고 되돌아 와서, 오두막 앞에서 울면서 자신을 기다리는 아내에게 그가 행운을 잡게 된 경위를 이야기한다. 이때 아내 역시 그 동안 게으르지 않았다고 주장하고, 오두막 안에 누워있는 12개의 큼직한 인형들을 보여준다. 바로 이 장면에서 이 연극은 관객들의 거대한 웃음소리로 중단된다.

위 인용문에서 천진난만함은 부부가 어떻게 하여 아이를 낳는다는 것을 아내의 역할을 한 계집애가 모르는 데에 있다. 이와 같이 천진난만함은, 그 쾌감이 다른 사람을 이해하려고 할 때 생성되는 소모의 차이에서 유래하는 한, 일종의 희극적인 것이 된다. 그리고 비교 시에 절약된 소모가 심리적 억제소모여야 한다는 조건에서 보아 이는 위트와도 가깝다.

두 명의 사내아이들이 만나서 생일선물에 대해서 이야기하고 있다. 한 아이가 묻는다. "너 생일날 어떤 선물을 받고 싶니?" "난, 자전거! 그런데 넌?" 첫째 아이가 대답한다. "난, 탐폰[Tampon: 생리대]!" 다른 아이가 묻는다. "그게 뭔 데?" 첫째 아이: "나도 잘 몰라. 어쨌든 멋진 것임엔 틀림없어. 내가 신문에서 보니, 이것으로 자전거도 탈 수 있고, 스키도 탈 수 있고, 테니스도 할 수 있고, 춤도 출 수 있고, 등산도 갈 수 있다고 해."

에르나(Erna)는 상당히 조숙하고 거친 아이다. 그 때문에 에르나의 어머니는 화도 내고 걱정도 많았다. 그러던 어느 날 에르나는 놀랍게도 그녀의 어머니에게 이렇게 말한다. "엄마, 난 이제부터 '속을 썩이는 아이' (Sorgenkind) 짓은 그만하고, '기쁨을 주는 소녀' (Freuden-mädchen: 창녀)가 되도록 노력할 거야, 응?"

아이들은 부모의 침실을 엿보고, 부모의 말이나 행동을 그대로 따라서 하기도 한다.

어린 사내아이가 그의 누이와 함께 엄마 아빠 놀이를 한다. 이 둘은 침대에 나란히 누워있다. 사내아이가 누이에게 뭔가 속삭인다. 누이가 큰 소리로 대답한다. "당신 미쳤어요? 난 오늘 두통도 있고, 달거리도 있어요. 그런데도 당신이 또 그걸 원하다니!"

이와는 반대로 어린이의 유치한 관점이 어른들의 생활에 전달되기도 한다. 이러한 예에서는 순진무구함이란 개념은 완전히 사라진다.

"엄마, 천사는 날 수 있다고 했지? 그런데 우리 집 가정부는 왜 날 수가 없지?" - "가정부는 천사가 아니기 때문이란다." - "그래도 아빠는 얼마 전에 부엌에서 가정부에게 '나의 천사'라고 하던데." - "그러면 가정부도 날 수 있겠지!"

어느 집 부인이 이틀 동안 친정에 다녀왔다.

집에 오니 꼬마인 아들 녀석이 엄마를 반기며 이런 말을 했다.

"엄마, 어제 무슨 일이 있었는지 알아? 내가 엄마 방 옷장 안에서 놀고 있는데, 아빠가 옆집 아줌마랑 들어오더니 옷을 다 벗고 같이 누워서 ……."

부인이 가쁜 숨을 몰아쉬며 아들을 제지시켰다.

"그만, 그만해라! 너 이따가 아빠 들어오시면 아빠 앞에서 똑같이 얘기하는 거야, 알았지?"

저녁이 되어 남편이 집으로 돌아왔다.

부인이 잔뜩 부어오른 얼굴로 짐을 꾸리면서 말했다.

"난 지금 나갈 테니, 당신은 위자료나 준비하고 있는 게 좋을 거예요."

남편이 의아해하며 물었다.

"왜 그래 당신? 어디 아파?"

부인이 꼬마를 불러다 세워놓고 말했다.

"애야, 너 아까 엄마에게 얘기했던 것 다시 한 번 말해 보렴."

그러자 아들이 이렇게 말하는 것이었다.

"내가 어제 엄마 방 옷장 안에서 놀고 있는데, 아빠가 옆집 아줌마랑 들어오더니 옷을 다 벗고 함께 누워서, 엄마가 우유배달부 아저씨랑 하던 거 그거 했어!"

학교에서 종교시간에 선생님이 말한다. "애들아, 오늘 난 첫 번째 사람이 어떻게 만들어졌는지에 대해 이야기하려고 해." 그러자 제일 뒷줄에 앉아있던 영구가 일어선다. "선생님, 우린 첫 번째 사람보다 세 번째 사람이 어떻게 만들어졌는지에 대해 관심이 더 많아요."

섹스 영역에서 어린이의 영리함은 무지의 가면을 쓰고 등장한다. 이는 대부분 어린이가 조숙한 것이 아니고, 이 '어린이의 위트'를 고안한 어른이 영리하고, 내막을 잘 알고 있는 어른이 어린이의 가면을 쓰고 쓴 것이다. 이러한 위트는 또한 어린이들을 대상으로 하지 않고, 어른들을 대상으로 하고 있다.

최근에 도입된 '성교육' 수업도 학교위트에 많이 등장하고 있다. 성교육 수업에서 선생은 성적으로 조숙한 학생들을 자주 만난다. 이 학생들은 선생이 수업시간에 알려주는 것보다 더 많은 것을 알고 있다.

> 어린 프리츠가 할아버지에게 물었다. "할아버지, 할아버지께서도 전에 학교에서 성교육을 받았나요?" - "성교육, 그게 뭐지?" - "할아버지, 그건 성교에 대한 수업이랍니다. 오늘 우린 클리토리스에 대해서 배웠어요." - "그건 또 뭐지?" 할아버지가 다시 물었다. 프리츠: "할아버지, 그걸 모른다면 어떻게 해요! 그건 성교를 하기 위해 시동을 걸어주는 것이랍니다."

> 돌쇠는 오늘 성교육 수업이 있다고 무조건 새 팬티로 갈아입고 가려고 안달을 한다. 어머니가 아무리 말려도 소용이 없었다. 수업이 끝난 후 집으로 돌아와서 돌쇠는 이렇게 말한다. "새 팬티를 갈아입고 갈 필요가 없었어. 전부 다 이론이었어."

> 성교육 시간에 복태가 선생님에게 질문을 한다.
> "새임요, 남자랑 여자가 그걸 하면 여자가 더 좋다는데 참말인교?"

"자슥아, 생각해 보그라. 손가락으로 콧구멍을 후비면 손가락이 더 시원하겠나 아니면 콧구멍이 더 시원하겠나?"

"알겠심더. 근데 왜 달거리 중엔 피하라카는교?"

"당연하지. 니는 코피날 때 콧구멍 후비나?"

고개를 끄덕이던 복태가 다시 묻는다.

"하나만 더예. 성폭력이 나쁜 제일 큰 이유는 뭐라예?"

"참말로 답답데이 ……. 니는 길거리에서 남이 니 콧구멍 찌르면 좋겠나, 으잉?"

어린이의 입을 통한 코믹한 표현들에서 또 하나의 특징은 어린이의 논리이다. 어린이의 논리는 어른들의 논리와 일치하지 않는다. 많은 어린이들의 표현들은 근본적으로 보아 논리적 갈등을 갖고 있다. 일종의 초 논리라고 할 수 있다.

생물시간에 선생님이 두더지에 대해 설명하고 있다. "두더지는 매일 자신의 몸무게만큼 먹는단다." 영구: "선생님, 질문이 있습니다. 그런데 두더지는 매일 마다 자신의 몸무게가 얼마가 되는지 어떻게 알지요"

선생: "태양과 달 중에서 어느 것이 더 중요할까?"

학생: "달이 더 중요합니다. 태양은 어차피 밝은 낮에 빛을 비추지만, 달은 어두울 때 비추고 있잖아요."

삼촌: 넌 커서 뭐가 되고 싶나?

조카: 난 씩씩하고 용감한 군인이 될 테야!

삼촌: 군인은 전쟁터에서 죽을 수도 있어!

조카: 누구한테 죽는데?

삼촌: 적군한테 죽지.

조카: 그럼, 난 적군이 될 테야!

구조적으로 보아 어린이의 위트에서는 어린이가 주인공이며, 그 적대자로서 어른과 함께 등장한다. 어린이는 어른과 동등한 권리를 갖고 있지 않기 때문에, 이러한 표현에서 어린이는 어른에게 도발하고 결국엔 승자가 된다. 정곡부분에서 어린이는 우월한 자로서 특성을 여실히 보여주고 있다.

▌논리적 오류의 위트

외견상으로 보아 논리적이지만 실제로는 비논리적인 것이 우리를 웃게 한다.

"이봐, 백만장자가 되는 것과 티푸스 환자가 되는 것 중에 어느 쪽을 택하겠는가?"

"그건 물론 백만장자 쪽을 택하는 것이 정상이지."

"하지만 잘 생각해 보게. 백만장자는 반드시 죽지만, 티푸스 환자의 사망률은 13퍼센트밖에 되지 않는단 말씀이야."

"랍비님, 유태인은 의사가 없는 마을에 살아서는 안 된다고 『탈무드』에 씌어있는데, 이 마을에는 돌팔이 의사만 한 사람 살고 있을 뿐입니다. 그래도 상관없을까요?"

"그런 걱정은 하지 않아도 됩니다. 이 마을 사람들은 그 녀석이 진짜 의사라고 생각하고 있거든요. 그러니까 이 마을에 살아도 괜찮은 셈입니다."

"그렇게 말씀하시니 그것도 그렇군요. 하지만 그 녀석은 자신이 돌팔이 의사라는 것을 가장 잘 알고 있을 터이니, 여기서 살 수 없을 게 아닙니까?"

"무슨 말씀을 하는 거요? 그 녀석은 살아도 됩니다. 마을 사람들이 그렇게 생각하고 있다면, 그 녀석도 대중의 소리에 귀를 기울여야 합니다."

너 자신과 같이 너의 이웃을 사랑하라. 왜냐하면 모든 사람은 자기 자신이 가장 가까운 이웃이기 때문이다.

이러한 경우들을 사람들은 논리적 오류의 위트라 부른다. 논리적 사고의 본질은 정확한 정의(定義)에 있다. 다음은 위트를 목표로 한 학문들에 대한 정의들이다.

논리학이란 이해할 수 없는 많은 말로써 자명한 것을 이해할 수 있게 하는 학문이다.

사회학이란 누구나 이해하나 아무도 관심이 없는 대상들을 누구도 이해하지 못하고 모든 사람이 관심을 갖도록 논증하는 기술이다.

정의는 절대적인 객관성과 정확성을 요구한다. 정의가 주관적이고, 정확하지 않고, 비논리적이 되는 즉시 정의의 객관성은 희극적이 된다. 몇 가지 희극적인 정의들에 대해서 알아보자.

영리한 부인은 크레디트로 옷을 입고 현찰로 옷을 벗는다.

정치란 부자들로부터 돈을 가난한 사람들로부터 득표를 획득하는 기술이다. 그것도 각각의 사람들을 다른 사람들로부터 보호한다는 구실로.

광고는 필요하지도 않은 물건들을 사도록 하기 위해 사람들이 갖고 있지도 않은 돈을 주머니에서 꺼내도록 하는 시도이다.

이러한 정의위트는 아주 빈번하게 어린이와 어른 사이의 대화라는 형식으로 비유되어 나타난다. 이 형식은 잘 모르는 개념에 대해서 묻는 것이 어린이의 본질에 속하기 때문에 애호 받고 있다. 어린이의 질문에 대한 어른의 영리한 대답 자체가 위트의 기능을 발휘한다.

어린 아들이 이해하지 못하는 말을 들었다. 아들은 부엌에서 설거지를 하고 있는 아버지에게 물었다. "아빠, 중혼자가 무슨 뜻이지?" -

"중혼자? 중혼자란 설거지를 나보다 두 배나 더 많이 해야 하는 남자란다."

아프리카 밀림 깊숙한 곳에서 어머니와 아들 식인종이 길을 가고 있었다. 식인종 모자는 갑자기 귀가 멍멍할 정도의 소음을 들었다. 아들이 불안해서 어머니에게 바짝 다가와 묻는다.
"엄마, 저건 뭐지?"
"뭐, 별것이 아니야." 엄마는 이렇게 말하고 위로 쳐다본다.
"저건 비행기란다."
"비행기가 뭔데?"
"그건 바다가재와 같은 것이란다. 껍질은 딱딱해서 벗기기가 힘들지만, 그 속에 들은 것은 아주 맛있어!"

낙관론자와 비관론자의 차이가 무엇이냐에 대한 물음과 그 희극적인 대답 역시 널리 알려져 있다. '물이 반 들어있는 컵'을 어떻게 보느냐는 이미 우리에게도 잘 알려져 있다. 낙관론자: "아직도 물이 반이나 있다." 비관론자: "벌써 물이 반이나 비워졌어." 두 사람의 관점의 차이 역시 정의와 관련이 있다.

낙관론자는 그의 결혼을 확고한 기대감으로 기다리고 있는 남자다. 그리고 비관론자는 결혼한 낙관론자이다.

다음은 그 줄거리로 보아 낙관론자 코믹에 속하는 동물우화이다.

두 마리의 개구리가 함께 생크림 단지에 빠졌다. 한 마리는 낙관론자이고 다른 한 마리는 비관론자였다. 비관론자 개구리가 말했다. "나에게 닥친 운명을 난 피할 수가 없어. 이 운명을 벗어나려고 아무리 애써도 소용이 없을 거야." 이 말과 함께 비관론자 개구리는 밑으로 가라앉아 익사했다. 이와는 반대로 낙관론자 개구리는 이렇게 말했다. "나에게 힘이 있는 한, 난 투쟁을 하고 발버둥 칠거야. 어쩌면 모든 일이 다 잘될 지도 몰라." 그리곤 이 낙관론자 개구리는 발버둥을 쳤다. 십오 분, 삼십 분, 한 시간 발버둥 쳤다. 한 시간 사십오 분 후에 이 개구리는 드디어 버터 위에 앉아있었다.

낙관론자와 비관론자의 규정은 구조적으로 보아 재치 있는 비교에 속한다. 비교란 두 가지 또는 몇 가지의 현상들에서 유사점과 차이점을 찾아내는 능력에 근거하고 있는 지적인 행위이다. 그런데 비교가 '절름거리거나' 비교될 수 없는 것이 비교될 때 희극적 효과가 생긴다. 서로 비교되는 대상이 이질적이면 이질일수록, 이 비교는 더욱 더 재미있다. 두 대상을 비교하여 코믹의 효과를 내는 것이 위트라는 것은 이미 알고 있다.

여자는 압지와 같다. 여자는 모든 것을 다 빨아들여서 거꾸로 되돌려주기 때문이다.

여자는 성냥개비와 같다. 너무 적게 문지르면 점화가 되지 않고, 너무 많이 문지르면 손가락에 화상을 입는다.

비교의 위트와 마찬가지로 반대말의 위트도 대중적인 인기를 얻고 있다.

"난 커피를 마실 때마다 잠을 잘 잘 수가 없어."
"나에겐 정반대야. 난 잠을 잘 때마다, 커피를 마실 수가 없어."

옛날엔 소녀들은 부끄러워할 때마다 얼굴을 붉혔어. 그런데 오늘날엔 소녀들은 얼굴을 붉힐 때마다 부끄러워해.

사내아이들은 군인인형들을 가지고 놀고, 계집애들은 예쁜 계집인형들을 가지고 놀아. 세월이 흐른 후엔 그 반대야. 계집애들은 군인들하고 놀고, 사내애들은 예쁜 계집애들하고 놀아.

논리적 모순 역시 논리적 오류의 위트에 속한다. 이러한 논리적 모순을 들을 당시는 별로 이상한 것 같지 않지만 곰곰 생각해보면 그 모순을 이해하게 되고 웃게 된다.

외교관과 숙녀 사이의 차이점은 무엇이지? 외교관이 "예"라고 말하면 "어쩌면"을 의미하고, 그가 "어쩌면"이라고 말하면 "아니요"를 의미해. 외교관이 "아니요"라고 말하면 그는 더 이상 외교관이 아니야. 숙녀가 "아니요"라고 말하면 "어쩌면"을 의미하고, 그녀가 "어쩌면"이라고 말하면 "예"를 의미해. 숙녀가 "예"라고 말하면 그녀는 더 이상 숙녀가 아니야.

어느 날 갑돌이는 회사에서 사장이 색깔이 서로 다른 구두를 신고 있는 것을 보고 의아하게 생각해서, 사장에게 정중히 충고한다.

"사장님, 구두를 짝짝이로 신으셨네요. 한 짝은 갈색이고 다른 한 짝은 검정색이군요. 집에 가서 바꿔 신고 오셔야겠어요."

사장은 잠시 심각한 표정으로 생각하더니 대답한다.

"그게 무슨 소용이 있겠나? 집에 남아 있는 것도 갈색 한 짝하고 검정색 한 짝뿐인 걸."

이와 같이 듣는 사람의 기대감에 어긋나게 하는 위트를 '안티 클라이막스 위트'라고 부른다. 이와 유사한 위트는, 예를 들면 '택시 기사에게 버스정류장을 묻는 것'과 같은, 패러독스 위트에 가깝다. 철학적인 의미에서 패러독스는 '파라 독사 pará dóxa'(의견, 관점, 기대에 반대하는)의 문장을 의미한다. 여기서 '독사 dóxa'란 의견보다 어쩌면 기대감을 뜻한다. 기대감에 반대되는 패러독스는 경악효과를 갖고 있다. 키케로는 패러독스를 "상식에 대하여 분명한 거짓일뿐더러 심오한 진리 mirabilia contraque opinionem omnium"라고 했다. 패러독스는 모든 위트의 근본형식이라고 말하는 사람도 있다. 모든 패러독스 정의에는 의도된 반대의 의미, 의도된 비논리가 숨겨져 있다. 패러독스 위트는 합리적인 것을 패러디하기도 한다.

형제자매가 서로 닮게 보이지 않을 때, 패러독스하다.

뚱뚱한 남편이 마른 부인을 뚱뚱하게 만들고 자기 자신은 마르게 될 때, 패러독스하다.

상당수의 위트들은 '누군가에게 좋은 것이 다른 사람에겐 나쁘다' 라는 구조로 이루어져 있다.

남편이 온천 휴양지에서 건강하게 돌아와서 그의 부인에게 말한다. "여보, 내 류머티즘이 완전히 나았어." 그러자 부인이 나무라는 듯한 목소리로 대꾸한다. "그거 잘 되었네요. 그런데 이제 난 날씨 변화를 어떻게 알지요?"

세균 두 마리가 만났다. "맙소사, 네 모습이 왜 이 모양이야?" 세균 한 마리가 묻는다. 그러자 다른 세균이 대답한다. "난 지금 몸이 좋지 않아." "대관절 어떻게 된 거야?" "페니실린."

인간에게 좋은 것은 세균에겐 나쁘다. 그 반대도 생각할 수 있다.

유명한 여배우가 파리에서 며칠 간 휴가를 보내고 되돌아왔다. 그녀는 아주 값비싼 밍크코트를 입고 있었다. 그녀의 의상을 담당하는 젊은 코디 아가씨가 두 눈을 번쩍이며 반응을 보인다. "아, 정말 멋진 코트군요. 그런데 어떻게 이 밍크코트를 구했지요?" "응, 잘 아는 사람이 사준 거야. 우리가 파리에서 만났을 때 이 남자는 아주 우연히 5000유로밖에 갖고 있지 않았어!"

몇 주일 후 젊은 코디 아가씨가 휴가를 내어 파리로 갔다. 이 아가씨 역시 파리에서 돌아올 때 멋진 밍크코트를 입고 있었다. 여배우는 매우 놀란다. "어머, 이 코트 아주 멋져! 내 거하고 거의 비슷해. 그런데 너 어떻게 이것을 갖게 되었지?"

"당신과 꼭 같은 방법으로 구했답니다! 저도 파리에서 잘 아는 사람들을 만났답니다. 그런데 이 남자들은 모두 주머니에 20유로씩밖에 갖고 있지 않았어요!"

결과가 동일하다고 두 사람이 꼭 같은 일을 한 것일까? 결과는 동일하지만 그 과정까지 동일하진 않을 것이다. 동일한 결과를 서로 다른 입장에서 보면 재미있는 위트가 될 수 있다. 관점의 차이나 입장의 차이가 이러하다.

여: "당신은 예쁜 아가씨를 볼 때마다 당신이 유부남이란 것을 잊고 있지요?"

남: "그 반대야! 그때마다 나에겐 내가 유부남이란 사실이 떠올라."

"저쪽으로 피해, 영구야. 개가 무섭게 짖고 있어."

"너, 짖는 개는 물지 않는다는 것도 몰라?"

"그 정도는 나도 알아. 그런데 말이야, 저 개가 그걸 알고 있을까?"

꼭 같은 데도 같지 않다. 즉, 동일한 것에 대해 서로 다른 판단이나 의미를 부여한다면, 이것 역시 코믹하다.

카를 마르크스를 전공한 유명한 철학자가 죽었다. 죽은 후 그가 성 베드로를 만났을 때, 베드로는 그가 천당으로 가기를 원하는지, 지옥으로 가기를 원하는지 물었다. 철학자가 대답했다. "저는 경험론자입니다. 따라서 저는 둘 다 보고난 후에 결정을 하겠습니다."

지옥에서 그는 거대한 홀 안으로 들어갔다. 그 홀에는 모두 늙은 노인들만 앉아있었다. 그런데 제각각 노인들의 무릎 위엔 그림처럼 아름다운 아가씨가 한 명씩 앉아있었다.

그 후 그는 천당으로 갔다. 그런데 그는 이곳에서도 꼭 같은 것을 목격했다.

그래서 그는 성 베드로에게 천당과 지옥의 차이가 무엇인지 물었다. 베드로의 대답: "아, 이건 응용 변증법이야. 밑엔 아가씨들에게 지옥이고, 위엔 늙은 노인들의 낙원이지."

아주 유명한 불합리한 논리의 문학적인 예는 괴테의 『파우스트 Faust』의 「서재(2)」 장면에서 메피스토펠레스와 대학생과의 토론 장면이다. 그 중에서 한 부분만 예로 제시한다.

메피스토펠레스: 이젠 이런 무미건조한 말투엔 진저리가 나는구나.

슬슬 악마의 본색을 드러내야겠군.

(큰 소리로)

의학의 정신쯤은 쉽사리 파악할 수 있지.

우선 자연계와 인간세계를 두루 연구하고,

다음엔 결국 신의 뜻대로

되어가는 대로 내버려두는 수밖엔 없지.

학문이니 연구니 하며 두루 헤매고 다녀도 소용없는 일일세.

[중략]

더욱이 여자들을 다루는 법을 배워야 하네.

여자들의 아프다, 쓰리다 하는 소리는 그칠 날이 없고,

그것도 각양각색이지만,

꼭 한 군데를 고쳐주기만 하면 되는 법이지.

그리고 자네가 웬만큼 성실하게 해나가기만 하면,

여자는 모조리 자네 손아귀에 들 것일세.

우선 학위를 받아서 여자들에게 자네의 솜씨가,

어떤 의사의 솜씨보다 월등하다는 것을 믿게 해야 된단 말씀
이야.

그리고 다른 친구들 같으면 여러 해 동안을 겉만 만지작거리던,

그런 소중히 여기는 곳을, 잘 오셨습니다 하고 손으로 더듬어보
게나.

맥을 짚어보는 것도 잘 알아서 해야 하네.

그리고 타는 듯한 능청스런 눈길을 보내면서,

얼마나 꼭 졸라맸는지 보아야겠다는 꼴로,

그 날씬한 허리를 대담하게 잡아보란 말일세.

학생: 그 말이 훨씬 알기 쉽습니다. 어디를 어떻게 해야 할 지 알 수
있으니까요.

메피스토펠레스: 여보게, 모든 이론은 회색이요,

푸른 것은 인생의 황금빛 나무란 말일세.

잘못된 논리는 원인과 결과를 희극적으로 만든다.

한 호텔의 지배인은 며칠 전부터 식사 전에 수저를 테이블보에 닦는 한 손님을 유심히 관찰했다. 드디어 그는 이 손님께 다가가서 이렇게 말한다. "저 당신께 부탁이 있습니다. 제발 수저를 테이블보에 닦지 말아주십시오. 그 이유는 첫째, 우리 식당의 수저는 언제나 깨끗하기 때문이며, 둘째 당신이 이렇게 함으로써 테이블보를 더럽히기 때문입니다."

"깨끗한 수저이니 닦을 필요가 없다." 맞는 말이다. 그런데 이 깨끗한 수저를 깨끗한 테이블보로 닦으니 테이블보가 더럽혀진다고?

유태인의 위트들 중에는 논리가 특별한 역할을 하는 위트들이 많다. 안경을 잃어버린 한 랍비의 위트에는 논리적으로 날카로운 수많은 질문들과 답변들이 아주 코믹하게 표현되어 있다.

안경이 어디에도 없다는 것은 안경이 도망을 갔거나 누군가가 가져갔음이 분명해. 참으로 우스워. 안경은 다리가 없는데 어떻게 도망을 갈 수 있어? 누군가가 안경을 갖고 갔다면, 안경을 갖고 있는 사람이 가져갔거나 아니면 안경이 없는 사람이 가져갔을 거야. 안경을 이미 갖고 있는 사람이라면, 안경을 가지고 가지 않을 거야. 안경을 갖고 있지 않은 사람이 이 안경을 갖고 갔다면, 이 사람은 안경을 하나 가지고 있고 볼 수도 있는 사람이거나, 아니면 안경을 하나 가지고는 있지만 볼 수 없는 사람일 거야. 누군가 안경을 가지고 있지도 않고 볼 수도 있다면, 이 사람은 무엇 때문에 안경을 필요로 하지? 그렇다면 안경을 가지고 있지도 않고 볼 수도 없는 사람임이 분명해. 그 사람이 안경도 가지고 있지도 않고 볼 수도 없다면, 안경이 어디에 있는지 어떻게 찾을 수 있어? 안경을 가지고 있고 볼 수도 있는 사람이 안경을 가지고 가지 않았다면, 그리고 안경을 가지고 있지도 않고 볼 수도 없는 사람도 안경을 가지고 가지 않았다면, 발이 없기 때문에 안경이 도망가지도 않았다면, 그 안경은 바로 그곳에 있어야만 해! 그런데 내가 보았을 때 그곳엔 안경이 없었어! 내가 보았다고? 그렇다면 나는 안경을 갖고 있는 거야! 내가 안경을 하나 가지고 있다면, 그건 내 안경이거나 다른 사람의 안경임이 분명해! 어떻게 다른 사람의 안경이 내 코위에 와 있지? 나는 다른 사람의 안경을 갖고 있지 않기 때문에, 이건 내 안경이야! 내 안경이 바로 여기에 있었네!

"내 코 위에 있는 안경이 과연 내 것이냐?" "이 안경이 내 안경이야"라는 결론에 도달하기 위해 이 사람은 지나치게 생각을 한다. 바로 이 지나친 생각의 에너지가 희극적이다. 이 위트는 전형적인 유태인의 위트다. 안경을 찾는 이 위트의 결론은 탈무드를 연상시킨다. 또 다른 유태인의 위트.

유태인과 그리스인이 어떤 문화가 더 고상한지, 유태인의 문화가 더 고상한지 아니면 그리스인의 문화가 더 고상한지에 대해서 논쟁을 하고 있었다. 제각각 자신의 민족문화가 더 고상하다고 주장하고 있다. 그리스인이 말한다. "나는 당신을 설득시킬 수 있는 증거를 가지고 있어요. 삼 년 전에 그리스에서 발굴 작업을 할 때 사람들은 땅 밑에서 철사를 발견했어요. 이건 말이지요, 고대 헬라 시대에 이미 전화가 있었다는 증거랍니다." 이 말을 듣고 유태인이 말한다. "그건 나에겐 아무런 증거가 못 됩니다. 왜냐하면 나는 유태인이 더 높은 문화를 갖고 있다는 것을 당신께 증명할 수 있기 때문이랍니다. 우리나라 요르단 지방에서도 발굴 작업을 했답니다. 사람들은 땅을 파고 팠지만 아무것도 찾지 못했어요. 이건 고대 유태인들이 이미 무선 전신을 잘 알고 있었다는 증거랍니다!"

서양에서 가장 오래된 논리적 오류의 위트는 기원전 약 5세기에 생겨서 넓은 지역으로 확산되었다고 한다. 이 위트는 거듭 새롭게 변형되어 왔다. 이 위트의 최근 버전은 다음과 같다.

두 명의 친구가 음식점에서 멋진 생선요리를 각각 한 마리씩 주문했다. 한 사람이 두 마리의 생선 중에서 약간 더 큰 생선을 먹었다. 그래서 나머지 사람은 어쩔 수 없이 좀 더 작은 생선으로 만족해야만 했다. 두 번째 사람이 화가 나서 첫 번째 사람이 이기주의적이고 예의가 없다고 비난을 한다. 그래서 첫 번째 사람이 묻는다. "네가 먼저 먹는다면 어느 생선을 선택했겠나?" 그러자 두 번째 사람이 이렇게 대답한다. "나야 물론 작은 놈을 선택하지!" 그 말을 듣고 첫 번째 사람이 말한다. "너 대관절 뭘 원하지? 넌 그 작은 놈을 먹었잖아!"

이 이야기 역시 희극적인 논리의 유희를 다룬 것으로서 많은 유태인들의 우스개 이야기 모음집이나 유머 모음집에 거의 예외 없이 실려 있다.

근본적으로 보아 정곡을 벗어나는 위트도 논리적 오류의 위트에 속한다. 왜냐하면 이러한 위트들에서 위트의 논리가 손상을 입기 때문이다.

> 한 장교가 중앙호텔에서 웨이터에게 최근에 유행하는 위트를 이야기해 달라고 했다. 이 웨이터는 그에게 수수께끼 하나를 내었다. "나의 아버지의 아들이지만 나의 형제가 아닌 사람은 누구지요?" "난 모르겠어요." 웨이터는 답을 알려주었다. "그건 나 자신이랍니다." "정말 멋진 위트야. 부대 장교식당에서 내 동료들에게 이 위트를 이야기해야지." 다음 날 저녁에 이 장교는 부대 장교식당에서 이 수수께끼를 물었다. "나의 아버지의 아들이지만 나의 형제가 아닌 사람은 누구지요?" 그의 동료들 중에 한 명이 대답한다. "그 사람은 바로 당신 자신입니다." "틀렸어요. 그 사람은 중앙호텔의 웨이터랍니다!" 이것이 이 장교의 정답이다.

우스꽝스런 논리에 속하는 것으로서는 잘못된 계산법도 있다. 다음은 어느 사장님의 계산법이다.

> 사장님이 한 회사원에게 말한다. "당신은 단지 월급인상 때문에 나에게 왔습니까? 당신은 대관절 명예도 없습니까? 당신이 우리 회사에서 일한 것이 정말로 보잘 것 없다는 것을 알기나 합니까? 내 당신 앞에서 한 번 계산해 보겠소. 일 년은 365일밖에 되지 않지요? 여기서 당신은 매일 8시간씩 잠을 자지요. 이건 총 122일이랍니다. 이걸 빼면

243일이 남는답니다. 그리고 당신은 또 매일 8시간씩 자유 시간을 갖고 있지요. 이것이 또 122일이랍니다. 그러면 이제 121일만 남는답니다. 그리고 당신이 일하지 않는 일요일이 52일이나 된답니다. 그러면 며칠이 남지요? 69일이랍니다. 당신도 계산해 보세요. 그리고 토요일 오후도 당신은 일을 하지 않아요. 그러면 52일의 반을 당신이 쉰다는 말이 되지요. 이건 26일에 해당됩니다. 그러면 43일이 남았지요. 그리고 우리는 매일 1시간의 식사시간을 가집니다. 말하자면 당신은 먹는 데만 거의 16일을 소모하고 있답니다. 그러면 며칠 남지요? 그렇지요. 27일 남습니다.

이 외에도 당신의 14일 동안의 휴가를 빼고 나면, 그 나머지는 13일이랍니다. 그리고 일 년에 12일의 공휴일이 있답니다. 그러면 당신은 하루만 남는다는 것을 알 것입니다. 그런데 아직도 당신이 일을 하지 않는 5월 1일 노동절을 계산하지 않았답니다. 이 날도 당신은 종일토록 쉽니다!

그런데도 당신은 지금 나에게 월급인상이나 추가수당을 요구합니까?"

현실과의 갈등

위트속으로 2
현실과의 갈등

현실을 비현실적으로 일그러뜨리면 우스꽝스럽다. 우리가 거울로 만든 방(오목거울과 볼록거울로 만든 방)에 들어가서 자신을 보면 자신의 모습이 얼마나 우스꽝스러운지 알 수 있다. 오목거울과 볼록거울에 비친 자신의 모습은 현실과 너무나 동떨어져 있어 우리를 웃게 만든다. 이러한 원칙을 활용한 것이 바로 캐리커처이다. 캐리커처는 유명인사 육체의 특정 부위를 의식적으로 과장적으로 강조하여 만들어진다. 즉, 신체의 큰 부분은 더욱 크게, 작은 부분은 더욱 작게, 특징적인 미소는 음흉한 웃음으로, 약간 굽은 코는 매부리코로 강조하여 일그러뜨린다. 어릿광대의 코믹도 이 원칙을 활용한다. 어릿광대는 지나치게 큰 구두를 신거나 그의 대머리를 정상 이상으로 강조한다. 서양의 사육제 가면이나 우리나라의 가면들도 캐리커처의 특성을 갖고 있다. 현실을 지나치게 과장한다는 점에서 보아 과장위트가 이 유형에 속한다. 뿐만 아니라 초현실 위트와 동물 위트 그리고 꿈의 위트와 정체성 위트도 현실과의 희극적 갈등이 표현된 것이 기에 이 부류에 속한다.

▋ 으뜸 패 위트와 거짓말 위트

카드놀이에서 으뜸 패를 쳐서 이기는 것처럼 말로써 하는 유희에서도 최고로 으뜸이 되는 말을 하는 사람이 승리를 하기 마련이다. 이러한 말놀이에는 종종 비현실적으로 과장되거나 현실적인 내용에서도 코믹한 것이 많다. 특히 어린이들이 이 형식을 많이 사용한다.

초등학교 학생들끼리 서로 자신의 집을 자랑하고 있다.
첫째 아이: "우리 집엔 아이들이 세 명 있는데, 모두 다 자신의 은수
저로 밥을 먹어."
둘째 아이: "우린 아이들이 네 명 있는데, 모두 다 자신의 전동칫솔을
가지고 있어."
셋째 아이: "그게 뭐 대단한가? 우리 집엔 아이들이 다섯인데, 제각각
자신의 아빠를 갖고 있어."

한 사냥꾼이 영리한 개에 대해 이야기한다. "워리란 놈은 아주 영리해서 주인의 얼굴만 보아도 주인의 기분이 좋은지 나쁜지 알 수 있답니다. 언젠가 주인이 돈이 없어 침울하게 앉아 있었어요. 이때 워리가 주인의 얼굴을 한 번 쳐다보더니 바깥으로 뛰어 나갔답니다. 얼마 후

에 이 개가 다시 돌아왔는데, 글쎄 이놈의 주둥이에 100유로짜리 지폐 두 장을 물고 있었어요. 이 개는 자신의 개집을 담보로 은행에서 대출을 받아서 온 것이랍니다."

첫 번째 예문이 아이들의 단순한 '으뜸 패 위트'라고 한다면, 두 번째 위트는 현실적으로 있을 수 없는 이야기이다. 이러한 위트를 '거짓말 위트'라고 한다. '으뜸 패 위트'는 어느 틈에 슬그머니 '거짓말 위트'로 넘어가기 마련이다.

중강진 출신의 사람, 함경도 고무산 출신의 사람 그리고 백두산 출신의 사람이 함께 모여 서로 자신의 고향이 우리나라에서 가장 춥다고 자랑을 하고 있다.

중강진 출신: "내 고향 중강진은 겨울이면 얼마나 추운지, 말로는 다 할 수가 없어요. 중강진은 얼마나 추운지 겨울에 밖에 나가 오줌을 누면, 그 오줌이 자지 끝에서부터 고드름처럼 얼어붙기 시작하여 땅에는 한 방울도 떨어지지 못하는 거예요."

함경도 고무산 출신: "내 고향 고무산은 겨울이면 암만 말을 지껄여도 말소리가 들려오지 앙이하오. 말소리가 꽁꽁 얼어붙어 버리니, 무스거 소리가 들려오오. 말을 전연 앙이할 수는 없소. 말이 꼭 필요할 때면 하기는 하오. 그러나 그 말은 겨울 동안에는 공중에 얼어붙어 있다가 이듬해 봄이 돼야만 공중에서 들려오게 되오."

백두산 출신: "내 고향 백두산은 어떻게나 추운지, 겨울이면 방안에

촛불을 켜놓아도 그 촛불이 빨갛게 꽁꽁 얼어붙어요. 그러니까
겨울 내내 촛불을 켜놓고 살아도 촛대 한 가락이 그대로 남아
있어요."

세 명의 화가들이 그들이 그린 그림들을 자랑하고 있다.

첫 번째 화가가 자신이 그린 그림을 자랑한다. "최근에 나는 널빤지
에 대리석 무늬를 그렸는데, 그 그림이 진짜 대리석과 꼭 같았어. 나
중에 내가 그 그림을 물에 던져 넣었더니, 가라앉지 않겠어?"

그러자 두 번째 화가의 자랑도 만만치 않다. "그게 뭐 그리 대단한가?
난 어제 북극을 그린 그림 옆에 온도계를 걸어두었는데, 온도계가 영
하 3도까지 떨어졌다네."

세 번째 화가도 싱긋이 웃으면서 자신이 그린 그림을 이렇게 자랑한
다. "별 것도 아니군! 난 뉴욕의 억만장자의 초상화를 그렸는데, 그 그
림이 얼마나 생동감 있게 그려졌는지, 일주일에 두 번은 면도를 해주
어야만 해."

한 젊은이가 생물학자인 자신의 아버지 자랑을 한다.

"우리 아버지는 유명한 생물학자이신데, 최근에 고슴도치와 지렁이를
교배를 시켰어. 그런데 뭐가 태어났는지 아니? 50m나 되는 철조망이
태어난 거야."

이 이야기를 듣고 있는 그의 친구 역시 자신의 아버지를 자랑한다.

"그래? 그것이 그렇게 대단한가? 나의 아버지는 새끼돼지를 우체통과
교배를 시키는 데 성공했어. 그 후 돼지저금통이 태어났어."

오늘날엔 '거짓말 클럽'이라는 것도 있다고 한다. 미국 캔터기 주에 있는 벌링턴(Burlington) 시에서는 일 년에 한 번 가장 큰 거짓말을 한 사람에게 상을 주기도 한다. 어쨌든 '으뜸 패 위트'에서는 종종 세 사람이 등장하여 제각각 자랑을 한다. 이러한 허풍들은 형식적으로 보아 세 부분들로 나누어져 있고 마지막 부분에 무게의 중심이 있다. 승리하는 세 번째 사람은 종종 미국인이다. 그래서 어떤 사람은 이러한 위트를 '미국인 위트'라고 부르기도 한다. 이러한 위트는 허풍이 대단한 '세일즈맨 위트'와도 유사하다.

두 명의 세일즈맨이 자신의 판매실적에 대해서 허풍을 치고 있었다. 한 명의 세일즈맨이 자신의 실적에 대해서 다음과 같이 자랑을 한다. "난 최근에 전기도 들어오지 않는 집에서 살고 있는 한 부인에게 세탁기를 한 대 팔았어." 그러자 또 다른 세일즈맨은 가소롭다는 듯이 이렇게 자랑한다. "난 최근에 한 남자에게 뻐꾸기시계 하나를 팔고, 거기에다 뻐꾸기 먹이 50kg까지 탁송해 주었다네."

한 비누회사의 세일즈맨이 여자대학 기숙사에 들어가는데 성공했다.
세일즈맨: "이 세탁비누를 옷에 슬쩍 대기만 해도 삼십 년 묵은 때가 빠지죠!"
여대생들은 순진하게 생긴 세일즈맨을 골려주려고 속옷들을 있는 대로 다 꺼내놓고 이렇게 말한다. "어디 얼마나 잘 빨아지나 아저씨가 직접 시범을 보이세요."
얌전한 세일즈맨은 처녀들의 속옷을 군말 없이 다 빨았다.

그걸 본 여대생들은 까르르 까르르 배꼽이 빠지도록 웃는다. 이윽고
속옷을 다 빤 세일즈맨은 가방에서 다른 비누를 꺼낸 뒤에 외친다.
"이번에도 아까처럼 저의 시범을 필요로 하겠죠? 여러분! 이건 목욕비
누입니다."

으뜸 패 위트의 마지막 예로서 유태인들의 이야기를 소개한다.

세 명의 유태인이 그들의 랍비의 기적행위에 대해서 이야기하고 있다.
첫째 유태인: "우리의 랍비님은 진짜 기적을 행하시는 랍비랍니다. 최
    근에 한 건물에서 불이 났답니다. 불이 난 8층 건물 안에는 한
    어린 아이가 있었어요. 이미 전 건물이 화염에 싸여있어서 소
    방대원도 이 아이를 구출하지 못 하고 있었어요. 어린이는 큰
    소리로 울고 있었답니다. 이때 기적을 행하시는 우리의 랍비
    님이 이곳에 도착했답니다. 그리고 이렇게 외쳤어요. '불이여
    이리 저리 갈라져라!' 그러자 불길이 양 쪽 옆으로 비켜 나갔
    답니다. 우리의 랍비님은 불길에 조금도 닿지 않고 이 건물 안
    으로 들어가서 8층 건물에 있는 그 어린이를 구출해 나왔답니
    다. 당신네들은 어떻게 생각하세요?"
둘째 유태인: "우리의 랍비님은 더 큰 기적을 행하시는 랍비랍니다.
    지난해 큰 홍수가 일어났을 때의 일이랍니다. 섬 한 가운데에
    많은 사람들이 살고 있었는데, 이들은 홍수 때문에 육지와는
    완전히 단절되어 있었답니다. 수위가 점점 더 올라와서 이들
    은 모두 익사할 수밖에 없었답니다. 이때 우리의 랍비님께서

오셔서 단 한마디 말씀을 하셨을 뿐이랍니다. '물이여 이리 저리 갈라져라!' 모세가 홍해 바다를 가르고 우리 민족을 구출한 것처럼, 우리의 랍비님은 마른 땅바닥 위를 걸어서 섬으로 건너가서 모든 사람들을 다 무사히 구출했답니다."

셋째 유태인: "모두 다 우리의 랍비님에 비하면 아무것도 아니랍니다. 이분은 정말로 기적을 행하시는 랍비이랍니다. 우리의 랍비님은 아주 절박한 일로 크라카우[Krakau: 폴란드의 한 도시]로 가야만 했었답니다. 그런데 그 날은 바로 안식일이었고, 모든 사람들이 아시는 바와 같이, 우리의 랍비님은 아주 독실한 신앙인이랍니다. 그 분은 안식일엔 아주 절박한 일이 있어도 여행을 해서는 안 된다는 것도 잘 알고 있답니다. 우리의 랍비님은 기차역 플랫폼에 서 있었고, 크라카우로 가는 기차가 이미 그곳에 서 있었답니다. 얼마 후 기관차가 증기를 내뿜고, 차장이 신호를 하자 기차가 막 움직이기 시작했답니다. 바로 이때 우리의 랍비님께서 이렇게 말했답니다. '안식일이여 이리 저리 사라져라!' 그리고 그 분은 크라카우로 가는 기차 안으로 뛰어올라갔답니다."

▌ 초현실 위트와 동물 위트

현실을 과장하고 비틀어서 만든 위트가 으뜸 패 위트라면, 초현실 위트는 초현실적인 현상을 다룬 위트이다. 이 위트에서 코믹은 현실과 초현실과의 희극적인 대비에서 생긴다. 이러한 '대비'에서 생성되는 코믹이나 웃음이론을 우리는 '웃음의 대비이론' 이라 일컫는다. 이 '대비이론' 은 내용적으로 보아 '웃음의 불일치이론' 과 같다. 이 이론을 제일 먼저 주창한 제임스 비티 James Beattie(1735~1803)에 의하면, "웃음은 동일한 집단에서 불일치하게 결합된 것들을 보는 것으로부터 일어나는 것처럼 보인다." '현실과 초현실과의 대비' 가 의미하는 것과 '현실이라는 동일한 집단에서 이 현실과 불일치하는 초현실을 보거나 듣는 것' 자체가 웃음을 유발한다.

초현실 위트란 현실적인 관련에서 보아 현실성이 결여된 것, 즉 현실을 이루고 있는 합리성과 현실성을 따르지 않고 초현실적으로 표현된 위트를 말한다. 현대와 같은 합리주의가 지배하는 기술시대에 현실성이 배제되거나 결여된 모든 것은 희극적인 효과를 낸다.

초현실 위트는 문학과 미술의 '초현실주의' 와 관련이 없다. 이 위트는 문학이나 미술과는 달리 근본적으로 보아 현실적인 가능성을 전혀 고려하지 않은 것은 아니다. 다만 현실적인 것과의 대비에서 코믹할 뿐이다. 초현실 위트들은 거의 동일한 구조를 갖고 있고 형태적으로도 정확하게 규정될 수도 있다. 그러나 현실성에서 벗어난 내용을 다룬 모든 위트들이 다 초현실 위트를 의미하지는 않는다. 초현실 위트에서는 특히 말(馬)이나 개가 많이 등장하고 있다.

> 한 남자가 개와 장기를 두고 있다. 이때 다른 사람이 한 명 와서 이렇게 말한다. "정말 영리한 개입니다!" 이 말에 대해 장기를 두던 사람의 대답. "그렇지 않아요. 이 개는 벌써 두 판이나 졌답니다."

"한 남자가 개와 장기를 둔다." 이 말에는 무언가 초현실적인 것이 아주 분명하게 표현되어 있다. 여기서 경이적(驚異的)이라는 말을 쓴다는 것은 아마 상투적인 표현일 것이다. 이러한 서술 효과는 무엇보다 이 경이적인 사건을 별로 중요하지 않고 아주 자명한 것으로 진술되어 있다는 데에 있다. 이러한 무감각적인 진술 다음에 이 경이적인 사건에 대해서 놀라는 사람이 한 사람 등장한다. 그렇지만 우리를 놀라게 하는 정곡은 대부분 부수적이고 예기치 않은 곳에 있다. 이 위트에서 정곡부분은 "장기를 두는 개"가 아니라, "이 개가 벌써 두 판이나 졌다"라고 설명된 부분에 있다. 지금껏 전혀 들어보지도 못한 사건들을 대수롭지 않게 표현하고, 무언가 우발적인 것에 대해 경탄하게 하는 것이 초현실 위트의 구조다.

> 말 한 마리가 커피 집에 들어와서, 벽 위로 뚜벅뚜벅 걸어가서, 천정 위를 걸어서 지나가 다른 쪽 벽을 타고 내려와서, 커피를 한 잔 주문해서 마신 후, 마침내 커피 잔까지 맛있게 뜯어먹는다. 손잡이만 제외하고. 그 후 이 말은 커피 잔 손잡이를 받침접시 가장자리에 조심스럽게 놓고, 계산을 하고, 친절하게 인사를 한 후 커피 집을 나간다. 한 신사가 놀라서 이렇게 말한다. "세상에, 맙소사! 주인장 나리, 당신 이걸 이해할 수 있어요?" "아뇨!" 주인장이 말한다. "보통 때는 늘 손잡이까지 먹고 간답니다. 이 손잡이가 가장 맛있는 부분이거든요."

모든 초현실 위트가 다 동물 위트들은 아니다. 돌이나 자동차도 말하는 인물로 등장할 수 있기 때문이다. 그리고 모든 동물 위트들도 다 초현실 위트들이 아니다. 동물 위트로서는 코끼리 위트, 앵무새 위트 또는 생쥐 위트들이 있으며, 제각각 나름대로 특색이 있다. 예컨대 코끼리가 자동차를 타거나 나무 위로 올라가는 위트라면, 이 위트는 초현실적인 내용이 혼합된 위트라 할 수 있다. 그럼에도 불구하고 이 위트는 엄격하게 보아 '초현실 위트'에 속하지는 않는다. 그 차이점은 위트의 구조적인 점뿐만 아니라 그 내용에도 있다. 본래의 의미에서 초현실 위트에서는 섹스와 관련된 내용이 다루어지지 않지만, 동물 위트에서는 그렇지 않다.

베르그송에 의하면, "코믹은 진실로 인간적인 것 외에는 존재하지 않는다." 우리가 위트에서 개, 코끼리, 앵무새, 생쥐 등에 대해서 웃는다면, 우리는 이 동물들에서 인간적인 것을 발견하고 웃는 것이다. 따라서 코믹은 대부분 인간들과 인간적인 관련들에 제한되어 있는 경우가 대부분이다. 사물들이나 동물들이 우스꽝스럽게 보이는 것은, 이 사물들이나 동물들이 인간과 유사하거나 아니면 어떤 방법으로든지 인간과 관련이 있기 때문이다.

코끼리 위트는 형식적인 면에서 보아 초현실 위트와 구분된다. 대부분의 현대적인 위트들과 같이, 이 위트도 질문과 대답의 형식으로 되어 있다. 그리고 이 질문이 거의 풀 수 없는 수수께끼와 같기 때문에, 위트를 이야기하는 사람이 그 대답까지 제시하고 있다.

어떻게 하면 빨간색 티코에 코끼리 네 마리를 태울 수 있나?
앞좌석에 두 마리, 뒷좌석에 두 마리.

네 마리의 코끼리가 영화관에 갔다는 것을 어떻게 알지?
영화관 앞에 빨간색 티코가 주차해 있는 것을 보면 알지.

왜 코끼리들은 회색이지?
회색이 날씬하게 보이게 하니까.

코끼리를 작은 자동차에 태우고, 코끼리가 영화관에 간다는 것 등은 '코끼리'라는 표현이 일종에 인간에 대한 '위장(僞裝)된 비유'로 볼 수 있다. 그렇지만 우리가 아무리 좋게 해석을 해도 코끼리는 인간과 같이 행동할 수는 없다. 코끼리 위트는 황당함 또는 엽기적인 것, 즉 부조리하고 그로테스크한 것을 표현하는 것을 목표로 하고 있다. 코끼리 네 마리는커녕 한 마리도 티코에 태울 수 없다. 이런 위트를 듣거나 읽으면 우리는 황당함을 느낀다. 다른 코끼리 위트들 역시 이러한 아연실색함을 목표로 하고 있다.

어떻게 하면 코끼리 한 마리를 냉장고에 넣을 수 있지?
냉장고 문을 열고, 코끼리를 넣고, 냉장고 문을 닫는다.

나무 위에 앉아 있는 코끼리가 왜 나무에서 내려오지 않지?
코끼리가 나뭇잎 위에 앉아서 가을이 올 때까지 기다리기 때문.

다른 유형의 위트에서는 코끼리와 생쥐가 파트너로서 등장하기도 한다.

생쥐와 코끼리가 국경을 넘어가려고 한다. 생쥐는 여권을 가지고 있지만, 코끼리는 여권이 없어서 입국이 거절당했다. 이때 생쥐는 빵 하나를 사서, 두 조각으로 나누어서, 반쪽은 코끼리 이마 위에 붙이고 반쪽은 엉덩이에 붙였다. 이렇게 해서 생쥐와 코끼리가 다시 국경을 넘으려고 시도했다. 생쥐가 세관원에게 말한다. "휴대용 음식으로 샌드위치를 가지고 가는 것은 허락이 되지요?"

이러한 코끼리 위트는 무엇을 의미하는가? 이러한 난센스의 위트도 심오한 의미가 있는가? "코끼리들은 늘 실제보다 훨씬 작게 묘사되는 것이 코끼리의 운명이다." 조나탄 스위프트 Jonathan Swift의 말. 물론 이 말로써 코끼리 위트를 설명하기엔 부족하다.

동물 위트에서도 인간의 사회적 갈등이 반영되어 있다. 위트에서 코끼리는 슈퍼맨의 화신, 그것도 불안감을 주지 않는 슈퍼맨의 화신이다. 많은 동물들의 이야기들에서처럼 작고 힘이 없는 동물들이 크고 강한 동물들보다 지적으로 우월한 것으로 표현된다. 코끼리는 거대함의 상징이다. 그러나 동화에서처럼 코끼리는 술수가 많은 작은 동물들에게 패배하거나 기만을 당한다. 거대한 코끼리는 생쥐의 샌드위치 가운데에 넣는 고기 조각에 불과하다. 위트를 만드는 사람은 생쥐가 코끼리를 이기도록 만든다. 이렇게 본다면 코끼리 위트는 불안과 열등의식 콤플렉스를 아주 하찮은 것으로 만든다. 어쩌면 코끼리는 일종의 아버지의 모습이라고도 볼 수 있다. 생쥐의 상징이 아이의 모습이라면. 아이의 상징인 생쥐가 아버지의 상징인 코끼리를 골려주거나 이기게 될 때, 아이들은 우월감을 갖게 된다. 어린이들과 청소년들이 이러한 코끼리 위트에 대해 열광을 하고 있는 이유가 여기에 있는지도 모르겠다. 왜냐하면 어린이들과 청소년들은 코끼리를 이기는 생쥐와 자신을 동일시할 수 있기 때문이다.

이는 물론 코끼리 위트의 한 가지 측면일 뿐이다. 코끼리의 또 다른 이미지는 말(馬)과 같이 강력한 정력을 가진 동물이다. 왜냐하면 코끼리의 성기가 아주 거대하며, 때로는 코끼리 코 역시 성기로 오해되기 때문이다.

아프리카에서 사파리 중에 사고가 일어났다. 사파리를 하던 남자들 중에 한 명의 중요한 신체 부위가 잘려나갔다. 외과의사로부터 수술을 받기로 되어 있었지만 그 부위를 대체할 것이 없었다. 결국 외과의사는 그 대체물로서 코끼리 코를 그곳에 봉합했다. 그 후 모든 것이 순조롭게 잘 되었다. 사파리를 마친 사람들은 모두 유럽으로 되돌아갔다. 일 년이 지난 후 이 외과의사는 이 환자를 다시 만나서 그 수술이 만족스러운지 물었다. "예, 대단히 만족스럽습니다." 이 사람의 대답이다. "그런데 파티에 초대받았을 때 탁자 위에 땅콩이 있으면, 무언가 기분이 이상하답니다."

또 다른 부류의 코끼리 위트에는 코끼리가 아주 작은 생쥐의 섹스 파트너로 묘사되고 있다.

생쥐 수놈과 코끼리 암놈이 결혼을 했다. 얼마 후 이들은 드디어 새끼를 낳기로 합의를 했다. 이들은 사과나무가 있는 곳으로 갔다. 생쥐 신랑은 나뭇가지 위에서 조심스럽게 코끼리 신부 위로 뛰어내리려고 시도한다. 이때 갑자기 사과 한 개가 코끼리의 머리 위로 떨어졌다. 코끼리는 아프다고 큰 소리로 외친다. 이때 생쥐 신랑이 하는 말. "자기, 미안해. 처음엔 모두 다 약간은 아프단다."

왜 코끼리는 네 개의 다리(four feet)를 갖고 있지?
답: 6인치(6 inches)보다 낫잖아.

코끼리 위트와 같이 앵무새 위트 역시 부분적으론 섹스 위트에 속한다. 앵무새가 말을 한다는 것 자체는 별로 우습지 않다. 그러나 앵무새가 이미 배운 말이 예의바르지 못하거나, 이런 말을 부적절한 상황에서 하게 된다면, 이는 코믹하다. 바로 여기에 앵무새 위트의 정곡이 있다. 앵무새의 주인이 바뀐다는 것이 앵무새 위트의 구조를 이루는 경우가 많다. 다시 말한다면 앵무새가 옛 주인에게서 배운 말이 새 주인에게는 전혀 부합하지 않는다는 것이 대부분의 설정이다.

한 목사가 앵무새 한 마리를 사려고 한다. "이 앵무새는 점잖지 않은 말은 하지 않겠지요?" "그야 물론입죠!" 주인이 확언을 한다. "이 앵무새는 아주 성스러운 새랍니다. 여기 앵무새의 다리에 묶여있는 실이 보이지요. 이 실을 당기면, 앵무새가 주기도문을 외운답니다. 그리고 다른 쪽 다리에 묶여있는 실을 당기면, 이 앵무새는 시편 23편을 외운답니다." "아주 좋습니다." 목사는 기분이 좋아 이렇게 묻는다. "그러면 두 개의 실을 한꺼번에 당기면 어떻게 되지요?" 이때 앵무새가 목쉰 소리로 대답한다. "어떻게 되긴 뭐가 어떻게 돼! 멍청한 놈 같으니! 그러면 난 똥구멍에 불이 나게 넘어지지!"

여기서 모든 동물들의 위트들을 다 열거하는 것은 불가능하기도 하며, 또한 무의미하기도 하다. 이 외의 동물위트들로서는 원숭이 위트, 기린 위트, 황소 위트, 개와 고양이 위트, 생쥐 위트 등이 있다. 이 동물 위트들은 대부분 섹스와 관련이 있다.

"여보게 친구, 오늘 이 수고양이에게 대관절 무슨 일이 있었나?" 한 정원사가 옆집 정원사에게 묻는다. "글쎄 이 수고양이가 미친놈처럼 온 정원을 뛰어다니고 있어." "아, 그 고양이 어제 수의사에게 데리고 가서 거세를 시켰어. 아마 그놈은 오늘 암고양이들과의 약속을 취소한다고 그럴 거야."

한 열차 객실에서 젊은 남자가 개를 무릎 위에 앉히고 있는 젊고 매력적인 숙녀와 마주보고 앉아 있다. 드디어 이 젊은 남자는 이런 말로써 대화를 시작한다. "제가 저 개라면 아주 행복하겠습니다." 젊고 매력적인 숙녀가 미소를 지으며 대답한다. "저는 당신이 그렇게 되지 않길 바랍니다. 저는 지금 이 개를 거세시키기 위해 수의과 병원으로 가는 길이랍니다."

동물에게도 인간 세계와 같은 일들이, 그것도 섹스 영역에서도 꼭 같이 일어난다는 점에, 그리고 아주 비인간적인 일인 '거세'가 주제로 다루어지고 있다는 점에 코믹이 있다. 이렇게 함으로써 인간의 상황을 동물계로 바꾸는 데 무언가 비정상적으로 절름거리게 된다. 이것이 우리를 웃게 한다. 동물 위트는 동물들이 인간과 같이 행동하는 우화와는 다르다. 동물 위트에서는 어떤 방법으로든지 현실과의 갈등이 발견되기 때문이다.

인간은 인간적으로 말하고 인간적으로 행동하는 동물에게서 자기 자신을 재발견할 수 있다. 어떤 특정한 동물 위트들은 소외효과를 더욱 고조시킨다. 이런 위트들의 정곡은 동물이 동물적으로 행동하는 인간을 보는 데 있다.

> 인간이 바퀴를 발명했을 때, 100개의 발을 가진 지네가 말했다. "아흔여덟 개의 다리가 부족한 백치들의 보상 행위야."

위트에서 동물들은 이 동물들이 자연적인 동물로서 본능적으로 행동하지 않을 때야 재미가 있다. 동물들이 심사숙고를 하거나 의식적으로 말하고 행동할 때, 즉 인간적인 방법으로 행동하고 반응을 할 때야 비로소 위트의 효과가 나타난다.

> 색골계라는 정력이 엄청난 장닭이 있었다. 농장에 있는 암탉은 혼자서 다 건드리고, 닭뿐만 아니라 개도 건드리고 소도 돼지도 안 당한 동물이 없었다. 모든 동물이 경탄을 하였고, 주인아저씨도 혀를 내둘렀다. 이제는 이웃 농장에까지 원정을 가서 위력을 과시하고 새벽에 이슬을 맞고 초췌한 표정으로 집으로 돌아오곤 했다. 주인아저씨는

걱정이 되어서 말했다.

"색골계야, 너무 밝히면 건강을 해친단다. 그러다가 오래 못살까 걱정이구나! 젊은 시절에 정력을 아껴두어야지, 그러다가 내 꼴 난다."

"아저씨, 괜찮아요. 제 방식대로 살겠어요."

그러던 어느 날 낮에 농장 뒤뜰에서 색골계가 쓰러져 있었다. 숨은 쉬지만 눈을 감은 채 쭉 뻗어서 죽은 듯이 움직이지 못했다.

주인아저씨는 놀라서, "아이구, 색골계야! 결국 이렇게 됐구나. 내 말을 안 듣더니..."

그러자 색골계는 누운 채로 주인에게 말한다.

"쉿! 저리가요. 독수리를 기다리는 거예요."

▌꿈과 정체성의 위트

꿈의 위트 역시 초현실 위트에 속한다. 현대의 위트에서는 아주 의도적으로 무의식의 영역을 활용한다. 이 위트는 넓은 의미에서 꿈을 포괄하고 있다. 의식적인 것과 무의식의 대비가 코믹으로 표현되고 있다.

한 부인이 무시무시한 악몽을 꾸었다. 덩치가 크고, 시커먼 얼굴에다 난폭하게 보이는 괴물 같은 한 사내가 침대 밑에서 기어 나와, 그녀 앞에 벌떡 일어나서, 위협적으로 그 시커멓게 큰 얼굴을 그녀의 얼굴 앞에 들이댄다. 이 부인은 놀라서 소스라치게 외치며 침대에서 빠져 나온다. "아이쿠 어머나! 사람 살려! 당신 대관절 원하는 게 뭐요?" 그러자 둔탁한 저음의 목소리가 이렇게 말한다. "나한테 그 이유를 물어야만 합니까? 조금 전에 당신이 내 꿈을 꾸었잖아요!"

어느 날 최불암이 꿈을 꾸었는데, 꿈속에서 "7"이라는 숫자가 온 천
지를 떠다니고 있었다.

그때 잠에서 깨어나서 시계를 보니 시계는 정확하게 7시를 가리키고
있었다. 그날은 7월 7일이었다. 최불암은 무언가 좋은 일이 일어날
것 같은 예감을 갖고 밖으로 나간다. 그때 밖에는 777번 버스가 최불
암 집 앞에 정차해 있었다. 최불암은 좋은 예감으로 777번 버스를 탄
다. 한참 가다가 경마장 앞에서 버스가 멈춘다. 최불암이 경마장으로
들어가니 말들이 대기하고 있는데, 말의 숫자도 딱 7번까지, 그러니
까 7 마리가 있지 않는가.

그 순간 최불암은 '그래, 이거야!' 라고 생각하고 갖고 있던 전 재산을
7번 말에 올인을 한다.

그런데 경주가 끝난 후 최불암은 기절했다. 그 말이 7등을 한 것이다.

「부인의 악몽」에서는 한 부인의 평상시 무의식적으로 바라던 것이 꿈
으로 표현된 것이라면, 「최불암의 777」에서는 꿈속과 현실에서의 행운의
예감이 실제에 있어서는 전혀 일치하지 않음을 보여주고 있다.

'나'의 정체성이나 '너'의 정체성에 대한 위트들도 현실적인 갈등을
표현한 위트들에 속한다. 이러한 위트들에서는 '나' 또는 '너'가 거의 정
신분열증적으로 나타나고 있다. 그러나 이 위트들은 근본적으로 보아 '정
신병 위트'와는 차이가 있다.

한 폴란드인이 갈리치엔 시의 한 호텔에서 장군 한 명과 한 방에서 잠을 잤다. 그는 아침 6시에 호텔주인에게 깨워달라고 부탁하여 깨어 났다. 어둠 속에서 일어나서, 급히 옷을 입고, 그는 자신의 중절모 대신에 장군의 군인 모자를 썼다. 역으로 가는 길에 그는 갑자기 무언가 이상한 느낌이 들어 모자를 한 번 만져보고 크게 놀라서 외친다. "이런 맙소사! 그 호텔주인이 나를 깨우지 않고 장군을 깨우다니!"

장군 모자를 쓴 나는 누구인가? '나'는 '나'가 아니라 '장군'이다. 모자의 싱징성이 아니라 '나'의 정체성이 문제다. 이 위트의 "폴란드인"과 같이 '나'의 정체성에 대한 내용은 『명엽지해(蓂葉志諧)』에도 실려 있다.

옛날 어떤 중 하나가 죄를 짓고 멀리 귀양살이를 가게 되었는데, 그를 압송하는 아전이 중도에서 쉬게 되었을 때, 중이 추로(秋露)라는 좋은 술을 사서 아전에게 권하였다. 아전은 그 술을 마시고 크게 취하여 땅에 꺼꾸러졌다.
중이 이때를 기다렸다가, 아전의 수염을 깎아 버리고, 자기 고깔을 벗어 씌우고, 가사를 끌어 입힌 다음, 취한 아전을 끌고 떠났다. 한참 만에 술이 깬 아전이 자기 몸을 여기저기 살펴보고는 한다는 소리가, "아니, 중은 분명 여기 있는데, 내 몸뚱이는 어디로 가버렸단 말이냐?"

정체성의 위트에서는 '나'의 정체성뿐만 아니라 '너'의 정체성도 다루어지고 있다.

쌍둥이 형제 중에 한 명이 최근에 죽었다. 살아남은 사람이 오래 전부터 잘 알고 있던 한 친구를 만났다. 이 친구가 묻는다. "심심한 애도의 뜻을 표하네! 내가 듣기엔 너의 형제 중에 한 명이 죽었다던데, 사실인가? 그 죽은 사람이 너의 형제였나? 아니면 자네였나?"

대화의 상대자인 '너'의 정체성 문제는 위의 예문에서 보는 것처럼 쌍둥이 형제들이 많이 다루어진다. 베르그송은 '정체성'의 문제를 "희극적 부조리성"으로 설명하고 있다. 그 예로서 그는 마크 트웨인의 인터뷰 내용을 소개하고 있다. 그 내용은 다음과 같다.

"형제가 있습니까?" "그럼요. 우린 그를 빌이라고 불렀어요. 가엾은 빌!" "그분이 죽었나요?" "바로 그 점을 우린 아직도 정확하게 알 수 없답니다. 이 사건은 거대한 비밀로 싸여 있어요. 우린 쌍둥이었어요. 죽은 사람과 나는. 우리가 태어난 지 2주일 되었을 때, 우린 함께 목욕통에서 목욕을 했답니다. 그때 우리들 중 하나가 물에 빠져 죽었어요. 그런데 그게 누군지 결코 알 수 없었답니다. 어떤 사람들은 그 애가 빌이었다고 생각했고, 다른 사람들은 '나'였다고 생각했답니다. 이상하지요! 그러면 당신은 어떻게 생각합니까? 들어보세요. 내가 아무에게도 털어놓지 않은 것을 당신에게 밝힐 테니까. 우리들 중 하나는 왼쪽 손등 위에 유별난 특징을 하나 갖고 있었는데, 그건 큰 반점이었어요. 이 반점을 가진 사람이 바로 저랍니다. 그런데 이 아이가 물에 빠져 죽었어요."

또 다른 한 예는 다음과 같다.

> "내가 당신을 멀리서 보았을 때, 에팅어 교수님, 저는 당신의 형님인 서점주인 에팅어 씨인 줄 알았답니다. 그런데 당신이 좀 더 가까이 오니, 역시 당신이라는 것을 알았답니다. 그런데 지금 보니 당신은 당신의 형님이군요!"

풍속 및 윤리적 갈등

풍속 및 윤리적 갈등

우리는 이미 언어위트 장에서 '규범이 손상되거나 위배된 곳에서는 어디에서나 코믹이 발생한다'는 것과 "현재의 규범 담론은 한 사회의 구체적인 삶에서 마땅히 따라야 할 관행적인 기본 원칙들이라는 전제하에서 논의되고 있다"는 것도 알아보았다. 규범이 손상되거나 위배된 곳은 참으로 광범위하다.

이 장에서는 넓은 의미에서 그 내용이 풍속의 규범에 손상되거나 위배되는 모든 위트들에 대해서 다루려고 한다. 깨끗함, 사유재산의 보호, 일부일처제, 몸과 삶의 안전, 노인의 존중, 약한 사람을 도와주는 마음, 이웃사랑, 슬픔을 당하거나 고통을 받는 사람을 고려함, 고인(故人: 죽은 사람)에 대한 존중 등이 일반적인 윤리규범에 속한다. 무례한 위트에서는 이러한 윤리규범에 위배되는 표현들이 사용되고 있다. 우스개 이야기 영역에서는 사유재산 보호에 대한 범죄, 즉 교활한 도둑들, 강도들, 사기꾼, 건달들의 이야기들이 많다. 예를 들면 '봉이 김 선달 이야기', '정수동 이야기' 등에서는 교활한 술수로써 다른 사람의 사유재산을 빼앗는 것이 그 내용이다. 위트의 영역에서는 '섬뜩하고 음산한 위트'와 '블랙 유머' 그리고 다른 사람의 불행을 보고 기뻐하는 것뿐만 아니라, 분변(糞便: 똥오줌)적인 배설물 위트, 섹스 위트 등이 이 범주에 포함된다.

▌섬뜩하고 음산한 위트와 블랙유머

음산한 위트와 그로테스크한 위트 사이에는 차이가 있다. 음산한 위트는 죽음과 관련이 있고, 그로테스크한 위트는 대부분 성적인 생활과 관련이 있다. '블랙유머'는 최근에 고안된 말이다. 음산한 코믹의 주제는 옛날의 우스개 이야기와 오늘날 유행하는 위트와의 사이에 다리역할을 한다. 웃음과 섬뜩함의 혼합은 우리가 잘 아는 다른 장르에서도 나타난다. 흡혈귀 영화나 드라큘라 영화가 바로 그것이다. 서양에서 19세기 장돌뱅이 가인(歌人)도 살인 이야기들과 섬뜩한 행위들, 천재지변과 처형들에 대해서 노래했었지만, 희극적으로 다루지는 않았다. 그러나 이 장돌뱅이의 노래를 코믹하게 다룬 패러디가 없지는 않았다. 장돌뱅이 가인들의 노래와는 전혀 관련이 없지만, 19세기 음산한 코믹이나 그로테스크한 유머의 가장 좋은 예는 무엇보다 빌헬름 부쉬 Wilhelm Busch(1832~1908)이다. 우리는 현재도 그의 시(詩)와 그가 그린 스케치를 보고 웃는다. 하지만 우리는 부쉬가 묘사하고 그린 시와 그림이 무해(無害)하기 때문에 웃는 것은 아니다. 그 반대다. 빌헬름 부쉬의 시나 그림들은 우리를 섬뜩하게 느끼게 하거나 그로테스크한 것들이다. 그에게는 무시무시한 것이 일상적인 것으로 묘사되거나, 아니면 죽음 자체가 즐거운 것으로 표현되고 있다.

> "와우" 자우어브로트 씨가 외치네,
> "와우, 내 마누라가 죽었어!
> 저 안 옆방에
> 마누라는 촛불 아래에서 영면하고 있어 …"

위의 주제와 유사한 위트가 한국에도 널리 유포되고 있다.

> 아내 앞에만 서면 늘 작아지는 사내가 하루는 길을 가다가 이상한 장례행렬과 마주쳤다. 상주인 듯 보이는 한 남자가 씩씩거리는 개 한 마리를 끌고 행렬 맨 앞에 서 있고, 그 뒤에 가족들, 또 그 뒤엔 남자 200여명이 줄지어 따르고 있었다. 사내가 상주를 붙잡고 묻는다. "누가 돌아가셨나 봐요?" "내 마누라요." "어쩌다가 …." "글쎄, 우리 집 개가 자기 주인도 몰라보고 콱 물어버렸지 뭐요!" 순간 사내는 귀가 번쩍 뜨였다. "그 개 좀 빌려 주실 수 없겠습니까?" 그러자 상주가 행렬의 맨 끝을 가리키며 말한다.
> "저기 맨 뒤에 가서 줄 서요."

> 한 할머니의 장례식 날이었다. 할아버지는 옆에서 침울한 표정으로 걸어갔고, 아들들이 관을 들고 장례식장을 나가다가 실수로 벽에 부

덮쳤다. 그러자 관 안에서 소리가 들렸다. 관을 열자 할머니가 살아있는 것이 아닌가.

할머니는 그 후로 10년을 더 살았다. 10년 후 다시 할머니의 장례식 날이었다. 아들들이 관을 들고 장례식장을 나가는데 옆에서 할아버지가 소리친다.

"벽 조심해!"

아리스토텔레스의 웃음의 정의인 '무해성의 원칙'은 블랙유머에는 통용되지 않는다. 경악하게 함으로써 익살스럽게 하고, 시체를 나무토막과 같이, 산 사람을 죽은 시체와 같이 다루는 것이 블랙유머의 본질이다. '블랙유머'(black humor/ schwarzer Humor)는 거의 정의하기 힘들고 그 정의 자체에 모순이 많다. 그리고 '블랙유머'에서 '유머'는 본연의 의미에서 유머보다 위트에 가까운 개념이다. '블랙'(검다)이란 말은 슬픔, 절망, 죽음, 죄와 악을 의미한다. 이와는 반대로 '유머'는 모순되는 것, 불쾌감을 일으키는 것 등으로부터 벗어나게 하는 웃음으로써 화해시키는 기능을 갖고 있다. 이렇게 본다면 블랙유머는 '블랙'에 대한 유머일 수도 있다. 어쨌든 '블랙'과 '유머' 사이엔 그 자체에 모순이 되는 거대한 심연(深淵)이 놓여있음이 분명하다. 블랙유머란 실존의 위협, 불안, 섬뜩함과 역겨움, 신성(神聖)한 것에 대한 두려움, 외경, 죄의식, 절망 등의 고통스런 감정을 면하게 함으로써 갖게 되는 쾌감획득으로 생긴다. 사람은 더 이상 참을 수 없는 한계점에 도달했을 때도 웃는다. 이때 무서움을 일으키는 것이 코믹으로 변한다. 이는 공포영화를 보는 관객들에게서 알 수 있다. 또 다른 이유는 죽음에 대한 금기사항을 깨뜨리는 것에서 희극적 효과가 있다고 보는 점이다. '죽다'라는 말은 일반적으로 보아 금기의 표현이다. 이 말의 긍정적인 의미로는 '돌아가시다'. '별세하시다'(세상을 떠나시다), '하늘나라로 가다', '서거하다', '소천하시다'(하늘의 부름을 받다) 등으로 표현되고, 부정적인 의미로는 '뒈지다', '거꾸러지다', '골로 가다', '황천길을 가다', '귀신이 잡아가다' 등의 표현들이 있다. '죽다'라는 말을 대신하는 표현들이 이렇게 많다는 것은 바로 '죽다'라는 말이 금기의 말이기 때문이다. 따라서 우리는 이 금기의 말 '죽다'를 피하여 에둘러 표현하는 것이 보이지 않는 규범을 지키는 것이다.

죽음의 여러 종류들을 활용한 음산한 위트에서는 '식인종', '살인' 등의 주제가 다루어지고 있다. 그리고 이 주제에는 '존속 살인'(가족이나 부인의 살인)과 자살이 많이 다루어지고 있다.

> 한 남자가 집에 돌아오니, 그의 부인이 마지막 숨을 헐떡이며 누워있다. 신음을 하며 부인이 말한다. "당신에게 고백할 것이 있어요. 삼일 전에 당신을 배반했어요." 남편의 대답: "나도 알고 있어요. 그 때문에 당신에게 독약을 먹였어요."

> 두 친구가 오랜만에 만나서 서로 잘 아는 사람에 대해서 말하고 있다. "너, 요사이 만득이가 어떻게 지내는지 아는가?" - "응, 그 녀석 세 번째로 홀아비가 되었다고 해." - "그래? 첫째 부인은 어떻게 죽었지?" - "버섯중독으로." - "그럼 둘째 부인은?" - "역시 버섯중독으로!" - "맙

소사, 셋째 부인도 그러면 …?" - "아니야. 셋째 부인은 두개골 타박상으로 죽었어!" - "사고 때문인가?" - "아니야, 그 여자는 버섯을 먹지 않으려고 했기 때문이라고 해."

현대의 버전에는 자살도 코믹한 행동으로 다루어지기도 한다.

"헤어지자는 당신의 편지를 보았을 때, 난 더 이상 살고 싶은 마음이 없었어. 권총으로 자살이라도 하고 싶었어. 그런데 권총을 살 돈이 없었어." "여보, 그랬다면 귀띔이라도 하시지요! 그 정도의 돈은 있는데!"

음산한 위트의 대표적인 것이 있다면 바로 '식인종 시리즈'일 것이다. 사람이 사람을 잡아먹는다는 것 자체가 이미 오늘날의 사회적 규범에 어긋난다. 다른 관점에서 본다면, 이 '식인종 시리즈'는 어쩌면 풍속과 욕구 사이의 갈등에 대한 좋은 예가 될 수도 있다.

식인종들이 함께 만나 야유회를 갔다. 모든 식인종들이 도시락을 하나씩 지참했다. 다리 한 쪽, 잘 익혀 온 갈비짝, 등등이다. 한 식인종은 유골단지를 가지고 왔다. 다른 식인종들이 놀라서 물었다. "그게 뭐지?" "너희들 이것도 몰라? 이건 최근에 유행하는 '분말 인간'이야! 더운 물에 타서 마시면 맛이 그만이야!"

식인종에게 잡혀 온 백인에게 한 식인종 요리사가 물었다. "당신 몸무게는 얼마지요? 요리하는 시간이 얼마나 걸리는지 알려고 ……."

오늘날 유행하는 위트는 국제적이며 빠른 시간 내에 넓은 지역으로 확산된다. 1950년대와 60년대에 미국에서 새로운 형식의 음산한 위트(sick jokes)가 유행한 적이 있었다. 이 유형은 죽어가는 사람에게 무례하거나 정신적으로 섬뜩하게 만드는 위트들이다. 그 변형들은 이렇다.

영구 아저씨는 아주 중병을 앓고 있었다. 그를 진찰한 의사가 진지한 얼굴로 아주머니에게 부탁했다. "당신 남편은 오래 살 수 없을 것 같습니다. 그가 원하는 것은 다 들어주세요!" 그 후 아주머니가 아저씨에게 물었다. "당신 뭐 특별히 바라는 것 있습니까?" 영구 아저씨는 눈을 번쩍 뜨면서 속삭였다. "코냑, 한 병 통째로!" 아주머니는 값비싼 코냑 한 병을 가져와서 이렇게 말한다. "딱 한 잔만 마셔요. 나머진 당신 장례식 날 손님들 접대용으로 남겨둬요!"

엄마가 어린 사오정에게 말한다. "할머니가 아주 많이 편찮아. 할머니께 가서 뭔가 다정한 말을 하고 오렴!" 사오정이 할머니 침대로 다가갔다. "할매, 할매 장례식 때 내가 피리를 불어 줄까?"

죽은 사람을 존중하는 것 역시 사회적인 규범 중에 하나다. 이 규범을 지키지 않는 것도 일반적으로 금기사항이다. 이러한 금기사항을 깨뜨리는 것도 음산한 위트에 속한다.

살아생전에 아주 게으름을 많이 부렸던 한 남자가 죽었다. 장례사가 고인의 부인에게 물었다. "매장을 하시겠습니까 아니면 화장을 하시겠습니까?" 부인이 대답했다. "화장해 주세요. 그리고 그 재를 집으로 갖다 주세요." 부인은 생전에 일하기를 몹시 싫어했던 남편의 재를 받아서 이 재를 모래시계 안에 부으며 이렇게 말한다. "자, 당신 지금부터라도 일을 해요!"

▌분변적인(똥오줌의) 위트

배설물 위트나 항문위트는 청결함의 규범에 위배되는 것이다. 그리스어의 "skor"나 이 말의 2격 "skatos"는 똥이나 오물을 의미한다. 이 위트는 예의바르지 못한 표현, 특히 인간의 배설물과 관련된 금기를 깨뜨리는 것이다. 배설물 위트는 아주 비속하고, 불결하며, 더럽다. 이 분변적인 위트는 구토증을 일으키는 다른 위트들도 포함하고 있다. 이러한 위트의 기능은 서로 식욕을 잃게 하는 데 있다. 일반적으로 보아 똥이나 오줌과 관련된 언급은 아주 세련되지 못한 표현들이며, 이를 듣거나 읽고 웃는 웃음소리도 아주 크다. 다음은 정비석의 『김삿갓』에 표현된 '요강'에 대한 시다.

네 덕에 한밤중에 드나들지 않게 되고
내 옆을 지키면서 나와 함께 있어주네
주정꾼은 너를 끌어당겨 무릎을 꿇고

아가씨는 타고 앉아 옷을 벌리노나.
賴渠深夜不煩屛/ 令作團欒臥處圍
醉客持來端膝跪/ 熊娥挾坐惜衣收

단단하게 생긴 모습 구리가 분명하며
오줌 눌 때 그 소리는 폭포소리 같도다.
비바람 부는 밤엔 그 공로 대단하여
느긋한 성품 길러 살을 찌게 하노나.
堅剛做體銅山局/ 灑落傳聲練瀑飛
最是功多風雨曉/ 偸閑養性使人肥

　아파트 생활에 익숙한 요사이 젊은이들에게 요강이라는 말은 매우 생소하게 느껴질 것이다. 옛날 한옥에서 생활을 할 때 변소는 대개 안방이나 부엌에서 멀리 떨어진 곳에 위치하고 있었다. 특히 추운 겨울날이나 한밤중에 아녀자들에게 거실에서 멀리 떨어진 변소까지 가는 노고를 줄여주는 것이 바로 요강이었다. 위의 시에서는 주정꾼과 아가씨가 요강을 사용하는 모습이 코믹하게 묘사되어 있다. "주정꾼은 너를 끌어당겨 무릎을 꿇고/ 아가씨는 타고 앉아 옷을 벌리누나." 그리고 사기로 만든 요강이 아닌 놋쇠 요강에 소변을 보는 소리도 코믹하게 묘사되어 있다. "단단하게 생긴 모습 구리가 분명하며/ 오줌 눌 때 그 소리는 폭포소리 같도다." 이와 같이 변소나 요강, 대변이나 소변, 또는 배변 전반에 대한 아주 간단한 언급만으로도 단순한 사람들에게 웃음을 선사한다. 특히 어린이들에게는 화장실이나 배변에 대한 언급 자체가 커다란 웃음을 일으킬 수 있다.

그럼에도 불구하고 고상한 표현에서는 똥에 대한 민중적인 표현들도 금기시 된다. 이러한 금기를 깨뜨리는 것 자체가 이미 듣는 사람에게는 우습게 들린다. 이러한 코믹은 그 언어에 기초할 뿐만 아니라 천박한 표현과 고상한 표현 사이의 불균형에 근거하고 있다. 다음은 「화장실과 4자 성어의 역학관계」와 「화장실 명언」이라는 제목의 위트들이다.

급해서 찾은 화장실 휴지가 없다. ▶ 황당무계

분명히 쌌는데 똥이 안보여. ▶ 오리무중

바지 내리고 있는데 문 열 때. ▶ 무장해제

똥 싸는데 그건 왜 벌떡 서? ▶ 분기탱천

변비로 힘주고 있을 때. ▶ 고군분투

옆 칸에서도 같이 힘줄 때. ▶ 동병상련

옆 칸에서 동전이 굴러와. ▶ 불로소득

그 동전 주우려다 담뱃갑을 빠뜨려. ▶ 소탐대실

방구는 요란한데 똥은 콩알. ▶ 태산명동 서일출

처음엔 굵더니 나중은 가늘어. ▶ 용두사미

똥 싸면서 땀은 왜 줄줄 흘려? ▶ 열혈남아

똥 싸면서 옆 칸은 왜 들여다봐? ▶ 영웅본색

똥이 나올 듯 말 듯. ▶ 지리멸렬

오줌보다 똥이 항상 먼저. ▶ 장유유서

문짝이 망가져 반쯤 열려. ▶ 진퇴양난

시원하게 싸고 나와 기분이 삼삼. ▶ 희희낙락

앞 놈이 똥 싸고 물을 안 내려. ▶ 책임전가

엉덩이는 모기가 물어뜯지요. 문 밖에는 빚쟁이가 서 있지요. ▶ 사면
초가

물통 손잡이에 손이 안 닿아. ▶ 천양지차

똥 싸머 기어 다니는 구더기를 터뜨려 죽여. ▶ 발본색원

옆 칸에서 남녀의 음탕한 신음소리가. ▶ 불법도청

화장실서 남녀가 왜 같이 나와? ▶ 비일비재

들어가더니 나올 생각을 안 해. ▶ 학수고대

화장실서 살짝 새치기를. ▶ 어영부영

새치기로 둘이 싸울 때 슬쩍. ▶ 어부지리

이 글 다 읽고 카피하려는 사람. ▶ 백수건달 ^^

「화장실 명언」

1. 젊은이여 당장 일어나라. 지금 그대가 편히 앉아 있을 때가 아니다.

2. 내가 사색에 잠겨 있는 동안 밖에 있는 사람은 사색이 돼 간다.

3. 내가 밀어내기에 힘쓰는 동안 밖에 있는 사람은 조이기에 힘쓴다.

4. 신은 인간에게 '똑똑' 할 수 있는 능력을 주셨다.

분변적 코믹을 문학작품에 많이 활용한 세계적인 작가는 아마도 프랑
수아 라블레 François Rabelais(1494~1553)였을 것이다. 그가 많이 사
용하는 '광장언어'는 '똥'과 '오줌'과 결부되어 그로테스크 리얼리즘으
로 표현된다. 여기서는 라블레의 『제3서』의 서문의 일부분과 『제4서』의
마지막 부분을 인용하려고 한다.

물러가라, 이 개들아! 비켜라. 나의 태양을 방해하지 마라! 더러운 사제! 머리나 박박 깎고 악마한테나 가라! 너희들은 궁둥이의 냄새를 맡으면서 내 포도주를 욕되게 하고 포도주통에 오줌을 싸기 위해서 여기까지 온 것이냐! 여기에 곤봉이 있다. 이 곤봉이야말로 디오게네스가 마지막으로 숨을 거둘 때 죽은 후에 자신의 옆에다 놓아두라고 명령한 곤봉이다. 시체 파먹는 구더기들과 지옥의 개들을 내쫓고 그 허리통을 퍼렇게 멍들게 하려고. 비켜라, 불평이나 늘어놓는 비열한 놈들! 가서 양이나 쫓아라, 개들아! 양의 탈을 쓴 늑대들, 세 명의 악마들의 이름을 걸고 네 놈들을 잡을 테다. 너희들 아직도 거기에 있느냐! 네 놈들을 잡기만 하면 실컷 오줌을 싸 버릴 테다. 크스스! 크스스! 크스스! 전진! 가자! 녀석들 빨리 꺼지지 않겠나? 너희들의 가죽이 피가 낭자하게 무두질을 당하여 똥도 싸지 못하고, 시소놀이를 하는 것처럼 흔들어 오줌도 싸지 못하고, 흠씬 두들겨 맞아 따뜻한 것이란 더 이상 가질 수 없게 할 거야!

이 서문에서는 중세적인 세계관인 낡고 암울한 진리의 대변자들은 태양이나 가리고 있는 "시체 파먹는 구더기들과 지옥의 개들"로 표현되어 있다. 이들은 디오게네스의 포도주통으로 비유된 새롭고, 자유롭고, 유쾌한 진리의 적(敵)들이다. 이들은 "궁둥이의 냄새를 맡으면서 내 포도주를 욕되게 하고 포도주통에 오줌을 싸기 위해 여기까지 온" 것이다.

『제4서』의 마지막 부분에서 파뉘르쥬는 신비스런 공포감에 휩싸여 똥을 싸서 동료들의 웃음거리가 되는데, 마침내 이 공포에서 벗어나게 되자 즐거운 기분이 되어 다음과 같이 말한다.

하 하 하! 후 하! 여기에 있는 이것이 도대체 뭐지? 너희들은 이걸 변
(便), 분(糞), 배설물, 응가, 대변, 시뇨(屎尿)[분뇨 비료], 영(瀛)[분변],
겨자 같은 똥, 로줭[짐승이나 개의 똥], 야우헤[분뇨], 게뷀[짜낸 똥],
된 똥[딱딱한 소시지 같은 똥], 혹은 산양 똥[건포도 같은 똥]이라고
부르는가? 내 생각엔 이건 이베르니아의 사프란이야. 호 호 히! 이건
이베르니아의 사프란이야! 확실히! 자, 마시자!

이 부분에는 무려 15 종류의 똥에 대한 표현들이 등장한다. 마지막 부
분에서 똥을 "이베르니아의 사프란"이라고 파뉘르쥬는 설명하고 있다.
"이베르니아의 사프란"이란 스페인산 값싼 저질의 향신료로서 그 색깔이
똥색이다. 이 장광설은 "마시자!"라는 말로 끝맺는다. 이 "마시자!"라는 말
은 라블레의 언어에서 진리를 함께한다는 모티브를 의미한다. 라블레에게
있어서 분변적인 모티브들은 낡고 죽어가는 중세에 똥을 던지고, 오줌을
내갈기고, 분변적인 저주의 말들을 우박처럼 퍼붓는 것을 의미한다.

이 분변적 코믹은 농민들이나 가난한 무산 계층의 사람들의 생활권에
서 많이 나타난다. 따라서 우리나라의 서민들의 단순한 생활이나 장터의
모습에서 쉽게 발견되기도 한다. 배설 코믹의 희극적 효과는 유년기의 잃
어버린 쾌감을 다시 추론해 보는 데 근거하고 있다.

똥과 오줌과는 직접적으로 연관되어 있지는 않지만, '방귀'에 대한 코
믹도 분변적인 코믹에 속한다. 다음은 「시대적 변화」라는 제목의 위트로
서 '방귀'를 빙자한 일종의 풍자적 위트다.

이승만 대통령이 비서진들과 회의를 하던 도중 방귀를 뀌었다.
그때 비서진이 하는 말. "각하, 시원하시겠습니다."
박정희 시절. "각하, 한 번 더 뀌시죠."
전두환 시절. "각하, 죄송합니다. 제가 뀌었습니다."
YS가 대통령이 되자 "각하, 저희도 좀 뀌겠습니다."
DJ가 대통령이 되었다.
"선생님, 한국 경제를 살리는 데 도움이 되겠습니까?"

프리드리히 뒤렌마트의 『헤라클레스와 아우기아스의 외양간 Herkules und der Stall des Augias』역시 배설 코믹에 근거하고 있다.

▌섹스 위트

섹스 위트는 성생활에 있어서 희극적인 상황들을 그 내용으로 하고 있다. 이 장르는 다른 어떤 서사적 장르보다 구두적인 전수가 많다. 왜냐하면 가장 멋진 내용들은 인쇄되지 않기 때문이다. 이 위트 역시 이와 유사한 유형의 위트들과 마찬가지로 금기, 즉 행위적인 금기와 언어적인 금기를 깨뜨리기 때문에 생기는 것이다. 다시 말한다면 이 위트에서는 정상적으로는 말하지 못하거나 행동해서는 안 되는 것들이 다루어지고 있다. 이 금기들이 강하면 강할수록 섹스 위트에서 쾌감은 더욱 더 높아진다. 섹스와 관련된 위트는 무엇보다 사회적으로 합법화된 길에서 벗어난 곳에서 생성된다. 이는 한편으론 부부간의 갈등과 간통의 모든 형태들과 그 변형들, 다른 한편으론 남과 여 사이의 공격성에도 해당이 된다. 그리고 섹스 위트에는 규범에 어긋나는 모든 섹스와 관련된 실제들, 즉 그룹섹스, 매춘 행위, 수간(獸姦) 등이 다루어질 수도 있다. 이 위트는 규범에 어긋나는 것을 공격할 뿐만 아니라, 이 규범에 어긋나는 것의 묘사를 통하여 규범 자체를 공격하기도 한다. 말하자면 간통위트는 일부일처제 제도에 대한 공격성이기도 하다. 그리고 사회적으로 비난을 받고 금지된 성적인 행동들은 무의식적으로 원하는 것처럼 보이는 규범에 위배된 것을 공격하고 있다. 어떤 경우에서든지 섹스 위트는 개인적인 욕구와 사회적으로 구속력이 있는 행동태도에 대한 규범과의 충돌에 근거하고 있다.

간통은 옛날의 우스개 이야기에서부터 오늘날의 위트에 이르기까지 끊임없이 다루어진 주제다. 간통은 세계 어디에서나 일어나고 모든 인간들에게 일어날 수 있는 사건이며, 동시에 간통의 주제를 다룸에 있어서 그 강조점이 발전하고 변하여 왔다. 조선시대의 육담 모음집인 『고금소총』에 실린 육담과 현대적인 섹스 위트 사이에는 많은 점에서 차이가 있다. 양반 성인과 여종이나 첩과의 관계, 행상을 하는 떠돌이와 여염집 부인과의 관계 그리고 양반과 기생과의 섹스를 다룬 코믹들은 오늘날엔 거의 찾아보기 어렵다. 뿐만 아니라 신혼초야에 신랑의 성에 대한 무지를 다룬 내용도 조선시대 육담에서는 상당수를 차지하고 있었지만, 오늘날엔 수적으로 많이 줄었다. 옛날에 부인의 간통이 남편의 간통보다 더욱 희극적으로 생각되었던 것은 아마도 드물었기 때문인 것 같다. 다음은 『고금소총』에 실려 있는 「오쟁이를 지다」라는 속담의 내력을 밝힌 우스개 이야기이다.

농촌 마을에 어리석은 남편과 간사한 아내가 살고 있었다. 간사한 아내는 이웃 사내와 사통을 한 지 오래였다.

하루는 어리석은 남편과 간사한 아내가 산비탈에 있는 밭에서 함께 김을 매고 있었다. 이웃집 사내가 오쟁이 - 곡식을 넣기 위해 짚으로 엮어 만든 작은 볏섬 - 를 등에 지고 밭으로 올라왔다.

"비록 당신 아내라 할지라도 밭이랑 사이에서 방사(房事)를 벌이다니, 그럴 수가 있소?" 이웃집 사내가 밭두둑에 서서 말했다. "아니, 내가 그런 일을 하지도 않았는데 어떻게 당신이 그렇게 말을 할 수 있소?" 어리석은 남편이 놀란 얼굴로 대답했다. "당신이 내 말을 믿지 않는다면, 내가 당신 대신에 밭을 맬 터이니 시험 삼아 오쟁이를 지고 이곳에 서서 지켜보시오. 과연 그런지 그렇지 않은지." 이웃집 사내가 말했다.

어리석은 남편은 이웃집 사내의 말대로 오쟁이를 등에 지고 밭두둑에 서 있었다. 이웃집 사내가 간사한 아내를 밭이랑에 눕히고 진짜로 방사를 벌였다.

"당신 말이 거짓이 아니다!" 어리석은 남편이 웃으며 말했다. 이것으로 말미암아 아내가 다른 사람과 사통하는 것을 두고, '오쟁이를 지다' 라는 속담이 생겨나게 되었다.

이 이야기는 남편을 속여서 남편이 보는 앞에서 "아내"가 이웃집 사내와 간통을 한다는 내용이다. 위의 내용에 의하면 아내는 수동적이지만, 문맥상으로 보아 "간사한 아내"와 "이웃집 사내"가 사전에 "어리석은 남편"을 속이기로 약속을 했을 개연성이 크다. 이 이야기에는 남편을 "어리석은" 사람으로 규정하고, 간통을 한 아내를 "간사한" 여자로 규정해 놓았다. "어리석은 남편"과 "간사한 아내"라는 표현은 이 이야기 원저자의 평이다. 어쨌든 이와 같이 남편이 보는 앞에서 아내가 간부와 사통을 한다는 것은 매우 충격적이다. 이러한 일은 실제로는 일어날 수 없다. 그러나 이 이야기를 읽거나 듣고 우리가 즐거워하는 것은, 첫째로 독자인 '나'는 적어도 이 "어리석은 남편"과 같이 어리석지 않다는 '우월감' 때문이고, 둘째로 현실적으로 있을 수 없는 금기사항이 깨어진 것을 보고 느끼는 즐거움 때문이라고 볼 수 있다. 그러나 이 이야기의 가장 재미있는 점은 무엇보다 "어리석은 남편"을 속이는 방법 자체라고 볼 수 있다.

남편의 간통과 부인의 간통을 달리 생각하는 것은 사회학적인 관심분야가 될 수 있다. 우스개 이야기에서 부인의 간통은 남편의 소유권을 침탈하는 행위가 된다. 그러나 미혼녀와 간통하는 남편은 소유권의 침탈이라고 볼 수는 없다. 조선시대의 육담에서 많이 등장하는 여종과 간통하는 남편은 부인의 질투의 대상은 되지만 소유권 침탈이라고는 볼 수는 없다. 그래서 「계집종과 사통하는 열 가지 격」이 공공연하게 이야기되고 있었다.(『고금소총』, 「십격전술十格傳述」)

「시험으로 오쟁이를 지다」에서 본 바와 같이 옛날 육담에서는 대부분의 등장인물들은 유형화 되어 있고 또 성격적인 특성으로 규정되어 있다. 추하거나 아름다운, 술수가 능하거나 어리석은, 지조가 있거나 지조가 없는, 인색하거나 인색하지 않는, 난폭하거나 허약한, 질투심이 강하거나 사람을 의심하지 않거나, 젊거나 늙은, 정력이 강하거나 약한 사람들로 유형화 되어 있다. 간통에 대한 우스개 이야기의 본래의 기능은 성적이거나 지적(知的)인 결함에 대한 비웃음에 있다. 『고금소총』에서 조롱의 표적은 노인의 성적인 무능력(「양로봉욕 兩老逢辱」, 「하절첩 夏節妾」), 농부의 무지(「시부공석 試負空石」), 승려의 호색함(「여청재비 女請再屁」), 어리석은 신랑이나 신부(「의부무각 疑婦無脚」, 「하기숙야 何其熟耶」), 어리석은 남편(「개화입록 開畵立鹿」, 「치노호첩 痴奴護妾」) 등이다. 여기서는 「하절첩 夏節妾」(여름철에 알맞은 여자)에 대해서 알아보기로 하자.

> 늙은이가 어린 첩과 방사(房事)를 벌이고 있었다. 그런데 그의 양물이 흐물흐물해서 제대로 들어가지 못했다.
> "들어가고 있느냐?" 늙은이가 양물을 손으로 쥐고 밀어 넣으면서 물었다. "들어오지 않네요." 어린 첩이 대답했다. "들어가느냐?" 늙은이가 다시 일어나, 거듭 손으로 쥐고 밀어 넣었다. "안 들어오네요." 어린 첩이 대답했다. 이와 같이 여러 번 반복했다. 그러나 좀처럼 양물이 들어가지 않았다. "아직도 들어가지 않았느냐?" 초조해진 늙은이가 힘없는 목소리로 물었다. "이제야 겨우 들어왔네요." 어린 첩이 거짓으로 말했다.
> 그제서야 늙은이가 무척 즐거워했다. 그런데 그의 양두는 음호가 아닌 방바닥 장판에 드리워져 있는 탓에, 차가운 기운이 그것을 감쌌다. "너의 음호는 가히 여름철에 알맞도다." 그의 양두가 음호에 들어간 줄로 알고 있는 늙은이가 어린 첩에게 말했다.

오늘날 간통은 이혼사유가 된다. 그러나 섹스 위트에서 간통은 전혀 이혼사유가 되지 않기 때문에 희극적으로 생각한다.

아름다운 부인과 행복하게 살고 있는 한 은행장이 있었다. 어느 날 그의 오랜 친구가 그를 옆으로 끌고 가서 이렇게 고해바친다. "너 아직도 모른다면, 넌 정말로 맹인이자 귀머거리야. 자네 부인은 네 명의 애인을 갖고 있어!" - "그게 사실이야? 그래도 난 형편없는 물건에 100% 지분을 갖는 것보다 괜찮은 물건에 20% 지분을 갖는 것이 나아."

여자 친구가 눈물을 흘리고 있는 것을 본 한 부인이 그 이유를 묻는다. "무슨 일이 있나?" "내 남편이 우리 집 파출부와 함께 집을 나갔어." "그 때문이라면 걱정할 것 없어. 신문에 광고를 내면, 틀림없이 그 여자보다 훨씬 예쁘고 젊은 파출부를 구할 수 있을 거야."

「은행장 위트」에서 결혼은 오직 물질적인 관점에 불과하다. 이 위트는 결혼이 사랑을 바탕으로 해야 한다는 전통에 대한 공격적인 이야기이다. 동시에 이 위트에서 부인의 간통을 남편이 묵과한 것은 독자나 청자를 경악시킨다. 기대감의 일탈은 「파출부와 도주한 남편」에 대한 위트에서도 나타난다. 여기서는 전통적인 남과 여 사이의 '삼각관계'가 무너져 버린다. 다시 "예쁘고 젊은 파출부"가 집으로 들어온다면, 남편은 다시 집으로 돌아올 것이다. 남편의 간통은 별로 문제가 될 것이 없다는 생각이다.

간통 현장에서 포착된 부인이나 남편의 대답도 많은 위트의 원천이 되고 있다.

한 남편이 집에 와서 보니 그의 부인이 다른 남자와 함께 침대에 누워있었다. 그래서 그는 부인에게 매우 화를 냈다. 그러자 부인은 애인의 어깨 너머로 동정심어린 눈빛으로 쳐다보며 이렇게 말한다. "당신 입 좀 다물지 못하겠어요? 제발 이 사람 하는 것 좀 봐요, 그리고 이 사람한테 좀 배우세요."

남편에게 간통 현장에서 붙잡힌 부인의 말은 성적으로 욕구불만의 대답이다. 죄지은 자가 오히려 비난하고 있다. 전도된 논리가 희극적인 효과를 내고 있다.

　　　백화점에서 한 신사가 숙녀용 스타킹을 사려고 한다.
　　　여 판매원이 묻는다. "부인에게 드릴 겁니까? - 아니면, 좀 더 좋은 것을 보여드릴까요?"

이 위트에 나타난 남자와 여자의 사랑은 정상적인 혼인관계에서는 불가능하다. 혼외의 사랑, 애인과의 사랑을 염두에 둔 위트다. 간통에 대한 위트에서는 부부 쌍방의 간통도 다루어지고 있다.

　　　부부가 침대에서 자고 있었다. 갑자기 부인이 꿈을 꾸다가 놀라서 날카로운 목소리로 외친다. "남편이 와요!" 그러자 남편은 침대에서 펄쩍 뛰어나와 빨리 옷장 안으로 들어가 숨는다.

섹스 위트에서 간통이라는 주제 외에도 잘 다루어지는 주제가 바로 신혼초야의 장면이다. 이 주제는 옛날의 우스개 이야기에서부터 오늘날의 위트까지 두루 애호되고 있다. 신혼초야의 코믹에서는 처녀막의 유무나 혼전 경험의 문제, 첫 경험의 서투름, 신방 엿보기, 어리석은 신랑 그리고 무엇보다 그 동안 밝혀지지 않는 신체적인 결함이 드러나는 것 등이 자주 다루어지고 있다. 다음은 『고금소총』에 실린 「양렬공착 佯裂孔窄」(구멍이 좁은 것을 거짓으로 째는 척하다)라는 제목의 우스개 이야기와 서양의 위트 두 편을 제시한다.

결혼 첫날밤에 신랑이 신부가 이미 경험이 있는 게 아닐까 의심이 들었다. 그는 신부로 하여금 사실을 거짓 없이 실토하게 만들어야겠다고 마음먹었다.

"이 구멍이 너무 좁아서 칼끝으로 넓게 찢어내야 조(鳥)를 넣을 수 있겠어." 신랑이 신부의 음호(陰戶)를 어루만지며 말했다. 신랑이 패도(佩刀)로 차는 칼을 뽑아 신부의 음호를 째려는 시늉을 했다.

기겁을 한 신부가 신랑이 쥔 패도를 빼앗았다. "건너 마을 김 좌수댁 막내아들은 본래부터 째지 않고도 조를 구멍에 잘 넣기로 유명해서 그런지는 몰라도, 구멍이 좁다고 패도로 음호를 째는 일은 없었다 합니다." 신부가 다급한 목소리로 말했다.

한 영국여인은 신혼여행 중에 그녀의 남편이 다리가 하나밖에 없다는 것을 알고 매우 놀랐다. 그래서 이 신부는 그녀의 어머니에게 전보를 쳤다. "My husband has only one foot."(내 남편은 한쪽 다리밖에 없어요.) [내 남편은 1피트밖에 되지 않아요.] 그녀의 어머니가 회신

전보를 보냈다. "Be happy, my husband has only three inches."
(얼마나 행복하니, 내 남편은 3인치밖에 되지 않아.)

신혼부부가 호텔방에서 처음으로 함께 옷을 벗었다. 남편은 그의 젊은 부인이 자신을 유심히 쳐다보고 있다는 것을 알아차렸다. 그는 한껏 뽐내며, 가슴을 앞으로 내밀고 두 주먹으로 두드리며 말한다. "90kg의 다이내믹한 파워야!" "그렇군요." 신부가 대답한다. "그런데 불을 붙이는 도화선은 3cm이네요."

결혼초야, 즉 첫날밤에 일어난 사건들이 주제가 된 우스개 이야기와 섹스 위트들이다. 「양렬공착」은 조선시대의 우스개 이야기로서, 여기서는 신랑이 신부의 처녀성을 확인하려는 시도가 코믹하게 묘사되어 있다. 「한쪽 다리」 위트는 최근의 버전으로서, 어쩌면 언어위트라고도 할 수 있다. "one foot"는 "한쪽 다리"로도 해석될 수도 있고 "1 피트"(30.48cm)로도 해석가능하기 때문에, 한쪽 다리밖에 없는 신랑이 거대한 양물을 가진 멋진 신랑, 즉 정력이 강한 남자로 오해되고 있다. 정력의 강약이나 유무 역시 신혼초야 위트에 자주 등장하는 주제이다. 「다이내믹한 파워」에서는 겉보기에 강한 것이 실제로는 약하기 짝이 없다는 것을 보여주는 위트이다.

정력이 세다고 호언장담하는 것은 성적 무능력에 대한 불안감의 과잉보상에서 유래하는 경우가 종종 있다. 미국의 섹스 위트에서는 흑인이 아주 정력이 센 남자로 등장하는 경우가 종종 있다.

하루 밤에 삼십 회의 성교를 할 수 있다고 자랑하는 한 흑인이 있었다. 어느 날 그는 친구와 내기를 했다. 그런데 이 내기에서 이 흑인 남자는 이십육 회밖에 하지 못했다. 내기에서 지고 난 후 이 흑인은 이렇게 말한다. "오후에 연습으로 할 땐 삼십 회를 완벽하게 했었는데."

한 부부가 시골 농장을 구경하고 멋지게 생긴 건장한 수소를 보고 감탄한다. 부인이 농장 주인에게 묻는다. "이 수소는 일주일에 몇 번 하지요?" "매일 한 번씩!" 이 말을 듣고 부인은 남편을 경멸적인 눈빛으로 쳐다본다. 이때 농장 주인이 의미심장하게 웃으며 덧붙인다. "그러나 매일 마다 다른 암소와 관계를 한답니다!"

이러한 섹스 위트는 이를 듣는 대상이 구분되어 있지는 않다. 이러한 위트들 중에는 남자들 사이에만 통용되는 위트들도 있다.

나이가 많은 간호사가 젊은 간호사에게 말했다. "이 병동에 뱃사람이 입원하고 있는 것 알지요? 그 사람 전신에 온통 문신이 그려져 있어요. 심지어 그 사람의 물건 위에도 'Opel'이란 글자가 씌어있더군요." 젊은 간호사의 대답: "당신 말이 맞아요. 그런데 내가 볼 땐, 'Opel'이 아니고 'Konstantinopel'이던데요." (변형: Adam - Amsterdam)

방송국 퀴즈에서 진행자가 한 아가씨에게 묻는다. "영국의 극작가 셰익스피어의 세 개의 극작품 제목을 말해 보세요!" 아가씨는 고개를 끄덕이며 이렇게 대답한다. "10cm, 15cm, 20cm!"

퀴즈 진행자가 놀라서 다시 묻는다. "이해가 되지 않아요. 설명을 부탁합니다." 그러자 이 아가씨가 얼굴을 붉히며 설명한다. "예, 그럼 설명해드리지요. 10cm는 『헛소동』이고, 15cm는 『뜻대로 하세요』이며, 20cm는 『한여름 밤의 꿈』을 뜻합니다." 이때 청중석에서 한 남자가 외친다. "30cm는 없습니까?" 그러자 이 아가씨는 이렇게 대답한다. "셰익스피어의 작품에는 없지만, 그릴파르처 Grillparzer의 작품에는 있습니다. 『거짓말 하는 자에게 화 있을 지어다!』입니다."

결혼 전의 성교나 혼외의 성교 역시 시민적인 규범을 손상시키는 행위다. 그러나 결혼을 하지 않은 두 남녀가 성관계를 가졌다는 사실만으로 위트가 될 수는 없다. 다른 사람들을 웃게 하기 위해선 여기에 또 다른 동기들이 추가되어야 한다. 예를 들면 두 파트너가 서로 불균형을 이룬다거나, 공격적이거나, 외견상으로 보아 지나치게 순박하다거나, 혼외의 임신, 또는 재미있는 말장난이나 언어의 애매모호함 등이 추가될 때 사람들은 웃는다.

한 사내가 그의 여자 친구에게 묻는다. "왜 안 되지, 응?" 그녀의 대답. "첫째, 지체 있는 집안의 딸은 결혼 전에 그런 짓을 하지 않아. 둘째, 엄마가 절대로 해서는 안 된다고 해. 셋째, 그걸 한 후엔 늘 거기가 타는 듯이 아프단 말이야."

이 여자의 답변엔 논리적인 문제가 있다. 셋째 이유가 앞에서 언급한 두 가지 이유들을 완전히 전도시키고 있다.

섹스엔 돈 문제가 항상 뒤따른다. 매춘에서 특히 그러하다. 그러나 매춘행위 그 자체만으로도 위트가 될 수 없다. 매춘행위 역시 웃음의 효과를 갖기 위해선 다른 희극적인 요인들과 결부되어야 한다.

> 향수를 파는 상점에 아주 매혹적인 숙녀가 들어와서 향수 한 병을 샀다. 이 여자는 향수 값으로 100유로짜리 지폐 한 장을 꺼낸다. "죄송합니다, 손님." 여자 판매원이 수줍은 얼굴로 말한다. "이건 위조지폐입니다." 숙녀가 깜짝 놀라며 외친다. "뭐라고요? 그러면 난 강간당했어요!"

상당히 많은 섹스 위트에서는 규범에 벗어나거나 일반적이지 않은 성행위 체위도 다루어지고 있다. 이때 비일상적인 체위 자체는 직설적으로 언급되지 않고 에둘러서 표현된다.

> 한 의사가 젊은 여자환자의 배 위에 선명하게 'W'자가 찍혀 있는 것을 발견했다. 의사가 그 이유를 묻자 이 여자환자는 이렇게 대답한다. "내 남자친구는 윌리엄 William이라는 미군인데, 이 남자친구는 늘 자신의 이름 첫 글자인 'W'가 새겨져 있는 버클을 매고 있어요."
> 며칠 후 이 의사는 역시 'W'자가 분명히 배 위에 찍혀 있는 또 다른 여자환자를 만났다. 그래서 그는 이렇게 아는 체한다. "아, 당신의 남

자친구는 아마 윌리엄이고 미군이지요?" 이 여자환자는 놀라서 반문한다. "틀렸어요. 그 사람은 프랑스 군인인데 마르셀 Marcel이랍니다!"

남자의 턱수염 속에 살고 있는 벼룩이 있었다. 남자가 날마다 면도를 해대니 그야말로 매일 매일을 생사의 갈림길에서 살고 있었다. 너무도 불안했던 벼룩은 고민 끝에 이사하기로 결정하고 보금자리를 그 남자의 머리카락 속으로 옮겼다.

머리숱은 무성해서 아늑한데다 햇볕도 알맞은 게 생활하기에는 그만이었다. 하지만 웬걸? 아침만 되면 남자가 머리를 감는 통에 눈이 매워 살 수가 있나?

벼룩은 또 다시 한밤중에 보따리를 싸들고 남자 옆에서 자고 있는 부인의 그 숲 속으로 이사를 했다. 그 수풀 역시 숨어살기에 적당하고 온도도 알맞게 따뜻했다. 더욱이 물기까지 촉촉한 게 가끔 멱도 감을 수 있어서 금상첨화였다. 벼룩은 모처럼만에 편안하게 눈을 감고 잠을 청할 수 있었다.

그런데 이게 또 웬일인가? 아침에 눈을 떠보니 자신이 머물러 있는 곳은 도로 남자의 턱수염 속이 아닌가? 대체 이게 무슨 조화란 말인가?

두 부인이 만나서 남편의 험담을 나누고 있다. 한 부인이 이렇게 말한다. "내 남편은 100% 성 불능이랍니다." 다른 부인의 말. "내 남편은 300% 성 불능이랍니다!" - "어떻게 그럴 수 있지요?" - "100%는 훨씬 전부터였고, 어제 남편이 계단에서 넘어졌답니다. 그래서 집게손가락이 부러졌고 혀조차 물어 뜯겼답니다."

서양의 섹스 위트에서는 호모섹스와 수간(獸姦), 심지어 근친상간의 문제도 다루어지고 있다. 물론 정도는 약하지만 이와 비슷한 위트나 코믹은 우리나라에도 존재했었고 현재에도 존재하고 있다.

한 기업체의 야유회에서 두 여직원이 동료들로부터 멀리 떨어져 풀밭에 앉아 있었다. 갑자기 성난 황소 한 마리가 두 여자를 향해 돌진해 왔다. 두 여자는 도망을 갔다. 그러나 황소가 이들을 바싹 따라붙었다. 마침내 한 여자가 풀밭에 넘어졌고 숨을 헐떡이며 이렇게 말한다. "난 더 이상 못 가! 심장마비로 죽기보다 차라리 소 새끼 한 마리를 낳는 게 나아!"

옛날 웬 양반 집에서 있었던 일이다.
어느 날 안방마님께서 아무것도 모르고 바깥사랑채 앞을 지나치는데, 마침 과객들이 있었던 모양으로 방 안은 사내들 웃음소리로 낭자했다. 마님은 본의 아니게 멈춰 섰다. 소리들이 절로 들려왔다. 일부러 엿들은 것은 천만 아니다.
한데 그 소리 가운데 평생 들어 본 적이 없는 낱말들이 섞여 있었다. 가로되, '용두질', '감투거리', '비웃' 뭐 그런 따위였다. 그런 귀에 선 말이 아무래도 웃음의 꼬투리인 듯했다.
그날 저녁 손님들이 가고 바깥양반이 안에 들었다. 아내가 물었다.
"양반, 그 아까들 재미있어하던 용두질이니 감투거리니 비웃이니 하는 말들은 다들 무슨 뜻입니까?"
영감은 기가 찼다. 해괴한 지고, 안 것이 드디어 미쳤나 싶을 정도였지만 낯빛을 고치고 껄껄 웃었다. 그리곤 둘러댔다.

"그 별스런 걸 다 물어 보시는구려. 아, 용두질은 담배 피는 것, 감투 거리는 화투치는 것, 그리고 그 뭣, 그래 비웃은 장기 두는 것이니 그게 다 사내들 곁말이외다. 허허허……."

그 자리에서는 이렇게 얼렁뚱땅 넘어갔다. 그날 밤 영감은 감투거리를 실행하면서도 차마 이게 그거라고 실토할 수는 없었다.

그리고 얼마 뒤, 사위가 왔다. 사랑채의 손님을 피해서 안채에 먼저 들러 장모를 뵈었다. 그리고 우두커니 한참, 미적대던 장모가 담배를 사위에게 내밀면서 먼저 입을 뗐다.

"자네, 심심한데 용두질이나 허게."

아니, 이게 웬 뚱딴지. 사위는 기가 찼다. 눈알이 휘둥그레지고 고개를 가로저었다. 장모가 말을 이었다.

"자네 고개 떨어지겠네. 담밴 싫은가 보이. 그럼 나하고 감투거리나 할까?"

그러면서 화투를 꺼냈다. 사위는 이건 정말 장모님 망령이라고 생각했다. 얼핏 자리에서 일어섰다. 그리고 마루를 내려서는데 뒤따라 나온 장모가 그 뒤 꼭지에 대고 속삭였다.

"사랑으로 나가는 건가? 그럼 장인하고 비웃이나 두게."

[용두질: 마스터베이션, 수음(手淫)/ 감투거리: 여성 상위의 성교체위 / 비웃: 비역(계간 鷄姦), 즉 남색(男色)의 사투리]

「생전 들어보지 못한 말들」에 따르면 옛날 사람들도 '용두질'[마스터베이션]도 하고, '감투거리'[여성 상위의 체위] 체위로 성교도 하고, 심지어 '비역' [호모 섹스]까지 했음이 분명하다. 성행위가 없이는 인류가 존재할 수도 없기 때문에, 그 방법이나 표현 역시 옛날과 크게 다를 바 없고 동양적인 방법이 서양에서도 통용이 되고 그 반대일 수도 있다. 직접적인 성행위는 아니지만 「생전 들어보지 못한 말들」에서와 같이 자위행위도 섹스 위트에 속한다는 것은 자명하다. 다음은 정비석의 『김삿갓』에서 인용한 한시(漢詩)다. 한시로 씌어졌다는 점에서 보아 이 시(詩)는 조선시대의 시 같다. 이는 이미 조선시대에도 마스터베이션이 행하여졌음을 밝히는 것이다.

사방을 둘러보아 아무도 없기에
바지 허리춤 다리까지 밀어 내리고
예쁜 색시 맘으로 생각해보며
붉은 기둥 주먹 안으로 뚫고 들어갔소.
四顧無人處/ 脫袴到却邊
玉妓心中憶/ 朱株拳中穿

방울방울 정수가 땅에 떨어질 때면
해가 동글동글 하늘에서 맴도는 듯
임이시여 이 몸이 무슨 죄를 지었기에
수천 번 주먹 놀려 헛되이 버리나요.
圈圈情墜地/ 童童日上天
卽得何許罪/ 空受數千拳

성적인 내용을 갖고 있는 위트들은 종종 전혀 다른 영역에 대한 공격성을 내포하기도 한다. 예를 들면, 다음의 '으뜸 패 위트'에서는 정신분석에 기초하는 특정 심리치료 요법에 대한 공격성이 보인다. 다시 말한다면, 이 위트에는 유소년기의 심리장애가 후에 성장하여 어른이 되어서도 잘못된 행동에 영향을 끼친다는 학설에 대한 공격성이 내포하고 있다.

> 세 사람이 서로 자신의 유년기 때 기억에 대해서 이야기하고 있다.
> 첫째 사람: "내가 6개월 되었을 때 난 어머니 품에 안겨 젖을 빨고 있었어. 그런데 어머니가 갑자기 나에게 젖을 더 이상 물리지 않았어. 그것이 나에겐 아주 큰 충격이었어."
> 둘째 사람: "난 말이야, 내가 태어날 때를 정확하게 기억하고 있어. 그건 정말 생각만 해도 끔찍한 폭력이었어."
> 셋째 사람: "난 태어나기 약 9개월 전에 나의 아버지와 함께 파티에 갔었는데, 돌아올 땐 엄마와 함께 왔었어."

옛날이나 지금이나 위트의 전형적인 인물로 등장하는 사람은 다름 아닌 노처녀. 결혼하지 않고 산다는 것은 규범에 어긋나며, 그 때문에 조롱의 대상이 된다. 위트에 묘사된 노처녀는 비록 나이가 아주 많더라도 자신은 늘 젊다고 생각하고 또 그렇게 행동도 하고 있다. 따라서 이러한 것이 우스꽝스러운 효과를 내고 있다. 그리고 위트에서는 모든 노처녀들을 누구나 아무런 어려움도 없이 가질 수 있는 것처럼 묘사하고 있다. 나이든 과부나 여자 승려 역시 노처녀와 마찬가지다. 섹스 위트에서 이들은 모두 억제할 수 없는 성적인 욕구와 탐욕을 가진 인물들이다. 결혼에 미친 노처녀에게 있어서 결혼을 하겠다는 소망은 모든 추진력의 원천이 된다. 노처녀는 얼굴이 아무리 못나고 나이가 아무리 많아도 결코 희망을 포기하지 않고 어떤 방법이든 다 동원해서라도 그녀 주변에 있는 남자를 잡겠다고 시도한다. 노처녀는 매일 밤마다 침대에서 그녀의 방으로 몰래 들어오는 도둑이라도 기다리고 있다. 그리고 수년이 지난 후 드디어 한 남자를 발견하게 되면, "아, 당신이 바로 여기 계셨군요!"라고 하며 반긴다. 그렇지 않으면 그녀의 방에 들어온 도둑을 향해서 그녀는 권총으로 위협하며 이렇게 말하기도 한다. "젊은이 가까이 다가와! 그렇지 않으면 쏘겠어!" 노처녀들은 심지어 강간조차 마다하지 않고 오히려 감사하게 생각한다.

> 노처녀 가정교사가 그녀가 가르치는 어린 학생에게 이야기한다. "얘야, 내가 어제 저녁 늦게 너희 집에서 나가서 우리 집으로 돌아가는데, 아 글쎄, 가는 도중에 아주 험상궂게 생긴 한 사내가 서 있지 않겠어. 내가 얼마나 놀라서 도망쳤는지 아니?"
> 학생: "그래요? 그러면 선생님께서 그 사람을 받아들였나요?"

심리학에 의하면 불안과 소망은 서로 보완적이라고 한다. 즉, 불안과 소망은 감정의 양면적인 현상들이다. 바로 위의 위트가 그러하다. 노처녀 선생님의 불안의 이면에 바로 그녀의 성적인 소망이 숨겨져 있다는 것을 우리는 어린 학생의 대답을 통해서 알 수 있다. 다음의 예문에서도 이를 증명할 수 있다.

한 노처녀가 숲속에 있는 한 음식점에 볼일이 있어서 들렀다가 음식집 주인으로부터 후한 대접을 받았다. 노처녀가 집으로 돌아가려고 할 때, 음식집 주인은 숲을 통해서 가는 것은 아주 위험하다고 경고한다. 숲 속에는 아주 잔혹한 강도가 혼자 지나가는 아녀자를 덮쳐 돈과 보석뿐만 아니라 옷까지 빼앗고, 심지어 강간까지 한다고 주인은 말한다.

"저에겐 아무 일도 일어나지 않을 거예요!"라고 노처녀는 말하고 길을 떠난다.

이 노처녀가 멀리 가기도 전에, 갑자기 그녀 앞에 수염이 덥수룩하여 불결하고 너덜너덜한 넝마와 같은 옷을 걸치고 있는, 험상궂게 생긴 거대한 사내가 떡 버티고 서 있었다. 이 사내는 그녀를 덮쳐서 핸드백을 빼앗고, 놀라서 거의 사색이 된 그녀의 손가락에 끼고 있던 반지까지 빼내고, 그녀의 옷도 갈기갈기 찢었다. 노처녀가 정신을 차리기도 전에 이 사내는 거의 발가벗은 이 노처녀를 그대로 두고 도망을 가기 시작한다.

바로 이때 노처녀는 큰 소리로 울면서 이 사내를 향해 외친다. "흑흑, 이 나쁜 놈아! 강간까지 한다더니, 강간은 어떻게 된 거야?"

처녀들이 모두 도회지로 떠나버린 한 산골 마을에 3년 넘게 여자 구경을 못 해본 총각들이 있었다. 참다못한 이들 시골 총각들은 장터로 가는 고갯마루에 잠복해서 일을 벌이기로 했다.

워낙 굶주려 있던 그들은 지나가는 여자라면 누구를 막론하고 당장 일을 벌일 작정이었다. 그렇게 잠복한 지 닷새째. 워낙 산골마을이라 지나가는 여자가 그렇게 쉽게 있을 리 없었다.

그러고도 닷새가 더 지난 어느 날이었다. 드디어 고갯마루를 넘어오는 할머니가 눈에 띄었다. 더 이상 참을 수 없었던 총각들은 와락 그 할머니에게 달려들어 일을 치르고 죄스러운 나머지 뒤도 돌아보지 않고 달아나버렸다.

그런데 그들 뒤에서 할머니의 외침이 들려왔다.

"총각들, 복 받을 껴!"

"강간은 어떻게 된 거야?"라는 애원에 가까운 노처녀의 물음과 성폭행을 당한 할머니(아마 과부 할머니이거나 노처녀로 늙은 노파였을 가능성이 크다)가 "총각들, 복 받을 껴!"라는 말은 우리가 전혀 예상하지 않은 말이기에 더욱 우습다. 이러한 표현은 위트에서만 가능하다.

이러한 위트들은 시기적으로 약간 지난 버전들이다. 그리고 현실에서 성폭행은 중죄로 처벌을 받고 있으며, 오늘날 우리나라에선 직업을 가진 노처녀를 더 이상 '올드 미스'로 부르지도 않고 '골드 미스'로 부르고 있다는 것도 부언한다.

신체적, 정신적 결함

신체적, 정신적 결함

▌신체적 결함의 위트

　인간의 신체적 정신적 결함도 위트에서 널리 활용되고 있다. 인간의 결함들 역시 정상적인 인간에서 벗어난 것이라는 점에서 보아 규범에 어긋난다고 볼 수 있다. 아리스토텔레스의 웃음의 정의도 "우스꽝스러움은 신체적인 결함, 영혼(혹은 성격)의 결함, 정신의 결함"에서 유래하고 있다. 신체적인 결함은 희극에서뿐만 아니라 우스개 이야기에서도 시대를 막론하고 등장하고 있다. 사람들은 난쟁이, 절름발이, 곱사등이, 말더듬이, 귀머거리, 술 취한 사람, 뚱뚱이와 홀쭉이, 거세된 남자, 망령든 노인, 추한 노파, 매부리 코 등에 대해서 웃는다. 이런 것들을 다룬 위트를 '결함의 위트'라 한다. 웃음의 대상이 된 사람의 입장에서 보면 이 웃음은 '잔혹

한 웃음'이 된다. 오늘날 교육을 받은 사람들은 다른 사람의 불행을 보고 기뻐하는 것을 절제하거나 삼가는 것도 사실이지만, 이와는 반대로 신체적 장애인들이 조롱의 대상이 되고 있는 것 또한 사실이다. 일반적으로 말한다면, 사람이 순박하면 순박할수록, 그리고 교육을 적게 받은 사람일수록, 다른 사람의 신체적 결함에 대해서 더 많이 웃는 경향이 있다. 특히 어린이들이 그러하다. 따라서 신체적 결함에 대한 코믹은 윤리적으로 상당히 저질적인 단계에 있는 코믹이라 할 수 있다.

서거정(徐居正)의 『태평한화골계전(太平閑話滑稽傳)』에는 키가 큰 키다리가 난쟁이를, 난쟁이는 키다리를 조롱하는 시(詩)가 소개되어 있다.

> 갓을 쓰자 먼저 발굽이 뒤덮히고/ 가죽신을 신으면 머리가 묻히네
> 길에서 소 발자국에 괸 물을 만나면/ 이를 건너려고 짚을 배로 삼네.
> (着笠先垂足/ 穿靴己沒頭/ 路逢牛跡水/ 俗渡芥爲舟)

그러자 난쟁이는 이 시를 차운(次韻: 앞 사람의 韻字를 따서)하여 키다리를 조롱한다.

> 이불을 덮으면 다리가 나오고/ 집에 들려 하면 먼저 머리를 받네
> 허리를 잘라야 널에 들 수 있고/ 발을 기울어야 배를 저을 수 있네.
> (蓋衾欲露脚/ 入屋先打頭/ 斬腰能入槨/ 側足可撑)

위의 두 시에서는 키다리와 난쟁이가 지나칠 정도로 과장적으로 묘사

되어 있다. 무엇보다 키다리와 난쟁이의 비유들이 너무 재미있어 우리에게 미소를 자아내게 한다. 난쟁이는 키가 너무나 작아서 갓을 쓰니 발목까지 갓 속에 들어가고, 가죽신을 신으니 머리까지 묻히고, 길에서 소 발자국에 괸 물을 건너기 위해 짚으로 만든 배를 타고가야 한다. 동화에 나오는 소인국의 난쟁이들도 이 사람보다 더 클 것이다. 난쟁이가 키다리에 대해서 읊은 시 역시 재미있다. 이불을 덮으면 다리가 나오고, 집에 들어갈 때 머리부터 부딪친다는 표현은 그래도 이해될 수 있다. 그러나 이 키다리는 너무나 키가 커서 죽은 후 시신을 관에 넣을 때 허리를 잘라야 한다는 표현은 그로테스크하며, 배를 젓기 위해 다리를 구부려 엉거주춤한 자세로 노를 젓는 모습을 생각하면 우스꽝스럽기 짝이 없다.

다음은 곱사등이를 조롱한 시다.

> 남들은 모두가 꼿꼿한데 너만 왜 이 꼴이냐
> 목은 가슴속에, 무릎은 어깨 속에 파묻혔구나.
> 머리를 들지 못해 해를 보지 못하고
> 몸을 옆으로 기울여야 겨우 하늘을 보는구나.
> 人皆平直爾何然/ 項在胸中膝在肩
> 回首不能看白日/ 側身僅何見青天
>
> 누운 꼴은 괴상해 석 점 없는 맘 심(心) 자요
> 서 있는 모양은 줄 없는 활이로다.
> 통곡해야 할 일은 저승으로 갈 때에

너를 위한 관만은 둥글게 짜야 하겠구나.

臥如心字無三點/ 立似弓形失一絃

慟哭千秋歸去路/ 也應棺槨用團圓

이 '곱사등이'에 대한 시 역시 '키다리와 난쟁이' 시와 같이 조선시대에 씌어진 것 같다. 앞에서 설명한 것처럼, 오늘날에는 신체적 결함을 가진 사람에 대한 조롱은 위트에서 거의 사라졌다. 다만 신체적 결함이 다른 코믹효과와 결부될 때는 예외가 된다. 예를 들면, 난청(難聽)이나 말더듬이에 대한 코믹에서 사람들은 난청으로 고통 받는 사람이나 말더듬이를 조롱하는 것이 아니라, 신체적인 결함의 결과로 생성된 오해나 희극적인 상황 때문에 웃는 경우가 더 많다.

다음은 「가는귀먹은 세 노부인」과 「혀 짧은 강도」라는 제목의 위트다.

가는귀먹은 세 노부인이 버스에 타고 있었다. 버스 창문들이 열려 있었지만 세 부인은 닫을 수가 없었다.

"바람이 들어오지?"

그중 한 부인이 말한다.

"아녀요, 보름달이라니요? 오늘은 초사흗날이랍니다."

그러자 세 번째 부인이 맞장구친다.

"그래요, 이제 춘 사월이 한창이지요."

어느 날, 혀 짧은 강도가 거리에서 강도질을 하기로 했다.

강도: 야, 곰작 마!

행인: 저거 미친놈 아냐?

이렇게 반복되었다.

열 받은 강도, 어느 행인 앞에서 유달리 큰 목소리로 외쳤다.

"곰작 마~~!"

그러자 이 행인. "아이, 감작이야~~."

사팔뜨기와 지독한 근시나 원시 역시 위트의 대상이 된다. 여기서도 물론 이러한 신체적인 결함 때문에 사람들이 웃는 것이 아니라, 사람들은 이 결함이 원인이 되어 발생한 그 결과나 오해에 대해서 웃는다.

사팔뜨기 판사 앞에 세 명의 피고인이 서 있었다. 첫째 피고에게 판사가 묻는다. "이름은?" 둘째 피고가 대답한다. "김만득입니다." 화가 난 판사는 이 피고에게 응답한다. "난 당신에게 묻지 않았어요!" 그러자 셋째 피고가 대답한다. "저는 아무 말도 하지 않았습니다."

한 지독한 근시의 남자가 안경집에 갔다. 안경집 주인이 손님에게 먼저 의자에 앉기를 권한 후 묻는다. "저기 있는 글자를 읽을 수 있습니까?" - "어떤 글자 말입니까?" - "시력검사용 도면 위에 있는 글자 말입니다." - "무슨 도면 위라고요?" - "벽에 걸린 시력검사용." - "벽이 어디 있지요?"

"손님, 손님이 필요로 하는 것은 안경이 아니라, 맹인안내견이랍니다."

신체적 결함은 아니더라도 어떤 특정한 성향이 정상적인 것을 넘어설 때도 사람들은 웃는다. 예를 들면 절약이 바로 그러하다. 절약은 미덕이지만, 이 미덕이 인색함으로 변질되면 사람들은 웃는다. 인색함은 개별적인 사람에게도 해당이 되지만 특정한 지역과도 관련이 있다. 인색함이나 구두쇠에 대한 좋은 예는 스코틀랜드 사람이다. 스코틀랜드 안에서는 이 사실이 잘 알려져 있지 않지만, 스코틀랜드 사람의 구두쇠 성격은 전 세계에 알려져 있다. 이 경우도 앞에서 본 바와 같이, 인색함 자체가 비웃음의 대상이 되지는 않는다. 다만 이 인색함에 다른 희극적인 요인이 결부될 때만 사람들은 웃는다. 왜냐하면 이 경우 역시 규범에서 일탈한 것이기 때문이다. 스코틀랜드 사람의 위트는 대부분 상황코믹이다. 상황코믹은 말이나 행동에 의한 코믹이 아니라, 짧게 묘사된 상황에 코믹의 본질이 있다. 스코틀랜드 사람들에 대한 위트 중에서 잘 알려진 것을 간단하게 소개하면 다음과 같다. "스코틀랜드 사람은 밤에 전기료를 절약하기 위해 맹인용 점자를 배운다." "스코틀랜드 사람은 결혼기념일 축하비용을 절약하기 위해 4년 마다 한 번씩 찾아오는 2월 29일에 결혼한다." "그는 자신의 아내가 더 마모되지 않도록 하기 위해 장모와 함께 잔다." "그는 그의 아들 가스톤 Gaston을 부를 때, 톤이라고 부른다. 가스를 절약하기 위해." "한여름에 그는 그의 아들에게 섬뜩한 이야기만 한다. 아들의 등골이 오싹하게 되어 얼음을 절약하기 위해."

한 스코틀랜드 화학 교수가 학생들 앞에서 여러 가지 산(酸)의 속성 실험을 하고 있었다.

"자 학생들. 이 컵 안에 2실링짜리 돈이 들어있는데 내가 이 산을 부으면 그 돈이 녹을까요, 안 녹을까요?"

학생: 안 녹습니다.

교수: 어째서 안 녹을까요?

학생: 만약 그 돈이 녹는다면 교수님이 산을 붓겠습니까? 1실링짜리라 해도 안 부으실 텐데, 2실링이나 되는 돈을 녹으라고 부으시겠습니까?

교수: 맞기는 맞는데…….

인색함과 같이 과묵함이나 무뚝뚝함 역시 지역적인 특성과 개인적인 특성 그리고 사회학적인 특성을 두루 갖추고 있다. 사회학적으로 보아 농부나 어부가 도시에서 사는 사람보다 말수가 적고 과묵하거나 무뚝뚝하고, 일반적으로 보아 교육을 많이 받은 사람보다 교육을 적게 받은 사람이 좀 더 무뚝뚝한 것도 사실이다. 그리고 어떤 특정지역에 사는 사람들이 다른 지역에 사는 사람들보다 무뚝뚝한 것도 사실이다. 경상도가 그러하다. 경상도 사람의 과묵함을 잘 나타낸 위트들은 도처에서 발견된다.

경상도 남편이 퇴근하여 집으로 돌아와서 하는 다섯 마디.

퇴근 후 부인에게 하는 첫 마디.

"아는?" (아이는 중요하니까)

"밥도." (먹어야 사니까)

"자자." (할 일 없으면 자야지)

"존나?" (자다가 좋은 일은?)

"함 더?"(한 번으론 성에 차지 않으니까)

남편의 이 말에 대한 아내의 답변은?

"아는?" - "잡니더."

"밥도." - "드이소."

"자자." - "불꺼예~."

"존나?" - "죽심더."

"함 더?" - "우야꼬…."

유명인사로서 과묵한 표현의 전형적인 예가 된 사람은 미국의 제30대 대통령이었던 캘빈 쿨리지 Calvin Coolidge(1872~1933)였다.

미국의 제30대 대통령이었던 쿨리지가 한 레스토랑으로 들어왔다. 웨이터 한 명이 그에게 다가와서 이렇게 말한다. "저는 다른 사람과 내기를 했습니다. 대통령 각하께서 저에게 두 마디 이상의 말을 하시면 제가 이기는 것입니다." 그러자 이 과묵한 대통령. "당신이 졌습니다."

쿨리지 대통령은 가정에서도 긴 설명을 좋아하지 않았다. 어느 일요일 날 대통령이 교회에서 돌아오자 목사님이 무엇에 대해 설교를 하셨는지 영부인이 물었다. 쿨리지의 대답. "죄에 대해서." "그러면 목사님은 무슨 말씀을 하셨지요?" - "죄를 짓지 말라고."

위트에서 인색함과 과묵함이 지역적인 특성으로서 많이 등장하는 것과는 달리, 건망증과 정신 산란함은 사회적인 유형으로 표현된다. 특히 정신이 산란한 교수가 위트의 소재로 많이 활용되고 있다. 이때 정신 산란함은 일종의 직업병이다. 이러한 위트에서도 건망증이나 정신 산란함 그 자체에 대해서 사람들이 웃는 것은 아니다. 건망증과 정신 산란함만으로는 웃을 만한 가치도 없다. 다만 이 두 특성들이 결정적으로 중요한 일과 관련이 있든지 아니면 섹스와 관련이 있을 때 사람들이 웃게 된다. 정신이 산란함은 단순하게 아무 생각이 없는 멍청함을 의미하는 것이 아니라, 다른 무엇인가에 골몰하고 있음을 뜻한다. 따라서 건망증이 심하거나 정신이 산란한 교수는 아무것도 생각하지 않는 것이 아니라, 무언가 중요하거나 의미심장한 것에 몰두해 있는 사람이다. 쉽게 표현하면, 교수는 자신의 학문과 결혼한 사람이다. 규범에 위배되는 점은 바로 여기에 있다. 그에게 있어서 가정생활이나 일상생활은 자신의 학문연구보다 전혀 중요하지 않다. 위트의 대상이 되는 건망증이 심한 교수는 거리에서 심지어 자신의 아이뿐만 아니라 자신의 아내도 전혀 알아보지 못하는 것으로 묘사되기도 한다.

한 숙녀가 어떤 유명한 교수를 찾아왔다. 교수는 건성으로 이 숙녀에게 인사를 한다.
숙녀: "교수님, 교수님께선 저를 전혀 모르겠습니까?"
교수: "죄송합니다만, 전혀 기억할 수가 없군요."
숙녀: "저는 20년 전에 바로 교수님의 제자였답니다."
교수는 고개를 가로 저으며 말했다: "아 그래요? 난 그것조차 전혀 기억이 나지 않아요."

숙녀: "그때 교수님께선 저에게 '나의 부인이 되어주지 않겠나?' 라고
        묻기도 했답니다."
교수: "그래서 어떻게 되었지? 정말 그렇게 되었나?"

한 여인이 유명한 의학교수와 결혼했다. 그러나 결혼식 다음 날 신혼
여행지에 있어야 할 신부가 혼자 되돌아와서 눈물을 흘리며 부모님께
이렇게 말한다. "제가 첫날밤에 옷을 벗고 누워있는데, 그 사람이 청
진기를 꺼내서 나를 진찰했어요. 그리고 그는 나에게 처방전을 써 주
면서 사무적으로 이렇게 말하지 않겠어요. '옷을 입어세요. 그리고 다
음 주일에 다시 한 번 오세요.'"

  아직도 옛날과 꼭 같이 괴팍하거나, 건망증이 심하거나 경솔한 교수들
이 완전히 사라진 것은 아니다. 그러나 요사이 거의 모든 교수들은 일반
인들과 거의 다를 바가 없다. 왜냐하면 오늘날의 교수들은 자신의 연구업
적은 물론 강의조차 평가를 받아야만 생존할 수 있기 때문이다. 다른 사
람들로부터 평가를 받아야만 한다는 것은 괴팍한 교수들의 생존에 아주
위협적이다. 따라서 옛날의 위트에 등장하던 교수의 모습은 거의 찾기 힘
들게 되었다.
  이 외에도 결함의 위트에 등장하는 인물들로서는 '재수 없는 사람',
'수줍음을 많이 타는 사람', '게으른 사람' 등이다.

▌무지와 어리석음의 위트

무지(無知)한 사람이란 무식한 사람이나 어리석은 사람이며, 이러한 사람을 일컫는 우리말도 아주 다양하다. 바보, 천치, 병신, 못난이, 축구(경상도), 얼간이, 멍청이, 벽수(경상도), 얼빠진 놈, 머저리, 멍텅구리, 돌대가리, 빙충이, 푼수, 숙맥(菽麥), 시절 등이다. 여기서 '숙맥'이란 콩과 보리를 의미하지만, 또 다른 의미에서 '숙맥 같은 사람'이란 콩인지 보리인지도 분별하지 못하는 사람이란 뜻으로 '숙맥불변'(菽麥不辨)의 줄임말, 즉 바보를 일컫는 말이다. 그리고 '시절(時節)'이란 말은 '때'를 분별하지 못하는 바보를 뜻한다. 바보에 대한 우스개의 말은 참으로 그 종류도 다양하고 많기도 하다. 그러면 여기서 몇 가지 바보들의 위트에 대해서 알아보기로 하자.

독일의 헬무트 콜 Hellmuth Kohl 전 수상은 1993년 독일의 재통일을 이룩했지만, 그의 수상 재임기간 내내 그는 멍청함으로 인하여 놀림감이 되었다. 이때 그는 "나 하나가 웃음거리가 되어 국민들이 즐거울 수만 있다면, 난 얼마든지 바보가 되겠다"는 말을 했다고 한다. 독일어의 "나르 Narr"라는 말은 "바보"라는 의미 외에도 어릿광대 "한스부르스트 Hans-wurst"를 의미하기도 한다. 그렇다면 헬무트 콜 수상의 말은 달리 표현될 수도 있다. "나 하나가 웃음거리가 되어 국민들이 즐거울 수만 있다면, 난 얼마든지 어릿광대가 되겠다." 그가 한 말을 어떻게 변역을 하든지, "바보"나 "어릿광대"가 된 사람은 "웃음거리"가 되고, 이를 보거나 듣는 사람들은 "즐거움"을 느낀다. 우리나라의 역대 대통령들도 거의 예외 없이 국민들의 웃음거리가 되었다.

전두환과 노태우, 최불암이 함께 비행기를 타고 가던 중이었다. 잘 가던 비행기가 갑작스레 기관 고장을 일으켜서 그들은 비상 탈출을 감행해야만 했다. 그런데 불행하게도 비행기 안에는 낙하산이 둘밖에 없었다. 누군가 하나는 꼼짝없이 죽을 운명이었다.

어쩌랴! 일이 이렇게 된 것을. 예상대로 가장 용감한 전두환이 먼저 뛰어내렸다. 이제 남은 것은 하나. 그 다음은 당연히 노태우가 뒤를 이었다. 이제 최불암은 죽기만을 기다리면 그뿐이었다. 그런데 이게 웬일인가? 최불암은 죽지 않았다. 왜냐고? 전두환이 맨 먼저 짊어지고 뛰어내린 것은 낙하산이 아니라 최불암의 책가방이었던 것이다. 불쌍한 전두환.

YS가 고급 레스토랑에 갔다.

"뭘 드시겠습니까?"

웨이터의 주문에 YS와 두 명의 일행은 스테이크를 주문했다.

"어떻게 해 드릴까요?"

일행 중 하나가 말한다. "난 미듐으로."

다른 사람이 말한다. "나도 미듐으로."

그러자 YS가 몹시 난처한 얼굴로 말한다.

"우짜노, 난 라아지는 먹어야 배가 차는데."

국무총리가 말했다. "어려운 경제사정 속에서도 경상수지가 흑자를 기록하고 있습니다. 하지만 안심하기는 이릅니다. 앞으로도 계속 경상수지에 큰 신경을 써야 할 것으로 봅니다."

이 말을 듣고 있던 DJ. 아주 불만스럽게 "경상수지라니! 거 해도 너무 하는구먼. 50년 동안이나 해 먹었으면 이제 신경 안 써도 되지 않겠소? 충청수지나 전라수지는 어떻게 하라고."

위의 세 가지 예문들에 등장하는 세 명의 역대 대통령들은, 그 정도의 차이는 있지만, 모두 무식한 사람들로 표현되어 있다. 책가방과 낙하산을 분별 못하는 전두환 대통령, 스테이크의 굽는 정도를 표현하는 '미듐(medium)' 이라는 영어를 크기로 생각하여 '라아지(large)' 로 말하는 김영삼 대통령, 경상 거래에 의한 국제 수지(수입과 지출)의 밸런스를 의미하는 경제용어 '경상수지' 를 지역을 의미하는 '경상도' 로 알아들은 김대중 대통령에 대한 코믹한 표현이 바로 그러하다. 우리나라를 대표하는 권위 있는 대통령을 무식한 사람, 즉 바보로 표현한 것을 읽고 우린 약간의 쾌감과 즐거움을 느낀다. 이 '무지의 위트' 는 이 경우엔 '풍자적인 위트' 라고 할 수도 있다.

'무지의 우스꽝스러움' 에 대해 가장 먼저 지적한 사람은 플라톤 Platon(기원전 428/7~348/47)이다. 이 웃음이론은 그의 노년의 작품인 『필레보스 Philebos』(기원전 360년 이후)에 기록되어 있으며, "희극적인 것에 대한 이론들 중에서 지금까지 보존된 가장 오래된 이론의 한 본보기"로 간주되고 있다. 『필레보스』에 의하면 자신의 재산이나 아름다움 또는 현명함에 대해 "자신을 잘 알지 못하는 것"이 우스꽝스럽다. 이를 달리 표현하면 자신의 분수를 모르는 어리석음이라고 할 수 있다. 이를 거칠게 요약하면 '무지의 우스꽝스러움' 이라 할 수 있다. 플라톤의 우스꽝스러움의 정의는 단 하나의 전제조건이 충족되어야 한다. 이 조건은 무지하거나 어리석은 사람이 힘이 없어야 한다는 것이다. 왜냐하면 우리는 강한 사람을 비웃을 수 없기 때문이다. 조직폭력배들이나 고관대작들 앞에서 이들의 무식한 말을 듣고도 힘이 약한 시민들이 웃지 못하는 이유가 여기에 있다.

『이솝 우화』중에서 자신의 분수를 모르는 '개구리의 우화'는 바로 자신을 알지 못함, 즉 자신의 어리석음으로써 우스꽝스러움의 대상이 된 좋은 예일 것이다.

> 옛날 옛적에 어떤 개구리가 목장에 있는 소를 보고 그 거대한 덩치를 부러워하게 되었다. 그래서 어미 개구리는 주름살이 완전히 펴질 때까지 자신의 몸통을 팽창시키고선 그의 아이들에게 이제 저 소보다 더 퉁퉁해졌느냐고 물었다. "아직 아니예요"라고 아이들은 대답했다. 보다 더 힘을 주면서 어미 개구리는 자신의 가죽을 팽팽하게 잡아 늘이면서 이제는 더 커졌느냐고 물었다. "소가 더 큰 걸요." 새끼 개구리들은 대답했다. 성에 받힌 그녀는 결사적인 노력으로 자기의 가죽에다 점점 더 바람을 불어넣다가 마침내 터져 죽고 말았다.

옛날의 우스개 이야기에선 바보 이야기가 중요한 역할을 하고 있다. 우스개 이야기나 바보 이야기들은 행동코믹을 토대로 하는 것이 많지만, 언어코믹과 관련된 것도 상당수 발견된다. 그리고 바보나 어리석은 사람들의 행동이나 생각이 규범에서 일탈했다는 점에서 보아 이러한 코믹은 상당수가 위트에 속할 수 있다.

다음은 바보스러움을 소재로 한 우스개 이야기와 바보 위트의 예들
이다.

어느 산중에 호랑이 한 마리가 먹을 것을 찾아 나서려 하고 있는데,
마침 어느 농부가 산 아래에 와서 담배 밭을 맨다.

"옳지, 저 놈을 잡아먹어야겠다."

잔뜩 벼르고 있는데, 농부가 더워서 땀이 났는지 웃통을 홀렁 벗어던
졌다.

보니 살도 잘 쪘고, 옷까지 벗었으니, 찢어발길 수고도 덜어주고 있지
않은가. 참 어찌나 좋은지 한 번 실컷 웃고 싶은데, 웃다가 저 놈이 듣
고 도망치면 헛것이라 싶어, 어슬렁어슬렁 산등성이를 넘어가 실컷
웃고 도로 넘어와 보니, 아차, 농부는 벌써 일을 끝내고 집에 돌아갔
는지 없어진 뒤였더라는 것이다.

어느 중학교에 장학사가 방문하여 지구본을 만지고 있는 학생에게 물
었다.

장학사: 이 지구본이 왜 기울어져 있지?

중학생: 제가 안 그랬는데요!

장학사(담임에게): 중학생이 어떻게 이런 것도 모르지요?

담임(당황해 하며): 그거 사올 때부터 그런 것 같은데요!

장학사는 어이가 없어 교장에게 찾아가 지구본 이야기를 하자,

교장: 국산이 다 그렇죠 뭐!

「어리석은 호랑이」 이야기에서는 밭에서 일하는 무방비 상태의 농부를 본 호랑이가 기분이 너무 좋아 실컷 웃고 와서 농부를 잡아먹을 시기를 놓친다. 이 이야기는 위트의 정곡이 없기 때문에 단순한 우스개 이야기로 분류해야 될 것 같다. 「지구본」, 즉 지구의(地球儀)는 지구를 본 떠 연직선(鉛直線)에서 23.5° 기울어진 축을 중심으로 회전하는 원형의 공 모양의 작은 모형이다. 지구본이 몇 도 기울어졌는지는 모른다 해도 지구본이 약간 기울여졌다는 것은 상식에 가까운 지식이다. 이 위트의 정곡은 교장 선생이 한 말 "국산이 다 그렇죠 뭐!"에 있다. 이와 같이 일반적인 사람들이 거의 다 알고 있는 상식적인 지식이나 낱말의 뜻을 모르는 것을 다룬 위트들은 상당히 많다. 레스토랑에 가서 '더치페이'[dutch pay: 각자 자신이 먹은 음식 값을 지불하는 것]라는 말을 음식이름으로 잘못 알고 주문하는 행위, 미술작품 전시회에서 '처녀작'의 의미를 잘 몰라서 '유부녀작'은 어느 것이냐고 묻는 행위, 교황의 방문 시에 교황 부인의 안부를 묻는 것 등이다.

그리고 바보 위트가 그 코믹효과를 더욱 증폭시키는 것은 이 위트가 섹스와 결부될 때이다.

어떤 남편이 예정보다 출장에서 일찍 돌아와 자기 집 문을 두드렸지만, 집에 있어야 할 아내가 좀처럼 나타나지 않았다. 한참만에야 문을 열고 안으로 들여보내 주었다. 남편이 손을 씻기 위해 욕실에 가려고 하자, 아내가 당황하여 말했다.

"새 수건은 부엌에 있어요."

"내 집의 욕실을 쓰는 것은 내 마음이야."

남편이 부인의 만류를 뿌리치고 욕실의 문을 열자, 난생 처음 보는 젊은 사나이가 웅크리고 있지 않은가. 그런데 그 사나이는 조금도 당황하지 않고 침착한 태도로 이렇게 말한다. "정말 죄송합니다. 실은 2층에 사는 부인과 친하게 지내는 사람입니다만, 오늘은 뜻밖에도 주인이 일찍 돌아와서 2층 창문을 통해 댁의 욕실 창으로 도망쳐 왔습니다. 죄송합니다만 남자끼리의 정으로 댁의 현관으로 나가게 해주십시오."

출장 다녀온 남편은 씽긋 웃고는 그 사나이를 현관으로 내보내 주었다. 이윽고 밤이 되어 잠자리에 들자 아내는 코를 골면서 곤히 잠을 자고 있었다. 이때 잠이 들지 않아 이 생각 저 생각을 하던 남편이 갑자기 벌떡 일어나 아내의 머리를 주먹으로 쥐어박았다. 아내는 깜짝 놀라 눈을 떴다.

"당신, 머리가 이상해진 것 아니요?"

"이 바람둥이 여편네야! 이제 와서 생각이 났는데, 우리 집은 단층집이야."

한 청년이 어떤 여자를 2년 가까이 사귀어 왔다. 사귀어 보니 그녀는 약간 멍청한 구석이 있긴 하지만 외모도 괜찮고 그럭저럭 정도 들어서 놓치기가 아까웠다. 그래서 하루는 약속 장소를 근사한 레스토랑으로 잡아 분위기를 잡다가 청혼을 했다. 그러자 여자는 매우 쑥스러워 하다가 이렇게 대꾸하는 것이었다.

"결혼은 좀 곤란해요. 우리 집 가풍은 집안사람들끼리만 결혼하게 되어 있거든요."

"아니, 그게 무슨 소리지?"

여자가 말했다. "할아버지는 할머니랑, 아빠는 엄마랑, 고모부는 고모랑 결혼을 했거든요."

자신이 단층집에 살고 있는지 이층집에 살고 있는지도 모르고 있는 남편은 아내의 간부(姦夫)를 현관까지 배웅한다. 뒤늦게 깨달았을 때는 간부가 사라진 지 오래되었다. 이러한 남편과 같은 사람을 우리는 '형광등' 이라고 표현한다. 아내의 간부(姦夫)를 눈앞에서 놓친 형광등과 같은 남편보다 더 우스운 위트가 바로 「우리 집 가풍」이다. 본래 이 위트는 '어린이의 위트'에 속했던 것인데, 우리나라에서 변형된 것 같다. 그 내용은 동일하다. 다만 첫 도입부분만 다를 뿐이다. 오리지널 버전에 의하면, 5살 먹은 사내아이가 옆집에 사는 계집애에게 크면 둘이 결혼하자고 제안하자, 이 계집애의 대답이 위와 같다. 바보나 어리석음을 주제로 한 위트들은 많은 다른 주제들과 결부되어 있다.

무지의 위트에서도 성역은 존재하지 않는다. '경상도 할머니들'의 예수에 대한 대화가 바로 그러하다.

경상도 할머니 셋이 교회 앞 벤치에 앉아 이야기를 나누고 있었다.

한 할머니가 말했다. "보이소, 예수가 죽었다카데."

다른 할머니가 물었다. "와 죽었다카드노?"

"못에 찔려 죽었다 안카드나?"

"어이구, 그눔아 머리 풀어 헤치고 다닐 때 내 벌써 알아 봤데이…."

그러자 지금까지 아무 말도 하지 않고 있던 다른 할머니가 끼어들었다.

"예수가 누꼬?"

처음 할머니가 대답했다.

"모르제, 우리 며늘아가 아부지~ 아부지~ 케사이 바깥사돈 아이겐나?"

우리나라에 기독교인의 수가 몇 천만 명을 넘지만, 예수를 모른다는 것 자체만으로 코믹의 효과를 충분하게 발휘하지는 못한다. 여기에다 경상도 사투리가 주는 코믹의 효과가 덧붙여질 때, 이 무지의 위트는 더욱 우리를 우습게 한다.

오늘날 무지의 위트는 단순한 지식이나 상식적인 말에 대한 무지만을 대상으로 하지 않는다. 한자(漢字)나 영어의 무지도 그 대상으로 삼는다. 1980년대 『紳士와 士官』이라는 영화가 상영되었다. 상당히 오래된 버전이지만, 이 영화제목에서 "사(士)"자를 "토(土)"자와 혼동한 위트가 유행했던 적이 있었다. 즉, "신사와 사관"이 "신토와 토관"으로 잘못 이해됨으로써. 이와 유사한 예가 다음의 위트이다.

삼형제가 달력을 쳐다보고 있었다. 막내가 달력에 쓰인 한자를 자랑스럽게 읽는다.

"월화수목김토일"(月火水木金土日)

그러자 둘째가 막내의 뒤통수를 치며 말한다.

"바보야, 그건 김이 아니라 금이야. 월화수목금사일."

이번에는 첫째가 둘째를 쥐어박으며 말한다.

"멍청아, 그건 사가 아니라 토야. 월화수목금토왈."

이 광경을 바라보던 아버지가 혀를 끌끌 차며 말했다.

"너희들 한문 실력이 왜 그 모양이냐. 당장 가서 왕편 좀 가져오너라."

위의 예는 "금(金)"을 "김"으로, "토(土)"를 "사(土)"로, "일(日)"을 "왈 (日)"로, "옥(玉)"을 "왕(王)"으로 혼동하여 빚어진 위트이다. 따라서 이 위트는 언어위트에도 속할 수 있다. 오늘날에는 한자 대신에 미국의 지명 이나 영어의 낱말을 잘 모르기 때문에 생긴 위트로 발달해 간다. 우리나 라에서 영어의 힘이 한자의 힘을 능가했기 때문인지도 모르겠다.

효도 관광으로 해외여행을 다녀온 할머니가 미국을 구경한 이야기 이다.

"이상한 것도 많고 탈 것도 많고 사람도 어찌나 많든지 ……."

"그곳이 어딥니까?"

"뒤질년들(디즈니랜드)."

"또 무엇을 보셨습니까?" 며느리가 물었다.

"아주 넓고 어마어마한 곳이더라."

"그곳은 또 어딘데요?"

"그년도개년(그랜드캐넌)."

위의 몇 개의 예들은 어리석음이나 무지의 위트가 언어위트에 기초한 것들이다. 언어위트들은 다른 코믹들과도 결부된 것들이 많다. 예를 들면

'세일즈맨 위트'도 세일즈맨에게 사기를 당한 사람의 입장에서 보면 '바보 위트'라 할 수 있다. 그리고 '어린이의 위트'나 '학교 위트' 역시 관점에 따라 어리석음의 위트나 무지의 위트로 분류될 수 있다. 그리고 교육 수준이 낮은 벼락부자에 대한 조롱 역시 무지의 위트에 속한다. 벼락부자 위트의 예를 몇 가지 들어보면 다음과 같다.

"입센을 아십니까?" - "아뇨, 그거 얼마 주면 살 수 있어요?"

"닥터 지바고를 본 적 있습니까?" - "아뇨, 나는 항상 우리 집 주치의 한테 간답니다."

벼락부자 위트들에서는 벼락부자들이 돈을 주고 살 수 없는 것, 즉 교양이라는 것도 있다는 것을 보여주고 있다.

▌정신이상자 위트

정신이상자 위트는 사실적으로나 내용적으로 보아 대부분 비논리 위트에 속한다. 종종 이 위트는 주정뱅이 위트와도 관련이 있다. 그럼에도 불구하고 정신이상자 위트는 자체의 고유한 특성을 갖고 있다. 정신이상자 위트에 등장하는 인물은 현실을 인식하지 못하거나, 현실을 인식하려고 하지만 늘 실패하는 사람이다. 정신이상자의 상대자는 그의 의사이거나 아니면 그와 같은 동료 정신이상자이다. 정신이상자들의 '으뜸 패 위트'

에서는 두 번째 정신이상자가 첫 번째 정신이상자보다 훨씬 더 바보스럽고 훨씬 더 미쳐있다.

> 두 명의 정신이상자가 자동차 두 대를 차고에 함께 주차시키고 9개월 후에 새 차가 태어나길 기다리고 있다. 그때 다른 정신이상자가 와서 아주 거만하게 말한다. "너희들 정말 순진하기 짝이 없군. 본네트를 열어두어야 새끼가 생기지, 멍청하긴!"

상당히 많은 위트들에서는 한 사람이 다른 사람을 정신이상자라고 정신과 전문의에게 말한다. 실제로는 그 자신이 환자인데도.

> "내 아내는 자신이 암탉이라고 생각하고 있어요"라고 한 남편이 정신과 전문의에게 말한다.
> 전문의. "그건 상당히 심각하군요. 그렇게 생각한 지 얼마나 오래되었지요?"
> "삼 년."
> "그런데 당신은 왜 좀 더 일찍 말하지 않았어요?"
> "계란을 낳는가 보려고요."

정신이상자가 완치되었는지 확인하는 '퇴원하기 전 진찰'도 위트에서 많이 취급된다. 이러한 위트에서 완치가 되었다는 증세는 훨씬 더 심각한 재발로 밝혀지고, 결과적으로 보아 정신병은 치유 불가능한 것으로 표현된다. 정신이상자 위트에서 정신이상자가 완치된다면, 이 위트는 위트로서 묘미가 사라질 것이다.

한 정신과 전문의가 홀가분한 기분으로 여자 환자에게 말한다. "우리는 당신이 더 이상 엘리자베스 테일러로 생각하지 않는다는 결론을 내렸답니다. 축하합니다, 당신은 퇴원해도 좋습니다." 여자 환자. "감사합니다. 그러면 계산서는 리처드 버턴에게 보내 주세요."

한 정신과 전문의가 정신이상자 한 명을 진찰한다. "당신이 퇴원을 하면, 제일 먼저 무엇을 하고 싶습니까?" "네, 새총을 하나 사서, 쓰레기 같은 이 병원 창문을 다 깨뜨리고 싶어요!" 정신과 전문의. "당신 독방으로 되돌아가야 되겠어요." 삼 개월 후 이 의사는 이 환자를 다시 한 번 진찰한다. "당신이 퇴원을 하면, 무엇을 제일 먼저 하고 싶습니까?" 정신이상자. "예쁜 소녀를 향해 미소를 지어 유혹할 것입니다." 의사가 친절하게 미소를 지으며 말한다. "아주 좋아요. 그런 다음에는?" 정신이상자. "그 다음엔 이 여자를 호텔로 데려가지요." 의사. "아주 좋습니다. 그 다음엔?" 정신이상자. "그 다음엔 이 여자를 침대에 눕히지요." 의사가 환하게 웃으며, "바로 그거랍니다. 그 다음엔?" 정신이상자. "그 다음엔 그 여자의 팬티를 벗긴 답니다." 정신과 전문의가 아주 만족하여 이 진찰을 끝내려고 한다. 이때 정신이상자는 계속 말한다. "그 다음엔 팬티에서 고무줄을 빼내서, 새총을 만들어, 이 저주받은 쓰레기 같은 병원의 모든 창문들이 다 깨어지도록 쏠 것입니다."

사람들이 정신이상자 위트를 읽거나 듣고 왜 즐거워할까? 어쩌면 우월감으로 설명할 수도 있을 것 같다. 하지만 이 위트를 듣거나 읽고 즐거워하는 이유는 다른 사람의 불행을 보고 기뻐하는 것과는 거리가 멀다. 아마도 그 이유는 한편으로 보아 자신이 정상이라는 안도감일 것이다. 다른 한편으론 모든 사람이, 심지어 이러한 위트를 만드는 사람 역시, 정신이상자가 될 수도 있고 미칠 수도 있다는 점이다. "아 정말 미치겠어!"라는 말을 우리는 하루에도 몇 번이나 하고 있다. 정신이상자 위트는 무언가 불안과 관련이 있다. 어쨌든 이 위트는 누구나 정신이상자가 될 수 있다는 불안감을 극복하는 데 무언가 도움을 주고 있으며, 이러한 불안감으로부터 벗어났다는 것 자체가 이미 즐거운 감정을 일으킨다.

1962년에 초연된 프리드리히 뒤렌마트의 극작품 『물리학자들 Die Physiker』에서 정신병 요양소 환자들은 정상적인 사람들이고 이 병원의 여의사가 정신이상자이다. 이 극작품과 같이 정신이상자 위트에 등장하는 정신과 전문의는 약간의 전문지식을 갖추고 의사가운만 입었을 뿐 환자와 별로 다를 바가 없다.

> 한 정신병 요양소의 원장의사가 방문객에게 요양소를 보여주고 있다. 갑자기 이 방문객은 천정에 거꾸로 매달려서 인상을 쓰고 있는 한 환자를 발견하고 원장에게 질문한다. "원장 선생님, 저 사람 대관절 왜 저렇게 하고 있지요?"
> "뭐 그렇게 심각한 것은 아니랍니다. 저 사람은 자신을 200W 백열등으로 생각하고 있답니다."

"원장님께선 그래도 저 사람이 내려오게 해야 하지 않나요?"

"기꺼이 그렇게 해야 하지요. 그런데 그렇게 한다면 우린 구경할 것
이 없답니다."

사회적, 종교적 갈등

위트속으로 5
사회적, 종교적 갈등

조선시대의 우스개 이야기에 등장하는 사람들의 직업과 최근의 위트에 등장하는 사람들의 직업은 많은 차이가 있다. 조선시대 우스개 이야기에서는 어리석은 농부, 음탕한 승려, 과부, 음탕한 양반과 하녀나 첩, 술수가 능란한 행상인 등이 많이 등장하고 있다. 이와는 달리 최근의 위트에서는 사장과 여비서, 영화배우나 탤런트 지망생, 주인과 하녀, 의사와 환자, 웨이터와 손님, 무엇보다 위트에 단골 등장인물인 '만득이' '사오정' '최불암' '병태' 등이다.

위트에서는 사회적으로 열등한 위치에 있는 사람이 정신적으로 우월하게 묘사된다. '웨이터 위트'에서는 사회적으로 열등한 위치에 있는 웨이터의 기발한 답변으로써 웨이터가 정신적인 우월한 위치를 차지한다.

손님이 웨이터에게 말한다. "저는 스테이크를 먹고 싶습니다. 16일간 저장한 소고기로 굽되, 가운데는 손가락 두께 만큼 핏기가 있어야 하며, 겉은 노릇노릇하게 굽고, 양념이 잘 배여야 하며, 육즙은 충분해야 합니다. 그리고 저는 스테이크 안에 지방덩어리가 들어있는 것을 보고 싶지 않아요."

웨이터. "그러면 어떤 혈액형의 황소를 원하세요?"

한 손님이 맥주 속에 파리가 **빠져**있다고 불평을 한다.

"단지 그것 때문에 흥분을 하십니까?" 웨이터가 놀라서 반문한다.

"작은 파리 한 마리가 마시면 얼마나 마시겠습니까?"

직업과 관련된 위트는 다양한 직업의 수만큼 위트 또한 다양하다. 그 중에서 많이 다루어지고 있는 위트로서는 '군인 위트', 멍청한 '교수 위트', '의사 위트', '성직자 위트', '정치가 위트'. '변호사 위트' 등이 있다. 우선 직업과 관련해서 「뱃사공과 철학 교수」라는 제목의 위트와 「의사와 변호사」라는 제목의 위트를 소개한다.

어느 철학 교수가 나룻배를 탔다. 그가 뱃사공에게 철학을 배웠냐고 묻는다. 그러자 뱃사공이 고개를 저었다. "한심한 사람이군. 자넨 인생의 3분의 2를 헛살았구먼. 그렇다면 자넨 문학에 대해서는 공부를 했나?" 역시 뱃사공이 배우지 않았다고 대답한다.

강의 절반쯤을 건너갈 무렵, 갑자기 배에 물이 들어오면서 배가 가라앉기 시작했다. 이번에는 뱃사공이 그 철학 교수에게 헤엄을 배웠냐고 묻는다. 철학 교수는 고개를 저었다.

이에 뱃사공은 다음과 같이 말한다. "선생님은 인생 전체를 헛살았군요."

한밤중에 한적한 길의 사거리에서 두 대의 자동차가 충돌했다. 두 자동차 모두 많이 부서졌고, 운전자들도 충격을 많이 받고 다쳤다. 그 누구의 잘잘못을 가리기도 어려운 상황에서 두 사람은 차 밖으로 나왔다. 한 명은 의사였고, 한 명은 변호사였다.

변호사가 핸드폰으로 경찰에 신고를 했고, 20분 후에 도착하리라는 응답을 받았다. 밖은 너무 춥고 어두웠고, 두 운전자 모두 추위에 떨고 있었다. 그러자 변호사가 차에서 술 한 병을 꺼내서 의사에게 권한다. 의사는 고맙다고 하며 한 잔을 마셨고, 다시 변호사에게 잔을 권한다. 그러자 변호사는 술을 차에 다시 집어넣는다. 의사가 묻는다.

"추운데 당신은 안 마실 거요?"

의사의 질문에 변호사가 입에 웃음을 머금고 대답한다.

"아, 저는 경찰이 온 다음에 마시죠, 뭐."

「뱃사공과 철학 교수」 위트에서 뱃사공과 철학 교수와의 논쟁은 뱃사공의 승리로 끝난다. 철학과 문학도 중요하지만 배가 가라앉고 있는 현 시점에서 가장 중요한 것은 무엇보다 헤엄을 칠 수 있는 능력이다. "선생님은 인생 전체를 헛살았군요." 「의사와 변호사」에서는 순진한 의사가 음흉한 변호사의 술책에 말려든 것을 보여주고 있다. 능수능란한 술수와 높은 변호사 상담수가가 변호사 위트에서 항상 다루어지는 단골 메뉴이다.

한 여자가 이웃에 사는 변호사를 찾아왔다.

여자: "개가 이웃에게 손해를 끼쳤다면 어떻게 하지요?"

변호사: "당연히 개 주인이 물어 주어야지요!"

여자: "댁의 개가 우리 집에서 2만원 어치 고기를 물고 갔어요."

변호사: "그럼 8만원만 주세요. 변호사 상담비가 10만원이거든요!"

이 장에서는 직업적인 위트들 중에서 가장 많이 회자되는 의사 위트, 성직자 위트, 정치가 위트에 대해서 좀 더 상세하게 알아보려고 한다.

▌의사 위트

의사 위트에는 의사들에 대한 위트들과 의사들에 의한 위트, 즉 의사들 상호간에만 통용되는 위트가 있다. 이 두 종류의 위트는 내용적으로 보아 아주 다르다. 의사들에 대한 위트에서는 의사가 조롱의 대상이 된다. 다시 말한다면, 이 위트는 환자들의 시점에서 만든 것이며, 사회비판도 상당부분 내포되어 있다. 상류와 하류 계층으로 나누어진 병원의 환자, 하류 계층에 속하는 환자의 나쁜 대우, 병원에서 실험용 동물처럼 취급받고 있다는 환자들의 감정이 여기에 반영되어 있다.

한 의사가 동료의사에게 말한다. "여보게 김 박사, 의학 지식과 환자 사이에 근본적인 차이가 무엇인지 아나? 의학 지식은 상류층 환자에게 도움이 되고, 하류층 환자는 의학 지식에 도움이 된다네. 이것이 근본적인 차이야."

이러한 말이 의사들의 입을 통해서 나왔다는 것은 상당히 냉소적이라 할 수 있다. 그리고 변호사들과 같이 의사들이 받는 거액의 보수는 어느 나라에서나 문제가 되는 것 같다.

의사가 한 환자에게 말한다. "당신이 꼭 아셔야 할 것 같아서 말씀드립니다만, 저와 한 번 상담하는 데 100유로랍니다." 환자가 시무룩하게 대답한다. "네, 알고 있습니다." "둘째, 이 값으로 당신은 두 가지 질문을 할 수 있답니다." "100유로에 단 두 가지 질문이라, 의사 선생님, 그건 너무 비싸다고 생각하시지 않습니까?" "어쩌면!" 의사가 대답한다. "아마 그럴지도 모르겠군요. 그렇다면 당신의 두 번째 질문은 무엇이지요?"

의과대학 동창생 의사 두 명이 만났다. 한 사람은 산부인과 의사가 되었고, 한 사람은 안과 의사가 되었다. 산부인과 의사는 값비싼 벤츠 자동차를 몰고 다니며 거대한 저택 등을 소유하고 있다. 안과 의사는 작은 승용차를 몰고 다니며 전세 아파트에서 살고 있다. 산부인과 의사가 말한다. "여보게 친구, 난 이해할 수가 없어. 우리 둘은 아주 우수한 성적으로 의사시험에 합격했었는데, 어떻게 해서 너는 나보다 적게 벌지?" 안과 의사. "아 그래? 넌 자궁을 긁어내듯 눈을 긁어내는 것을 본 적이 있나?"

옛날엔 산부인과 의사들이 많은 돈을 번 것 같다. 요사인 안과 의사나 성형외과 의사의 수입이 많다고 한다. 어쨌든 「의과대학 동창생」 위트가 만들어졌을 때는 안과 의사의 수입이 적었던 모양이다. "아 그래? 넌 자궁을 긁어내듯 눈을 긁어내는 것을 본 적이 있나?"

의사 위트에서 언제나 등장하는 주제가 '돌팔이 의사'다. 그 한 예를 보기로 하자.

> 한 남자가 아주 다급한 목소리로 그의 집 주치의에게 전화한다. "의사 선생님, 지금 빨리 와주셔야 되겠습니다. 저의 집사람의 입 속으로 생쥐 한 마리가 들어갔답니다." "네, 알았습니다. 가능한 한 빨리 가겠습니다." "그 동안 저는 무얼 해야 합니까?" "당신 부인의 입을 벌리고, 치즈 한 조각을 입 앞에 들고 계세요." 의사가 이 집에 도착해서 보니, 아들이 그의 어머니의 벌린 입 앞에 청어 한 마리를 들고 있다. '나는 치즈 한 조각을 들고 있으라고 했었는데…' 남편의 대답은 이렇다. "그건 그렇습니다만, 그런데 지금은 고양이를 꺼내야 한 답니다."

입 속으로 들어간 생쥐를 꺼내기 위해서 입을 벌리게 하고 치즈를 들고 있으라는 처방은 의사의 처방으로 보기 어렵다. 그런데 의사가 환자 집에 도착해서 보니 치즈 대신 청어 한 마리를 들고 있다! 그러면 부인의 입 안으로 고양이를 집어넣었단 말인가? 이 위트의 정곡은 남편의 마지막 말에 있다. "그건 그렇습니다만, 그런데 지금은 고양이를 꺼내야 한 답니다."

고대 로마 황제의 주치의였던 갈렌 Galen은 다음과 같은 말을 했다고 한다. "최상의 의사는 자연이다. 자연은 모든 병의 3/4을 치료하고 동료 의사에 대해서도 그 어떤 나쁜 말도 하지 않는다." 의사의 치료능력에 대한 의사의 말이다.

환자의 죽음을 겨냥한 위트들은 섬뜩한 위트에 가깝다.

"의사와 사형 집행인의 공통점은 무엇이지?" "이 두 사람은 어떠한 형벌도 받지 않고 합법적으로 죽일 수 있도록 허락을 받은 사람들이지."

"병태 씨, 오늘은 좀 어떠세요?" "예, 선생님, 훨씬 좋아졌습니다, 다만 숨 쉬는 것이 약간 어렵습니다." "자, 그러면 이걸로 끝낼 수 있는지 한 번 봅시다!"

다른 의사 위트들은 단순한 섹스 위트들과 결부되어 있다. 이 위트들에서는 매춘행위나 성 불능 등이 많이 다루어지고 있다.

한 여배우 지망생이 의사에게 와서 여러 가지 육체적 통증을 호소한다. 의사는 인내심 있게 듣고 다음과 같이 말한다. "아 그래요, 아가씨. 진찰하기 전에 먼저 당신을 한 번 손으로 진단해야 되겠어요. 옷을 벗고 이 소파 위에 누우세요."
이 젊은 아가씨는 놀라서 아주 작은 가죽 침대를 보고 이렇게 말한다. "그런데 의사 선생님, 우리 둘이 눕기엔 침대가 너무 좁아요."

산부인과 의사가 한 부인을 진찰하고 있다. "부인, 당신의 질(膣)이 너무 확장되어 있어요." 의사가 혼잣말처럼 중얼거린다. 부인은 아무 말도 하지 않고 있다. 의사가 또 다시 말한다. "부인, 당신의 질이 너무 확장되어 있어요." 이 말이 마음에 들지 않은 부인이 화를 내며 말한다. "선생님, 그 별로 듣기에 좋지도 않은 말을 그렇게 두 번이나 반복해서 말해야만 합니까?" 의사가 당황하여 얼버무린다. "아 예, 저는 아무 말도 하지 않았는데요. 그건 단지 메아리였답니다."

「여배우 지망생」 위트의 정곡은 이 아가씨가 진찰용 침대를 보고 "우리 둘이 눕기엔 침대가 너무 좁다"는 말에 있다. 이 위트에서 「여배우 지망생」이라는 제목이 많은 것을 시사하고 있다. 「질 확장」 위트에 등장한 산부인과 의사는 직업에 어울리지 않을 정도로 순진하다. 두 번이나 듣기 싫은 말을 들었다고 화를 내는 환자에게 그는 "메아리"라고 얼버무리고 있다니. 그런데 '질이 확장된 부인' 의 직업은 과연 무엇일까? 우리나라에서 많이 회자되고 있는 「여배우 지망생」과 비슷한 위트는 다음과 같다.

첩첩산중 시골에 임신이 안 돼 고민하던 며느리가 있었다. 어느 날 산 너머 사는 새댁이 산부인과에서 출산을 했다는 소식을 듣고 이 며느리도 병원을 찾았다.
의사. "옷 벗고 준비하세요."
'벗고 누워? 외간 남자 앞에서?'
며느리는 침상에 올라와서도 차마 옷은 벗지 못하고 생각한다.
'이래서 병원에 오면 임신이 되는구나, 어떡하지?'

그때 의사가 또 들여다보더니 말한다.

"빨리 벗어요!" 그러자 며느리의 울음 섞인 목소리.

"선생님이 먼저 벗~으~세요."

▌성직자 위트

성직자 위트로 불리는 종교적인 위트는 대부분 그 내용으로 보아 '반 성직자 위트' 이다. 성직자 위트의 대상이 되는 사람들은 원칙적으로 신부, 목사, 승려, 수녀, 랍비 등 직업적인 종교인들이다. 물론 신부나 목사 또는 승려가 등장하는 모든 위트가 다 성직자 위트는 아니다. 성직자 위트가 종교에 대한 공격성을 내포하고 있지만, 사람들은 이 위트를 아주 좋아한다. 이 위트를 특별히 좋아하는 사람들은 바로 이 위트의 공격목표가 되고 있는 종교를 믿는 신앙인들이다. 성직자 위트의 범위는 광범위하고, 그 세분된 항목 또한 다양하다. 많은 성직자 위트들에서는 서로 다른 종교집단이나 그 대변자들 사이에서 자신의 종교가 더 낫다고 주장하고 있다.

기독교 목사가 죽어서 하늘나라로 왔다. 성 베드로는 지상에서의 활동에 대한 보상으로 그에게 VW(폴크스바겐) 한 대를 주었다. 얼마 후에 그는 하늘나라 풀밭에서 가톨릭 신부 한 사람을 만났다. 그런데 이 신부님은 메르세데스 벤츠를 몰고 있었다. 그래서 그는 베드로에게 불평을 토로했다. 여기에 대한 베드로의 설명은 이렇다. "신부는 결혼을 할 수 없었기 때문에 지상에서 궁핍하고 부자유하게 생활했어. 그래서 이곳 하늘나라에서 그 보상을 받은 거야." 우리의 목사는 이 설명을 듣고 어느 정도 만족한다. 얼마 후 그는 롤스로이스를 타고 있는 유태인 랍비를 만났다. 목사의 강력한 항의에 대한 베드로의 대답. "여보게 친구, 그 사람은 보스의 친척이야!"

세속인들에게 성공과 부유함의 상징인 자동차 회사의 상표가 가난, 겸손, 적어도 소박한 삶을 살아야 할 성직자들에게도 적용이 된다는 것은 성직 자체에 대한 공격성의 전형이라 할 수 있다. 또 다른 성직자 자동차 위트에 의하면 한 유태인이 가톨릭 공의회가 열릴 때 로마에 와서 메르세데스 벤츠나 롤스로이스를 타고 온 고위 성직자들과 추기경들을 보고 이렇게 말한다. "모두 다 사업에 성공했군! 처음엔 당나귀 한 마리로 시작했었는데…."

성직자 위트에서는 아주 세속적인 행태들, 즉 자만심, 어리석음, 돈에 대한 탐욕, 좋은 음식 등을 성직자들의 속성으로 묘사하거나 세속화하여 공격하기도 한다.

한 부부가 유명한 인성 심리학자를 찾아와서 그들의 어린 아들이 장래에 어떤 직업을 선택해야 할지 물었다. 이 심리학자는 다음과 같은 테스트를 했다. 그는 탁자 위에 돈, 책, 포도주병을 놓고, 아들로 하여금 선택하게 했다. 아들은 즉석에서 돈, 책, 포도주병을 한꺼번에 다 잡았다. 이걸 본 부모는 이렇게 외친다. "아이쿠 맙소사! 이놈은 가톨릭 신부가 되겠군!"

예수와 그의 제자들이 최후의 만찬을 한 후, 웨이터가 와서 묻는다.
"다 함께 계산하겠습니까?"
이때 유다가 말한다. "아니요, 더치페이로 합시다."

수녀들에 대한 위트는 거의 언제나 성적인 내용으로 되어 있다. 지난 수 세기 동안에 생성된 수도원을 소재로 한 우스개 이야기들과는 달리 요사인 그 공격성이 완전히 변모되었다. 최근의 수녀들에 대한 위트에서는 더 이상 동정녀 계명을 어기는 것은 거의 문제가 되지 않으며, 수녀들의 잠재의식에 남아 있는 억압된 섹스에 대한 소망들이 묘사되고 있다. 그래서 환영받는 강간이라는 모티브가 종종 등장하기도 한다.

한 수녀가 익사했다. 사인이 무엇이냐고? 이 수녀는 강간을 당하는 꿈을 꾸었다. 이때 그녀의 입에서 너무 많은 물이 나와서 익사를 했다.

한 수녀가 농락을 당해서 이 사실을 원장 수녀에게 보고했다. 원장 수녀는 다음과 같이 지시한다. "자매는 열 개의 레몬을 갈아서 즙을 만들어 설탕 없이 그 즙을 마시세요!" 수녀. "그렇게 하면 저의 결백성을 다시 찾을 수 있을까요?" 원장 수녀. "아니야, 그러나 그렇게 하면 적어도 네 얼굴에 나타난 행복한 표정만은 사라지겠지?"

한 수녀가 하늘나라로 왔다. 베드로가 의무적으로 "당신은 누구시지요?" 하며 그녀에게 묻는다. "저는 예수의 새색시입니다." 그러자 베드로가 그녀를 믿을 수 없다는 듯 유심히 쳐다보고, 안으로 들어오게

한다. 그런 다음 베드로는 옆방으로 급히 가서 그곳에 모여 있는 대천사들에게 외친다. "당신들 들었어요? 보스 주니어가 결혼한다고 해요…."

서로 다른 종교집단들 사이에서나 서로 다른 교단들 사이에서는 얼마나 엄격하게 종교적인 계명을 지키는가 하는 것도 때때로 종교적 위트의 내용이 된다. 이러한 위트에서는 예수회 교단이 많이 등장한다.

한 열차의 객실에서 프란체스코회 수사와 예수회 수사가 서로 마주 앉아서 경문을 외우고 있었다. 이때 예수회 수사가 아주 침착하게 주머니에서 담뱃갑을 꺼내서 담배에 불을 붙인다. 프란체스코회 수사가 말한다. "기도 중에 담배를 피워서는 안 된답니다."
이 말에 대해 예수회 수사는 이렇게 응답한다. "난 말이지요, 허락을 받았답니다." 그러자 프란체스코회 수사가 흥미를 갖고 묻는다. "그 허락 쉽게 받을 수 있습니까?" "아 물론이지요. 로마에 한 번 물어보세요."
상당한 시간이 지난 후 두 사람이 다시 만났다. 프란체스코회 수사가 화를 내며 말한다. "당신은 그 당시 나를 아주 멋지게 우롱했어요. 난 물론 그 허락을 받지 못했어요." 예수회 수사가 묻는다. "대관절 그 신청서에 어떻게 표현했는가요?" 프란체스코회 수사는 이렇게 대답한다. "그냥 간단하게 썼습니다. 나는 기도할 때 담배를 피워도 되는지 물었답니다."
예수회 수사가 미소를 지으며 말한다. "너무 순진하시군요! 담배를 피

울 때도 기도를 해도 되는지 물었다면, 당신은 아마 허락을 받았을 겁
니다."

위의 예와는 달리 예수회 수사들이 오만불손하거나 비순종적으로 묘사
된 예들도 있다.

두 명의 예수회 수사가 베들레헴에 있는 아기예수를 방문했다.
한 수사가 말한다. "앞날이 촉망되는 아이이지요! 이 아이에게 예수회
기숙사에 방을 하나 예약해야 되겠어요." 그러자 다른 수사가 이 말
을 가로막는다. "말도 안 되는 소리 하지 마세요! 이렇게 가난한 집안
출신의 아이를 어떻게!"

가톨릭 성직자의 '독신제' 역시 옛날의 우스개 이야기에서 뿐만 아니
라, 근래의 위트에서도 자주 다루어진다. 옛날 우스개 이야기에서는 음탕
한 고해신부, 신부나 수사들이 부인들이나 아가씨들의 꽁무니를 따라다니
는 것으로 묘사되거나, 이들이 음탕한 행동을 하는 현장이 묘사된 것들도
있었다. 오늘날에는 바티칸의 공의회의 상황과 교회 내에서 독신제에 대
한 토론이 다루어지기도 한다.

라디오 바티칸에 질문: "독신제가 곧 폐지된다고 하는데, 맞습니까?"
대답: "원칙적으로 틀렸습니다. 다만 몇 가지 독신제 완화가 있을 겁
니다."

두 명의 신부님이 가정부나 적어도 파출부라도 절박하게 찾고 있었다. 그러나 오늘날 이런 사람들을 찾기는 쉽지 않았다. 신문에 광고도 아무런 소용이 없었다. 그런데도 한 신부님이 가정부 한 명을 구했다. 그래서 다른 신부님이 묻는다. "신부님께선 어떻게 하여 구하셨습니까?" 이 신부님의 대답. "아 그건 아주 간단하답니다. 저는 신문광고에 다음의 문구를 추가했었답니다. '공의회가 끝난 후 데릴사위로 들어감.'"

성직자 위트에서 고해의 비밀이나 독신제를 지키는 것을 다루는 위트들에서는 성직자 위트가 아니라 섹스 위트가 된다. 이러한 위트에서 고해소에 있는 여인은 의사에게 진찰을 받는 창녀와 같다. 최근까지 고해와 관련된 위트들은 대부분 성적인 내용이었다. 때로는 원고가 피고가 되는 경우도 있다.

고해소에서 한 보좌신부가 한 소녀를 포옹했다고 고백했다. 고해 신부님은 그에게 속죄로써 그의 두 팔을 성수반(聖水盤)에서 씻으라고 지시했다. 보좌신부가 성수로 팔을 씻고 있는 동안, 건너편에 있는 다른 성수반에서 '구르륵 구르륵' 하는 소리가 들렸다. 그래서 그는 고개를 돌려서 그곳을 보았다. 그곳엔 그의 고해 신부님이 성수로 양치질을 하고 있었다.

유태교 랍비가 천주교 원리를 배우기 위해 고해소에 신부와 동석했다. 두 여자가 애인과의 섹스를 고백했는데, 신부가 추궁하자 한 번이 아니라 세 번이었음을 시인했다. 그 벌로 두 사람은 10달러씩 헌금을 해야 했다. 바로 그 때 전화가 걸려와 신부는 임종미사에 불려갔다. 그는 랍비에게 부탁한다. "그대로 앉아서 나머지 사람들의 고해를 들어줘요. 10달러씩 헌금을 받아내는 것 잊지 말아요."

이번에 들어온 처녀도 애인과의 섹스를 고백한다.

"세 번 했어요?" 랍비가 묻는다.

"아닙니다. 신부님, 단 한 번뿐이었습니다."

고민하던 랍비는 이렇게 말한다. "그럼, 10달러를 헌금함에 넣고, 가서 두 번 더 해요."

기독교 목사에 대한 위트는 무엇보다 설교와 관련된 것이 아주 많다. 설교에서 오해나 실수로 인한 애매모호함이 다루어지고 있다.

조심스런 한 신부(新婦)가 물었다. "목사님, 결혼식 집전에 대한 대가로 얼마를 드려야 합니까?" 목사의 대답. "그건 말씀에 따라 다르답니다. '100달러', '150달러', '200달러' 짜리 말씀이 있답니다. '100달러' 짜리는 추천하고 싶지 않답니다."

어떤 교회 게시판에 다음과 같은 공지사항이 나붙었다.

"교우 여러분! 다음 주 일요일 오후에 여선교구 주최로 바자회를 열 예정입니다. 버리기는 아까우나 그렇다고 가지고 있을 값어치도 없는 것들을 처분할 수 있는 좋은 기회입니다. 남편들은 아내를, 아내들은 남편을 데리고 오세요."

바둑 두기를 좋아하시는 목사님이 한 분 계셨다. 일주일 내내 그 주간에는 여유 시간만 있으면 바둑을 두었다. 주일날이 되어 강단에 서서 보니 성도들의 머리가 바둑알로 보이기 시작하는 것 아닌가? 바둑의 아다리치는 것이 이쪽저쪽으로 보이는 것이었다. 아마도 흰머리 검은 머리가 흰 바둑알 검은 바둑알로 보였던 모양이다. 목사님은 이래서는 안 되겠다고 눈을 다시 비비고 목소리를 가다듬어 기도드렸다. 기도의 마지막에 "예수님의 이름으로 기도드립니다"라는 말까지는 잘 하셨다. 그런데 그 다음에 나온 말.

"예수님의 이름으로 기도드립니다. 아다리!"

불교 스님에 대한 최근의 위트는 수적으로 매우 적다. 다음은 「큰스님의 화두(話頭)」에 대한 위트이다.

큰스님이 제자들을 모아놓고 말씀하셨다.

"다들 모였느냐? 너희들이 얼마나 공부가 깊은지 알아보겠다."

"어린 새 한 마리가 있었느니라. 그것을 데려다가 병에 넣어 길렀느니라. 그런데 이게 자라서 병 아가리로 꺼낼 수 없게 되었다. 그냥 놔두면 새가 더 커져서 죽게 될 것이고, 병도 깰 수 없느니라. 너희들이 늦게 말하면 늦게 말할수록 새는 빨리 죽게 되니 빨리 말해 보거라."

제자 가운데 한 명이 말한다.

"새를 죽이든지 병을 깨든지, 둘 가운데 하나를 고르는 수밖에 없습니다."

그러자 큰스님 왈. "미친놈! 누가 그런 뻔한 소리를 듣자고 그런 화두

(話頭)를 낸 줄 아느냐?"

그러자 한 제자가 말한다. "새는 삶과 죽음을 뛰어 넘어서 피안의 세계로 날아갔습니다."

"제정신이 아니구나, 쯧쯧쯧."

그러자 또 한 제자가, "병도 새도 삶도 죽음도 순간에 나서 찰나에 사라집니다."

"네놈도 썩 사라지거라! 나무아미타불! 모르면 가만히 있거라."

또 한 명의 제자가, "위상공간에서 유클리드 기하학이 … 어쩌고저쩌고, 3차원 벡터가 한 점을 지나는 …."

"귀신 씨나락 까 처먹는 소리!"

이에 한 제자가, "새는 병 안에도 있지 않고 병 밖에도 있지 않습니다."

"뜬구름 잡는 소리를 하고 자빠졌구나."

그러자 제자들이 이구동성으로 말한다. "큰스님, 저희들 머리로는 도저히 모르겠습니다. 도대체 답이 있기나 합니까?"

이에 큰스님은 할 수 없다는 듯 말한다.

"가위로 자르면 되느니라! 페트병이었느니라, 관세음보살!"

보통사람이 '산은 산이고 물은 물이다'와 같은 큰스님의 화두를 이해하는 것은 언제나 어렵다. 이 위트는 이러한 어려운 화두를 빗대어 표현한 일종의 '속임수 위트'이다. 왜냐하면 "새도 죽여서는 안 되고, 병도 깨뜨려서 안 된다"는 이 위트의 전제조건이 정곡에서 기만을 당하기 때문이다. "병을 깨뜨리는 것"이 아니라 "자르면" 된다고 큰스님은 설명한다. "가위로 자르면 되느니라! 페트병이었느니라, 관세음보살!"

▌정치가 위트

정치가들에 대한 위트들은 위트에 등장하는 정치가들의 실제적인 정책들과 항상 관련이 있는 것은 아니다. 특히 역대 대통령들에 대한 위트들에서는 약간의 업적이나 실정에 대해서 얼마간의 변죽을 울리는 위트들도 간혹 있다.

> 박정희가 밥을 지었다. 전두환이 밥을 먹었다. 노태우가 누룽지를 긁었다. 김영삼이 박박 긁다가 솥단지에 구멍을 냈다. 김대중이 밥을 해야겠는데 구멍이 나서 솥단지를 때우려 노력했다. 노무현이 좀 불안하지만 밥을 하려고 하는데, 누군가 솥단지를 걷어 차버렸다.

이 「솥단지」 위트에서는 박정희 대통령에서 노무현 대통령까지 역대 대통령들의 이름들이 거론되고 있으며, 「솥단지」에 비유하여 당시 경제적인 상황들이 코믹하게 묘사되어 있다. 그러나 대통령들의 정책을 꼬집는 위트들은 드물고, 대통령이 재임하던 시대의 사건을 빗대어 풍자적인 성격을 띤 위트들은 드물지 않게 발견된다.

> 독재정권 시절 어느 날. 각하와 주요 각료 고위인사들이 회의에 참석하기 위해 이동하고 있었다. 차를 타고 가던 도중 연쇄 교통사고가 발생, 긴급히 병원으로 이송되었다. 기자들이 이 소식을 듣고 병원으로 달려왔다. 얼마 후 의사가 밖으로 나오자 기자들이 질문한다.
> "각하는 구할 수 있습니까?"

의사는 찌푸린 얼굴로 고개를 가로저었다.

"각하는 가망이 없습니다."

기자들이 또 묻는다.

"총리는 어떻습니까?"

의사는 또 고개를 가로저으며 말한다.

"역시 가망 없습니다."

기자들이 이구동성으로 묻는다.

"그럼 누구를 구할 수 있습니까?"

의사는 의기양양한 목소리로 외친다.

"나라는 구할 수 있게 되었습니다."

조지 W. 부시 미국 대통령과 토니 블레어 영국 수상이 백악관에서 식사를 마치고 나서 기자회견장에 나타났다.

기자: "두 분이 어떤 이야기를 나누셨습니까?"

부시: "제3차 세계대전에 관해 대화를 했습니다."

기자: "제3차 세계대전은 어떻게 진행될 것 같습니까?"

부시: "우리는 4백만 명의 아랍인들과 한 명의 치과의사를 죽일 생각이오."

기자: "한 명의 치과의사는 왜 죽이시려고 하지요?"

그러자 토니 블레어 수상이 부시 대통령의 어깨를 두드리며 이렇게 말한다.

"거봐요, 아랍 사람들에 대해서는 아무도 관심이 없을 거라고 내가 말했지요?"

힐러리가 절친한 친구 베시에게 고민을 털어놓는다.

"우리 그인 매일 밤 다른 여자랑 놀아나느라고 나 같은 건 처다보지도 않아!"

그러자 베시가 자상하게 조언을 해 준다.

"힐러리, 그럴 땐 이런 방법을 써 봐. 남편이 막 잠이 들었을 때 감미로운 향수를 뿌리고 침대에 들어가서는 갖가지 교태를 부리고, 음란한 소리를 내는 거야."

그날 집으로 돌아온 힐러리는 베시가 알려준 방법을 사용해 보기로 하였다. 그리고 밤이 되자 여기저기 향수를 뿌린 힐러리는 클린턴이 자고 있는 침대 속으로 살포시 들어가 온갖 교태를 다 부리고 음란한 소리를 냈다.

그러자 그 소리에 놀라 잠이 깬 클린턴이 눈을 비비며 하는 말,

"베~, 베시……?"

「구국」, 즉 "나라는 구할 수 있게 되었다"라는 위트는 독재정권 시대에 대한 일종의 풍자의 성격을 띤 위트이다. 이 위트가 독재정권 당시에 민중에게 알려졌다면 긴장해소와 통풍구 역할을 했을 것이다. 하지만 저자의 기억엔 이 위트는 독재정권이 지난 후에 만들어진 것 같다. 「부시와 토니 블레어」 역시 이라크 전쟁에 대한 풍자성 위트라 할 수 있다. 그러나 「클린턴과 베시」에는 정책이라기보다 클린턴의 사적인 스캔들이 위트로 표현된 것이다.

그러나 대부분의 정치가 위트들, 특히 전직 대통령에 대한 위트들에서는 대통령 개인의 특별한 점들이 강조되어 코믹하게 표현되고 있다.

김영삼 대통령이 대전에 왔다.

대전을 본 김영삼 대통령은 이렇게 말했다.

"대전을 국제 강간의 도시로 발전시키겠습니다."

김영삼 대통령 특유의 발음으로 '관광'을 '강간'으로 발음했던 것이다. 그때 그 옆에 있던 외무부 장관이 말한다.

"각하, '강간'이 아니라 '관광'입니다."

그러자 대통령의 말씀. "애무부 장관은 애무나 하시오."

DJ는 대선에서 2위와의 표차가 겨우 1%밖에 나지 않은 것이 두고두고 아쉬했다. 몰표를 기대했던 호남에서 97%밖에 올리지 못했다는 것이 불만이었다.

"도대체 나머지 3%는 어떻게 된 거야. 다른 지역에서 선전했기에 망정이지 하마터면 큰일 날 뻔 했잖아."

옆에 있던 박지원이 하는 얘기.

"그건 이인제를 찍으면 DJ가 된다는 얘길 듣고 진짜로 그런 줄 알고 이인제를 찍은 표였다는구먼요."

김영삼 대통령의 특이한 '경상도 사투리 발음'은 많은 위트에서 다루어지고 있다. 특히 '경제'를 '갱재'로 발음하거나, '관통도로'를 '간통도로'로 발음하는 것 등이다. 이 외에도 김영삼 대통령은 '무식한 대통령'의 모습으로 많이 묘사되고 있다. 예를 들면, 교회 장로인 YS가 목사와 차를 마시며 종교에 대한 담론을 하던 중, "목사님, 하나님이 인간에게 이왕 '구원'을 주실 바에야 '일원'을 더 보태서 '십원'을 주실 것이지 왜 하필 '구원'만 주셨는지 아십니까?" "또 무슨 농담을 하시려고 그러십니까?" 그러자 YS가 진지한 어조로 말했다. "그 일원은 십일조로 하나님이 미리 떼어 놓으셨답니다."

「나머지 3%」에서는 김대중 대통령과 호남의 텃밭 관계가 조롱조로 표현되어 있다. 김대중 대통령의 위트는, 김영삼 대통령에 대한 위트와는 달리, IMF 등과 관련된 경제적인 위트가 대다수를 차지하고 있다. 그러나 김대중 대통령에 대한 모든 위트가 다 경제와 관련이 있는 것은 아니다. 예를 들면, 아나바다 운동을 벌이고 있는 행사장에 DJ가 들렀다. 행사장을 둘러보고 주위 사람들과 인사를 마친 뒤 행사장을 나가던 DJ가 주최 측의 한 임원에게 작은 소리로 물었다. "그런데 아나바다가 도대체 어디에 있는 바다요? 내가 바닷가 출신이라 모르는 바다는 거의 없는데 그건 통 모르겠구먼."

위트에 반영된 정치가들의 모습은 아주 부정적이다. 이는 우리나라에만 해당되는 것은 아닌 것 같다.

외과의사 네 명이 차를 마시면서 대화를 나누고 있었다. 첫 번째 의사가 수술하기 쉬운 사람에 대해서 말을 꺼낸다.

"난 회계사들이 수술하기 제일 쉬운 것 같아. 그 사람들 내장은 전부 다 일련번호가 매겨져 있거든."

그러자 두 번째 의사가 말한다. "난 도서관 직원들이 제일 쉬운 것 같던데? 그 사람들 뱃속의 장기들은 가나다순으로 정렬되어 있거든."

세 번째 의사도 그 말을 듣고 말한다. "난 전기 기술자가 쉽더라. 그 사람들 혈관은 색깔별로 구분되어 있잖아."

세 의사의 말을 들은 마지막 의사가 잠시 생각하더니 손가락을 퉁기며 말한다. "난 정치인들이 제일 쉽던데? 그 사람들은 골이 비었고, 뼈대도 없고, 소갈머리도 없고, 심지어 배알도 없잖아."

신부가 이발을 하고 값을 물었다.

"무료입니다. 주님에 대한 봉사로 알고 해드린 겁니다"라고 이발사가 대답했다.

이튿날 아침 문가에는 기도서가 고맙다는 메모와 함께 놓여 있었다.

며칠 지나서 찾아온 사람은 경관. 이발이 끝나자 요금을 물었다.

"무료입니다. 지역사회를 위한 봉사로 알고 해드린 겁니다."

이튿날 아침 문가에는 10여 개의 도넛과 함께 고맙다는 쪽지가 놓여 있었다.

그 일이 있은 며칠 후 상원의원이 와서 이발을 했는데, 이발이 끝나자 얼마냐고 물었다.

"국가를 위한 봉사로 생각하고 무료로 해드립니다."

이튿날 아침 이발사가 이발소에 나와 보니 상원의원 10여 명이 문가에서 기다리고 있었다.

민중들의 눈에 비친 정치가들은 "골이 비었고, 뼈대도 없고, 소갈머리도 없고, 심지어 배알도 없는" 사람들이거나, 공짜만 좋아하는 사람들이다. 따라서 정치가들을 뽑을 땐 주의를 해야 한다. 「국회의원과 코털」이란 위트에선 바로 이 점이 강조되어 있다. "뽑을 때 잘 뽑아야 한다. 잘못 뽑으면 후유증이 오래 간다. 지저분하다. 좁은 공간에서 많이 뭉쳐 산다. 안에 짱박혀 있는 것이 안전하다. 더러운 것을 파다 보면 따라 나올 때도 있다. 한 넘을 잡았는데 여러 넘이 딸려서 나오는 경우도 종종 있다."

다음은 「공산주의는 정치가의 발명품?」이라는 위트이다.

> 늙수그레한 부인이 크렘린 궁에 들어가서 대통령과의 면담을 요구했다. 고르바초프 대통령은 그 노파를 만나자 자신을 찾아온 이유가 무엇이냐고 묻는다.
> "질문이 하나 있답니다. 공산주의는 정치인이 발명한 것입니까, 아니면 과학자가 발명한 것입니까?"
> "정치가가 발명했습니다." 고르바초프가 대답한다.
> 노파가 알겠다는 듯이 중얼거린다. "그러면 그렇지, 과학자라면 생쥐를 상대로 먼저 실험을 했을 테니까."

이 위트의 정곡 역시 노파의 마지막 말에 있다. "그러면 그렇지, 과학자라면 생쥐를 상대로 먼저 실험을 했을 테니까." 이 말을 뒤집어 보면, 민중을 실험용 생쥐처럼 다루고 있는 것이 공산주의가 된다. 공산주의와 관련된 또 다른 위트는 「동독의 7대 불가사의」라는 제목의 위트이다. 이 위트는 정확하게 표현하면 '정치가 위트'에 속하지 않지만, 아직도 북한이 공산국가라는 점을 생각하면 많은 것을 시사하고 있다.

> 세계 7대 불가사의에 대해서는 누구나 알고 있을 것이다. 하지만 과

거 동독의 7대 불가사의는 세상에 그다지 널리 알려져 있지 않다.

첫째, 동독에는 실업자가 없었다.

둘째, 실업자가 없었지만 실제로 일을 하는 사람은 절반밖에 되지 않았다.

셋째, 국민의 절반밖에 일을 하지 않았는데도 계획한 일은 항상 성취되었다.

넷째, 계획은 항상 예정대로 성취되었지만 시장에는 구매할 물건이 없었다.

다섯째, 시장에는 살 만한 물건이 없었는데도 사람들은 늘 행복했고 만족스러워했다.

여섯째, 모두가 만족스러워했었지만 정기적으로 시위가 일어났다.

일곱째, 정기적으로 시위가 일어났지만 선거를 치르면 항상 99.9%가 당의 정책에 찬성하는 표를 던졌다.

위트

이 책의 제1장에서 우리는 코믹과 웃음, 유머, 그리고 위트의 개념을, 제2장에서는 위트의 특성, 구성 원리, 형식에 대해서 살펴보았고, 제3장에서는 위트와 위트의 유사장르들로서 일화(逸話)와 우스개 이야기를 비교해 보았다. 여기서 우리는 '코믹', '유머', '위트'가 서로 다른 의미로 사용되고 있으며, 위트도 나름대로의 특성과 구조 및 형식을 갖고 있음을 확인했다.

지금까지 우리나라에서 짧고 재미있는 이야기는 모두 '유머'로 분류하여 사용되고 있지만, 짧고 재미있는 이야기들도 '유머', '위트', '일화' 그리고 '우스개 이야기' 등의 여러 장르들로 차별화되어 사용하여야 하며, 제각각 특성들과 구조가 있다는 것을 알게 되었다. 비록 일반인들이 이 모든 장르들을 분류하지 않고 '유머'라는 개념으로 사용한다 하더라도, 적어도 '유머'나 '위트'를 연구하는 학자들만이라도 이 개념들을 구분하여 사용했으면 하는 것이 저자의 바람이다. 다시 말한다면, 지금까지 유머가 차지했었던 넓은 영역들은 코믹, 위트, 일화, 우스개 이야기로 세분화될 필요가 있다. 특히 유머는 유머 본연의 의미에서 자리매김을 해야 하고, 위트 역시 지금까지 유머로부터 빼앗긴 자신의 이름과 자리를 되찾아야 할 것이다.

제4장에서 제8장까지 우리는 위트의 실제적인 예들에 대해서도 살펴보았다. 언어위트, 현실과의 갈등으로 생성된 위트, 풍속 및 윤리적 갈등으로서의 위트, 신체적 정신적 결함의 위트, 사회적 종교적 위트들이 이 장들에서 다룬 큰 주제들이다. 이 책에서 다룬 위트들의 유형들은 모든 위트들의 유형들은 아닐 것이다. 그러나 이 유형들은 현재 많이 읽혀지거나 듣고 있는 위트들의 중요한 부분임은 분명하다.

오늘날 위트 역시 국제화되고 있다. 세계 각국의 위트들이 번역되거나 번안되어 소개되고 있고, 신문이나 인터넷을 통해서도 끊임없이 새로운 위트들이 만들어지거나 번안되고 변형되어 우리에게 그 모습을 나타나고 있다. 아마도 우리의 위트들도 세계 각국으로 번역되고 소개되고 있을 것이다. 그러나 위트라는 꽃은 번개처럼 빨리 피었다가 번개처럼 빨리 시든다.

저자는 플레쓰너의 '규범이론'을 중심축으로 하고, 플라톤, 아리스토텔레스, 키케로를 비롯하여 홉스, 제임스 비티, 칸트, 프로이트, 베르그송 등의 코믹 이론들로써 위트들을 해석하고 설명했다. 위트의 해석은 순수한 심리학적인 관점이나, 순수한 사회학적인 관점 또는 민속학적인 관점에서도 가능하리라 생각한다.

이 책을 마무리하면서 여기서는 지금까지 다루지 않은 위트의 이해와 반응에 대해서 간략하게 언급하려고 한다.

우리가 하나의 위트를 들었을 때 어떻게 이해해야 하는가에 대해서 알아보자. 먼저 위트냐 아니냐를 구분하는 것이 중요하다. 진지한 대화중에 위트를 이야기하는 것은 실수다. 그리고 위트를 위트로서 이해하지 못하는 것 역시 실수다. 위트를 이야기할 때 듣는 사람이 그 정곡을 파악하는 것은 무엇보다 중요하다. 왜냐하면 위트를 설명해서 이해하는 것은 별로 재미가 없기 때문이다. 위트의 정곡을 즉석에서 발견하지 못하는 사람은 '감이 느린' 사람이다. 그리고 위트를 이해한다는 것은 그 위트를 즐기거나 그 위트를 다른 사람에게 이야기할 가치가 있다는 것을 의미하지는 않는다. 개인적으로 웃을 수 있는 한계점, 즉 웃음을 통한 즐거움이 분노와 혐오감으로 바뀌는 한계점은 사람마다 다를 수도 있기 때문이다.

그러면 위트의 반응에 대해서 알아보기로 하자. 우리들 주변에는 늘 위트를 준비해서 위트를 이야기하길 좋아하는 사람이 있는가 하면, 위트를 듣고 함께 웃지만 한 번도 위트를 이야기하지 않는 사람들도 있다. 위트에 대한 반응도 사람에 따라 아주 차이가 난다. 동일한 위트에 대해서도 우리는 서로 다른 이유에서 웃을 수 있다. 어떤 위트가 왜 재치 있는지에 대해서 묻는 것은 어쩌면 무의미할 수도 있다. 그리고 모든 종류의 위트가 어떤 상황에서나 누구에게나 동일하게 우습지는 않을 것이다. 특히 섹스와 관련된 위트는 남자와 여자가 서로 다르게 이해할 것이다. 따라서 '남자들의 위트'와 '여자들의 위트'가 존재할 수 있다. '남자들의 위트'

는 남자들끼리만 즐길 수 있고, 여자들은 즐길 수 없을 것이며, '여자들의 위트'는 그 반대가 될 것이다. 모든 사람이 다 즐길 수 있는 위트란 어쩌면 존재할 수 없을 것이다. 결론적으로 말한다면 위트를 이해하는 데는 여러 가지 사회적인 제한들이 있을 수 있다.

위트는 웃음을 목표로 삼고 있다. 즉, 위트는 대답으로서 웃음을 기대하고 있다. 그리고 위트의 웃음은 메아리, 즉 청중을 필요로 한다. 이를 달리 말한다면, 위트를 이야기하는 것은 사회적인 행위이다. 한 명의 위트 이야기꾼과 한 명 이상의 청중을 필요로 한다. 그리고 위트를 전달하려는 충동은 위트를 만드는 작업과 뗄 수 없게 결부되어 있으며, 이 충동은 때때로 다른 중요한 일들을 무시할 정도로 강렬하다. 위트를 만드는 과정은 위트의 착상으로써 끝나지 않는다. 그리고 위트가 이야기되는 어떤 집단에서 웃지 않는 사람은 국외자, 홍을 깨는 사람, 훼방꾼이 된다. 이런 점에서 보아 위트의 웃음은 사회학적인 관련이 있다.

마지막으로 이 책을 통해서 위트가 올바로 이해되고, 나아가 위트나 유머에 대한 연구도 활성화되기를 저자는 바란다.

구분짓기 1 : 코믹과 웃음, 유머, 위트

코믹과 웃음

김영만 편저, 『옛날 사람들은 어떻게 웃었을까』, (주) 을유문화사, 1997, 136~137쪽.

류종영, 『웃음의 미학』, 고대 그리스 로마 시대부터 20세기까지 서양의 웃음이론, 유로서적, 2005, 13~25쪽.

이득형 편저, 『운명을 바꿔주는 재치 · 유머 이야기』, 도서출판 진리탐구, 2000, 184~185쪽.

조재선, 『리더를 위한 유머뱅크 1580』, 베드로 서원, (4쇄) 2005(2002 1쇄), 38쪽.

Horn, András: *Das Komische im Spiegel der Literatur*. Versuch einer systematischen Einführung. Würzburg 1988, S. 13ff.

Olson, Elder: *The Theory of Comedy*. Bloomington, London 1968, p. 11.

Plessner, Helmuth: Lachen und Weinen. Eine Untersuchung der Grenzen menschlichen Verhaltens(1941). In: H. P.: *Gesammelte Schriften VII*. Ausdruck und menschliche Natur. Hrsg. von Günter Dux, Odo Marquard u. Elisabeth Ströcker, Frankfurt a.M. 1982, S. 290.

Quintilian(us), Marcus Fabius: *Institionis oratoriae libri* XII. Übers. H. Rahn, Darmstadt 1972, 1. Teil, VI. Buch, 3. Kap. S. 717.

Ritter, Joachim: Über das Lachen. In: J. Ritter: *Subjektivität*, 7. und 8. Aufl.,

Frankfurt a. M. 1989, S. 66.

Schäfer, Susanne: *Komik in Kultur und Kontext.* München 1996, S. 15~25.

Schmidt, Siegfried J.: Komik im Beschreibungsmodell kommunikativer Handlungsspiele. In: *Das Komische.* Hrsg. von Wolfgang Preisendanz u. Reiner Warning, München 1976, S. 166f. 173.

Wahrig: Deutsches Wörterbuch. Hrsg. von Gerhard Wahrig, München 1989.

유머

곳트프리드 켈러 外 저/ 김광요 역, 『옷이 날개 外』, 비전, 1979, 205쪽.

김영만 편저, 『옛날 사람들은 어떻게 웃었을까』, 앞의 책, 29쪽.

김윤식, 『李箱문학전집 - 小說』, 문학사상사, 1991, 322쪽.

류종영, 『웃음의 미학』, 앞의 책, 37~38, 351쪽.

이상근, 『유머리스트가 되는 길』, 경인문화사, 2002, 96, 229쪽.

이득형 편저, 『운명을 바꿔주는 재치 · 유머 이야기』, 앞의 책, 58, 106쪽.

Freud, Sigmund: Der Witz und seine Beziehung zum Unbewußten. In: *Sigmund Freud. Gesammelte Werke.* 6. Bd., Hrsg. von Anna Freud, 6. Aufl., Frankfurt a.M. S. 261.

Hegel, Georg Wilhelm Friedrich: *Vorlesungen über die Ästhetik III.* Frankfurt a. M. 1970, S. 528.

Horn, András: *Das Komische im Spiegel der Literatur*, a.a.O., S. 198.

Jean Paul. Vorschule der Ästhetik. Nach der Ausgabe von Norbert Miller, herausgegeben, textkritisch durchgesehen u. eingeleitet von Wolfhart Henckmann, Hamburg 1990, S. 125.

Lützeler, Heinrich, Zitiert. In: *Wesen und Formen des Komischen im Drama*. Hrsg.

von Reinhold Grimm und Klaus L. Berghahn, Darmstadt 1975, xix.

Schäfer, Susanne: *Komik in Kultur und Kontext*, a.a.O., S. 22, 25.

Schmidt-Hidding, Wolfgang: *Humor und Witz*. München 1963, S. 243.

교수대 유머

Grotjahn, Martin: *Vom Sinn des Lachens*. München 1974, S. 24.

Neumann, Siegfried: Sagwörter im Schwank - Schwankstoffe im Sagwort.

In: *Volksüberlieferung*. Festschrift für Kurt Ranke, Göttingen 1968, S. 252.

Oberdlik, A. J.: Gallow's Humor. A Sociological Phenomenon, in: *American

Journal of Sociology* 47, 1942, S. 709-716.

Reik, Theodor: *Lust und Leid im Witz*. Wien 1929.

Röhrich, Lutz: *Der Witz*. Figuren, Formen, Fuktionen. Mit 98 Abbildungen.

Stuttgart 1977.

위트

구현정, 유머 담화의 구조와 생성 기제, 『한글』 248호, 한글학회, 2000년, 163쪽.

류정월, 『오래된 웃음의 숲을 노닐다』, 조선시대 우스개와 한국인의 유머. 샘터, 2006,

68쪽.

Hegele, Wolfgang: Das sprachliche Feld von Witz. In: *Deutschunterricht 11*,

1959, Heft 3, S. 82ff.

Müller-Freienfels, Richard: *Das Lachen und das Lächeln*. Komik und Humor

als wissenschaftliche Probleme. Bonn 1948, S. 72.

Preisendanz, Wolfgang: *Über den Witz*. Konstanz 1970.

Röhrich, Lutz: *Der Witz*, a.a.O., S. 4ff.

구분짓기 2 : 위트의 특성들

위트의 특성

류종영, 『웃음의 미학』, 앞의 책, 252~254쪽.

잘티어 랜트먼 편/ 하재기 역, 『탈무드의 웃음』, 태종출판사, 1979, 175~176쪽.

Descartes, René: *Die Leidenschaft der Seele*. Hrsg. u. übersetzt von Klaus Hammacher. Französisch-deutsch. Hamburg 1984, Artikel 32, 70.

Jean Paul. Vorschule der Ästhetik. Nach der Ausgabe von Norbert Miller, herausgegeben, textkritisch durchgesehen u. eingeleitet von Wolfhart Henckmann, Hamburg 1990, S. 171ff.

Kant, Immanuel: *Kritik der Urteilskraft*. Hrsg. von Heiner F. Klemme, Hamburg 2001, Kap. 54, S. 229.

Lipps, Theodor: *Grundlegung der Ästhetik*. Hamburg und Leipzig 1903, S. 578.

Preisendanz, Wolfgang : *Über den Witz*. Konstanz 1970.

Röhrich, Lutz: *Der Witz*, a.a.O., S. 10ff.

위트의 구성 원리

Brecht, Bertolt: Herr Puntila und sein Knecht Matti. In: *Bertolt Brecht. Gesammelte Werke 4*. Stücke 4, werkausgabe-edition suhrkamp, Frankfurt

a. M. 1967, S. 1679.

Preisendanz, Wolfgang : *Über den Witz*, a.a.O, S. 25ff.

Röhrich, Lutz: *Der Witz*, a.a.O., S. 10ff.

위트의 형식

이현비, 『원리를 알면 공자도 웃길 수 있다』, 지성사, 1997, 234~235쪽.

정동주, 『단야(丹冶)』제3권, 서울: 열음사, 1992, 174~175쪽.

Moser-Rath, Elfriede: *Schwank, Witz, Anekdote*. Entwurf zu einer Katalogisierung nach Typen und Motiven, Göttingen 1969, S. 77.

dies. : Art. 'Anekdote'. In: *Enzyklopädie des Märchens*. Bd. 1, Berlin 1975, Sp. 528-542.

Schmidt-Hidding, Wolfgang: *Humor und Witz*. München 1963, S. 157~160.

Schweizer, Werner R.: *Der Witz*. Bern u. München 1964.

Zijderveld, Anton C.: *Humor und Gesellschaft*. Eine Soziologie des Humors und des Lachens, Graz, Wien und Köln 1976.

위트에서 재치와 기지

고문부, 『현대 웃음백서』, 토마토북, 2006, 36쪽.

김열규, 『욕, 그 카타르시스의 미학』, 서울: (주) 사계절출판사, 초판 1쇄(1997), 7쇄 1998, 30쪽.

정비석, 『소설 김삿갓』4, 고려원, (1988 초판), 1989(8판), 142~143쪽.

이득형 편저, 『운명을 바꿔주는 재치 · 유머 이야기』, 도서출판 진리탐구, 2000, 110, 183, 261쪽.

용해원, 『감동과 행복이 넘치는 유머의 법칙』, 도서출판 정우, 2004 3쇄(2004 1쇄),
59쪽.

유머동호회, 『이보다 더 섹시한 유머는 없다』, 도서출판 백송, 1999, 135~136쪽.

Freud, Sigmund: Der Witz und seine Beziehung zum Unbewußten, a.a.O.,
S. 73.

Moser-Rath, Elfriede: *Schwank, Witz, Anekdote*, a.a.O., S. 77f.

Renner, Karl N.: Witz. In: *Reallexikon der deutschen Literaturgeschichte*. Bd.
IV, Hrsg. von Werner Kohlschmidt u. Wolfgang Mohr, Berlin, New York
1977, S. 919~930.

Röhrich, Lutz: *Der Witz*, a.a.O., S. 12ff.

구분짓기 3 : 위트와 유사장르들

위트와 일화(逸話)

김진배, 『유머기법 7가지』, 뜨인돌, 1998, 40쪽.

이득형 편저, 『운명을 바꿔주는 재치 · 유머 이야기』, 앞의 책, 41, 34~35, 156, 175쪽.

Ahrens, W.: *Gelehrten-Anekdoten*. Berlin 1911.

Grenzmann: Anekdote. In: *Reallexikon der deutschen Literaturgeschichte*. Bd.
I, a.a.O., S. 63~66.

Moser-Rath, Elfriede: *Schwank, Witz, Anekdote*. Entwurf zu einer Katalogisierung
nach Typen und Motiven, Göttingen 1969.

dies. : Art. 'Anekdote'. In: *Enzyklopädie des Märchens*. Bd. 1, Berlin 1975, Sp.
528-542.

Pongs, Hermann: Die Anekdote als Kunstform zwischen Kalendergeschichte und Kurzgeschichte. In: *Deutschunterricht 9*, 1957, Heft 1, S. 5-20.

Röhrich, L.: *Der Witz*, a.a.O., S. 6ff.

Schäfer, Walter Ernst: Die Anekdote im Literaturunterricht der BRD und der DDR. In: *Wirkendes Wort*, Heft 4, 1973, S. 252-266.

위트와 우스개 이야기(소화 笑話)

이강엽, 『바보 이야기, 그 웃음의 참뜻』, 평민사, 1998, 127~129쪽.

『성수패설(醒睡稗設)』, 재인용, 바보 이야기, 51~53쪽.

Bebermeyer, Gustav: Schwank(epischer). In: *Reallexikon der deutschen Literaturgeschichte*. Bd. III, a.a.O., S. 689~708.

Businger, Hermann: Bemerkungen zum Schwank und seinen Bautypen. In: *Fabula 9*, 1967, S. 41-59.

Neumann, Siegfried: *Der mecklenburgische Volksschwank*. Sein sozialer Gehalt und seine soziale Funktion. Berlin 1964, S. 328.

Röhrich, Lutz: *Märchen und Wirklichkeit*. 3. Aufl., Wiesbaden 1974, Kapitel 'Schwank' , S. 56-62.

Strassner, Erich: *Schwank*(=Sammlung Metzler). Stuttgart 1968.

위트속으로 1 : 언어위트

말장난과 언어유희의 위트

고문부, 『현대 웃음백서』, 앞의 책, 60, 176~177, 234쪽.

구현정, 유머 담화의 구조와 생성 기제, 앞의 논문, 169쪽.

김열규, 『욕, 그 카타르시스의 미학』, 앞의 책, 281쪽.

김영만 편저, 『옛날 사람들은 어떻게 웃었을까』, 앞의 책, 204쪽.

김진배, 『성공하는 리더를 위한 유머기법 7가지』, 앞의 책, 91쪽.

류종영, 『웃음의 미학』, 앞의 책, 424~427쪽.

손세모돌, 유머 형성의 원리와 방법, 『한양어문』 제17집, 한양대학교 1999, 15~16쪽.

용해원, 『감동과 행복이 넘치는 유머의 법칙』, 도서출판 정우, 2004, 18~19쪽.

유머를 즐기는 모임, 『섹시한 유머로 시간 죽이기』2, 도서출판 지원, 2000년, 112, 114, 220~221쪽.

이지선, 『인터넷 유머 닷 컴』, 여울미디어, 2000년, 173~174쪽.

정비석, 『소설 김삿갓』1, 고려원, (1988 초판), 1989(8판), 244~245쪽. 내용 요약.

조재선, 『리더를 위한 유머뱅크 1580』, 베드로 서원, (4쇄) 2005, 72쪽.

차종환, 『배꼽비상 유머백과』, 도서출판 예가, 1999년, 104쪽.

Plessner, Helmuth: Lachen und Weinen, a.a.O., S. 297, 300.

Schrader, W. H.: "Norm". In: *Historisches Wörterbuch der Philosophie*. Bd. 5. Hrsg. von Joachim Ritter u. Karlfried Gründer, Basel/Stuttgart 1976, Sp. 911-915.

패러디

고문부, 『현대 웃음백서』, 앞의 책, 54~55, 61, 213~214쪽.

김진배, 『성공하는 리더를 위한 유머기법 7가지』, 앞의 책, 103~104쪽.

류종영, 『웃음의 미학』, 앞의 책, 108~110쪽.

박영만, 『크리스천 유머』, 웃음을 퍼뜨리는 자는 복이 있나니, 프리월 2006, 111,

130, 300쪽.

용해원, 『감동과 행복이 넘치는 유머의 법칙』, 앞의 책, 64쪽.

유머동호회, 『이보다 더 섹시한 유머는 없다』, 앞의 책, 150쪽.

정동주, 『단야(丹冶)』제3권, 앞의 책, 175~177쪽.

편집부, 사오정 시리즈 ①, 도서출판 서지원, 1998, 152 쪽.

Neumann, Siegfried: Sagwort und Schwank. In: *Letopis C II/12*(1968/69), Festschrift für Paul Nedo, S. 147-158.

Röhrich, L.: *Der Witz*, a.a.O., S. 65ff.

Ders.: *Lexikon der sprichtwörtlichen Redensarten*. 2 Bde., 4. Aufl., Freiburg 1976.

Verweyen, Theodor: *Eine Theorie der Parodie am Beispiel Peter Rühmkorfs*. München 1973.

비자의적인 유머(위트)

고문부, 『현대 웃음백서』, 앞의 책, 188, 200쪽.

Fischer, Kuno: Über den Witz(1871). In: *Kleine Schriften.* Heidelberg 1896.

Heimeran, Ernst: *Unfreiwilliger Humor*. München 1954.

Waas, Emil: *Der große Stilblüten-Spaß*. Unfreiwillig Komisches aus dem Blätter- und Schilderwald. Oldenburg 1976.

어린이의 위트

김진배, 『성공하는 리더를 위한 유머기법 7가지』, 앞의 책, 95~96쪽.

류종영, 『웃음의 미학』, 앞의 책, 346~347쪽.

유머를 사랑하는 모임, 『내가 쌔끈한 얘기 하나 해줄까?』, 아름다운날, 2001, 144~145쪽.

이득형 편저, 『운명을 바꿔주는 재치 · 유머 이야기』, 앞의 책, 270쪽.

조재선, 『리더를 위한 유머뱅크 1580』, 앞의 책, 43, 194쪽.

Betzner, Hannelore und Gottlieb: *Unsere lieben Kleinen*. Ergötzliche Aussprüche aus Kindermund, München 1976.

Freud, Sigmund: Der Witz und seine Beziehung zum Unbewußten, a.a.O., S. 209.

Richter, Horst-Eberhardt: *Eltern, Kind und Neurose*. Die Rolle des Kindes in der Familie, 10. Aufl., Hamburg 1975.

논리적 오류의 위트

고정식, 『웃기는 철학』, 유머로 읽는 생활 속 철학 이야기, 넥서스BOOKS, 2005, 215쪽.

괴에테 작/ 강두식 역, 『파우스트, 젊은 베르테르의 슬픔』, 세계문학전집 30, 을유문화사, 1964, 113~114쪽.

잘티어 랜트먼 편/ 하재기 역, 『탈무드의 웃음』, 앞의 책, 41~42, 51쪽.

Brausinger, Hermann: *Rätselfragen*. In: *Rheinisches Jahrbuch für Volkskunde 17/18*, 1968, S. 62.

Lüthi, Max: Das Paradox in der Volksdichtung. In: *Volksliteratur und Hochliteratur*. Bern und München 1970, S. 181-197.

Röhrich, L.: *Der Witz*, a.a.O., S. 100-117.

Wellek, Albert: *Zur Theorie und Phänomenologie des Witzes*. Frankfurt a.M. 1948, S. 159.

으뜸 패 위트와 거짓말 위트

고문부, 『현대 웃음백서』, 앞의 책, 281쪽.

정비석, 『소설 김삿갓』2, 앞의 책, 53~56쪽 내용 요약.

Jason, Heda: The narrative structure of Swindler Tales. In: *ARV* 27(1971), S. 141ff.

Weinrich, Harald: *Linguistik der Lüge*. Heidelberg 1966.

Widmer, Walter: *Lug und Trug*. Die schönsten Lügengeschichten der Weltliteratur. Köln u. Berlin 1963.

초현실 위트와 동물 위트

고문부, 『현대 웃음백서』, 앞의 책, 139쪽.

류종영, 『웃음의 미학』, 앞의 책, 177~185, 363쪽.

Beattie, James: An Essay on Laughter and Ludicrous Compostition. In: J. Beattie: *Essays*. Hildesheim, New York 1975, p. 600~603.

Bergson, Henri: *Das Lachen*. Ein Essay über die Bedeutung des Komischen. Aus dem Französischen von Roswitha-Plancherei-Walter, Frankfurt a.M. 1988, S. 14.

Brix Hans(Hg.): *Da lachen selbst die Elefanten*. München 1971.

Dithmar, Reinhard: *Die Fabel*(UTB). Paderborn 1971.

Riedel, Charleen: *Der Tierwitz als Beispiel für die Systematisierung und Strukturanalyse des Witzes*. Magisterarbeit, Freiburg 1976.

꿈과 정체성의 위트

고문부, 『현대 웃음백서』, 앞의 책, 278~279쪽.

김영만 편저, 『옛날 사람들은 어떻게 웃었을까』, 앞의 책, 73~74쪽.

류종영, 『웃음의 미학』, 앞의 책, 19~20쪽.

Bergson, Henri: *Das Lachen*, a.a.O., S. 121f.

Peters, Johannes: *Irre und Psychiater*. Struktur und Soziologie des Irrenwitzes. München 1974.

Simon, Karl Günter: *Das Absurde lacht sich tot*. München 1958.

위트속으로 3 : 풍속 및 윤리적 갈등

섬뜩하고 음산한 위트와 블랙유머

고문부, 『현대 웃음백서』, 앞의 책, 104쪽.

유머를 즐기는 모임, 『섹시한 유머로 시간 죽이기』2, 앞의 책, 37쪽.

Röhrich, L.: Der Witz, a.a.O., S. 140f.

Schupp, Volker: Die Mönche von Komar. Ein Vertrag zur Phänomenologie und zum Begriff des schwarzen Humors. In: *Festgabe für Friedrich Maurer*, Düsseldorf 1967, S. 214.

Zijderveld, Anton C.: Humor und Gesellschaft, a.a.O., S. 34.

분변적인(똥오줌의) 위트

류종영, 『웃음의 미학』, 앞의 책, 112~120쪽.

바흐찐/ 이덕형 · 최건영 역, 『프랑수아 라블레의 작품과 중세 및 르네상스의 민중문화』, 서울: 아카넷(대우학술총서 507), 2001.

용해원, 『감동과 행복이 넘치는 유머의 법칙』, 앞의 책, 95쪽.

이지선, 『인터넷 유머 닷 컴』, 여울미디어, 2000년, 161~165쪽.

정비석, 『소설 김삿갓』4, 앞의 책, 147~148쪽.

차종환, 『배꼽비상 유머백과』, 앞의 책, 164~165쪽.

Bachtin, Michael: *Rabelais und seine Welt*. Volkskultur als Gegenkultur. Aus dem Russischen von Gabriele Lwupold. Hrsg. und mit einem Vorwort versehen von Renate Lachmann, Frankfurt a.M. 1987, S. 213.

섹스 위트

김열규, 『욕, 그 카타르시스의 미학』, 앞의 책, 263~264쪽.

유머동호회, 『이보다 더 섹시한 유머는 없다』, 앞의 책, 185~186쪽.

유머를 즐기는 모임, 『섹시한 유머로 시간 죽이기』1, 도서출판 지원, 2000년(18판)(1995년 초판), 15쪽.

이야기 한국 고전 해학문학 편찬회, 『고금소총』, 도서출판 장락, 1991년, 71, 97~98, 266~267쪽.

정비석, 『소설 김삿갓』5, 앞의 책, 200~201쪽.

Borneman, Ernest: *Sex im Volksmund.* Hamburg 1971.

Legman, Gershon: *The Horn Book*. Studies in Erotic Folklore and Bibliography, New York 1964, p. 278, 642.

Reik, Theodor: *Lust und Leid im Witz.* Wien 1929, S. 7f.

Mann, Dieter: *Der Stammtisch lacht*. Witze für die Männerrunde, Wiesbaden 1969.

Schneide, Brigitter: ***Der betrogene Ehemann***. Konstanz und Wandlung eines literarischen Motives in Frankreich und Italien bis zum 17. Jahrhundert, Diss., Freiburg iBr. 1970.

위트속으로 4 : 신체적 정신적 결함

신체적 결함의 위트

고정식, 『웃기는 철학』, 앞의 책, 149쪽.

김선풍 외, 『한국 육담의 세계관』, 국학자료원, 1997, 274~275쪽.

김영만 편저, 『옛날 사람들은 어떻게 웃었을까』, 앞의 책, 36~37, 194~195쪽.

류종영, 『웃음의 미학』, 앞의 책, 72, 129쪽.

유머동호회, 『이보다 더 섹시한 유머는 없다』, 앞의 책, 157쪽.

이현비, 『원리를 알면 공자도 웃길 수 있다』, 앞의 책, 138~139, 234~235쪽.

정비석, 『소설 김삿갓』4, 앞의 책, 228~229쪽.

차종환, 『배꼽비상 유머백과』, 앞의 책, 51~52쪽.

무지와 어리석음의 위트

김진배, 『성공하는 리더를 위한 유머기법 7가지』, 앞의 책, 172~173쪽.

류종영, 『웃음의 미학』, 앞의 책, 60쪽.

박영만, 『크리스천 유머』, 앞의 책, 126~127쪽.

염동현, 『DJ는 야한 여자만 좋아해』, 세기21, 1998, 123쪽.

이강엽, 『바보 이야기, 그 웃음의 참뜻』, 앞의 책, 13, 39쪽.

차종환, 『배꼽비상 유머백과』, 앞의 책, 36, 105쪽.

유머를 즐기는 모임, 『섹시한 유머로 시간 죽이기』3, 앞의 책, 120~121쪽.

『이솝 우화』, (주)시사영어사 편집국 역, (주)시사영어사, 1988, 51, 53쪽.

잘티어 랜트먼 편/ 하재기 역, 『탈무드의 웃음』, 앞의 책, 168~169쪽.

조재선, 『리더를 위한 유머뱅크 1580』, 앞의 책, 247쪽.

Lixfeld, Hannjost: Ostdeutsche Schildbürgergeschichten. Berachtungen zur Form und Funktion einer Schwankgattung. In: *Jahrbuch für Ostdeutsche Volkskunde* 17, 1974, S. 87-107.

정신이상자 위트

Peters, U. H.: Der Irre im Irrenwitz. In: *Medizidische Welt* 27, 1976, S. 254-261.

Peters, U. H. und Johanne Peters: *Irre und Psychiater*. Struktur und Soziologie des Irrenwitzes, München 1974, S. 60, 64.

Röhrich, L.: *Der Witz*, a.a.O., S. 185ff.

위트속으로 5 : 사회적 종교적 갈등

고문부, 『현대 웃음백서』, 앞의 책, 321쪽.

조재선, 『리더를 위한 유머뱅크 1580』, 앞의 책, 113쪽.

편집부, 사오정 시리즈 ①, 앞의 책, 155쪽.

의사 위트

고문부, 『현대 웃음백서』, 앞의 책, 151쪽.

Hand, Wayland D.: Art. 'Arzt'. In: *Enzyklopädie des Märchens*, Bd. 1, Berlin

1976, Sp. 849-853.

Puntsch, E.: *Ärzte lachen*. München 1970.

Schmitz, Rainer: *Die neuesten Medizinerwitze*. München und Berlin 1973.

성직자 위트

고문부, 『현대 웃음백서』, 앞의 책, 130~131, 209, 258~259쪽.

박영만, 『크리스천 유머』, 앞의 책, 51, 180쪽.

Campenhausen, Hans von: *Theologenspieß und -spaß*. 400 christliche und
unchristliche Scherze. Hamburg 1973.

Moser-Rath, Elfriede: Art. 'Beichtschwanke'. In: *Enzyklopädie des Märchens*, Bd.
II, Berlin 1977.

Thielicke, Helmuth: *Das Lachen der Heiligen und Narren*. (= Herder-Bücherei
491), Freiburg 1974.

정치가 위트

고문부, 『현대 웃음백서』, 앞의 책, 80, 308, 309쪽.

고정식, 『웃기는 철학』, 앞의 책, 220쪽.

염동헌, 『DJ는 야한 여자만 좋아해』, 앞의 책, 45, 180쪽.

유머를 사랑하는 모임, 『내가 쌔끈한 얘기 하나 해줄까?』, 아름다운날, 2001, 11쪽.

롤프 브레드니히/ 이동준 역, 『위트 상식사전』, 보누스, 2006, 43, 49쪽.

이상근, 『유머리스트가 되는 길』, 앞의 책, 270쪽.

차종환, 『배꼽비상 유머백과』, 앞의 책, 39쪽.

편집부, 사오정 시리즈 ①, 앞의 책, 155~156쪽.